西班牙史话
History of Spain

赵卓煜 ◎ 著

中国书籍出版社
China Book Press

绪 论

一、现代西班牙的地理位置和人文概况

西班牙是在欧洲和世界历史上有重要影响的国家。

当代西班牙国名全称为西班牙王国（英文The Kingdom of Spain，西班牙文Reino de España），领土的主体部分位于欧洲西南部的伊比利亚半岛上，占据整个半岛总面积的六分之五。此外，地中海中的巴利阿里群岛、大西洋上的加那利群岛以及北非的休达和梅利利亚也是西班牙的领土。国土总面积504880平方千米，相当于整个欧洲的二十分之一，是西南欧国土面积最大的国家。

西班牙在伊比利亚半岛上的领土，西北濒临比斯开湾和大西洋，西南与它在伊比利亚半岛上唯一陆上邻国葡萄牙接壤，南隔直布罗陀海峡与非洲大陆上的摩洛哥陆海相望，东南和东面是隔开欧亚非三大洲的地中海，东北陆上边境横亘着巍峨绵延的比利牛斯山脉，它既是西班牙与法国和安道尔的界山，也是伊比利亚半岛与欧洲大陆的天然分界线。

横亘东北的比利牛斯山脉和三面临海的地理格局，使西班牙在地理上成为欧洲一个相对独立的地理单元。扼守欧洲和非洲、大西洋和地中海交通要道的地理位置，使得西班牙成为欧洲文明和非洲文明、欧洲文明与其他大洲文明交流绕不开的关键地区，这一点对西班牙、欧洲乃至世界历史的发展都产生过重大影响。

作为欧洲和非洲大陆的交通咽喉，西班牙历来就是欧洲和非洲诸多文明冲撞与交流、融合的重要地区。从上古时代开始，欧非两洲的各个

主要人类群体，如希腊人、迦太基人、罗马人、西哥特人、阿拉伯人等等，南来北往，携带着自己的文明，在这块土地上冲撞交流，汇聚交融，谱写成西班牙五彩斑斓的历史篇章，也形成今天西班牙统一性与多样性交织的人文环境现状。2006年的统计数字显示，西班牙全国总人口4439.53万人，主体民族卡斯蒂利亚人占绝大多数，少数民族加泰罗尼亚人有681万人，加利西亚人有275万人，巴斯克人有212万人，他们都有自己独特的语言和文化，共同构成今天西班牙统一多样的人文格局。各民族一方面共同信仰天主教，维护和认同共同的国家，另一方面又在各自的民族自治区内传承和发展自己独特的语言和文化。

二、西班牙历史发展的阶段与特征

西班牙的历史发展有着十分明显的阶段特征。

公元前395年之前，是西班牙文明的孕育和萌发阶段。这一时期，西班牙本土文明处于蒙昧的原始时代，相对于周边地区十分落后且发展缓慢，但其重要的地理位置使周边文明地区无法忽视它。欧非较早进入文明阶段的各人类文明体纷纷涉足西班牙，一方面在西班牙建立自己的殖民地，另一方面也使各个文明在西班牙地区碰撞、渗透和融合，不断提升西班牙地区的文明程度，为西班牙步入文明时代奠定了最初的基石。

公元前359年到公元5世纪，是罗马人统治西班牙时期。罗马人的统治建构了西班牙文明的重要基础：首先是语言文字，前罗马时代西班牙地区的各土著语言，除巴斯克语外，都被拉丁化了。今天西班牙巴斯克语以外的各民族语言都是在拉丁语基础上形成的，同属拉丁语族，用拉丁字母拼写。其次是经济和生产方式，罗马人建立了完整的商业体系和灌溉农业体系，影响一直持续到今天，成为西班牙商业和农业的基础。特别需要指出的是，罗马人建立的农业灌溉体系，其中一部分在今天仍旧发挥着作用。再次，罗马人的建筑文化成为西班牙建筑文化的基础，今天西班牙各地大量的建筑物都带有明显的罗马风格特色。复次，罗马建立的行政体系，成为后世西班牙历代行政统治制度的基础,经过不断微调修正一直沿袭到今天。最后,罗马帝国后期确立基督教为国教,奠定了今天西班牙人宗教信仰的基础,也确立了西班牙作为欧美基督教世界一部分的历史传承。

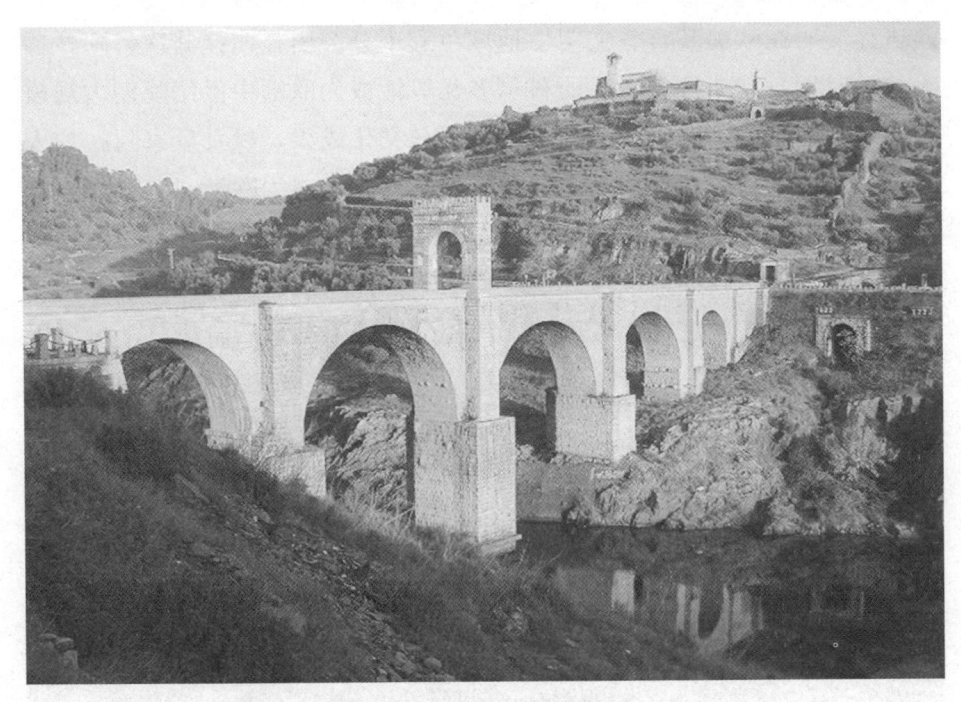

塔霍河上的阿尔坎塔拉大桥
(罗马建筑师拉塞尔于公元105-106年间建造)

公元415年到公元711年,西哥特人在伊比利亚半岛建立了西哥特王国,这是伊比利亚半岛上第一个独立的统一国家,其统治的核心区域就是今天的西班牙。西哥特王国奠定了今天西班牙民族国家的疆域基础,并使罗马时代开创的西班牙文化的核心基础——拉丁语文、天主教信仰、商业和农业生产传统、中央到地方的层级管理行政体系等等——得以巩固。在一定意义上可以讲,西哥特王国是今天西班牙民族国家的雏形。

经过上述三个阶段的发展,西班牙民族国家初步孕育成型。这三个时期的历史,构成了西班牙历史的上古时代,是西班牙民族国家的孕育阶段。

公元712年到公元1492年,从北非来的阿拉伯人统治了伊比利亚半岛的绝大部分地区,西哥特人的残余势力被赶到了半岛最北面的山区,西班牙历史进入阿拉伯人统治时期。这一时期在现代西班牙民族国家塑造过程中产生的作用和影响，丝毫不亚于罗马人统治时代。首先，阿拉伯人的统治为现代西班牙文化增添了深厚的东方色彩，这在今天西班牙人的语言、建筑、生活习俗、生产方式等多个方面都有大量体现，使得西班牙文明在欧美基督教文明中地域色彩十分突出显明；其次，阿拉伯人统治时期，穆斯林统治下的科尔多瓦等地成为欧洲中世纪晚期大规模翻译运动的中心，欧洲古代的希腊、罗马文化成果，以及后来阿拉伯人的文化创造，通过这一翻译运动重新传回西欧，成为欧洲文艺复兴和欧洲文明走出黑暗中世纪的基础；再次，在长达800年的宗教对抗中，西班牙人强化了天主教信仰，形成了现代西班牙民族国家，开启了西欧国家民族化的历史发展进程；最后，在阿拉伯人统治的最后阶段，西班牙民

科尔多瓦大清真寺
（阿拉伯人统治西班牙时代的重要遗迹）

族国家因打破伊斯兰教的需要而开启了人类历史上波澜壮阔的大航海时代，使人类开始走出地球上各地区相对独立发展的"地区史时代"，步入全人类相互影响常态化的统一的"全球史时代"。这些重要史实，使

西班牙的阿拉伯人统治时代的影响超出了西班牙民族国家的疆域，进而使这一时期成为整个欧洲历史乃至世界历史发展中不可或缺的重要历史环节。阿拉伯人的统治和北方基督教国家抗争的"收复失地"运动，构成了西班牙历史长达800年的中古时代或中世纪时代。

公元1492—1609年，大体上说是整个16世纪，是西班牙历史上最辉煌的时期。这一时期西班牙在称雄欧洲的同时，积极对外殖民扩张，建立了以美洲殖民地为中心、散布全球的殖民大帝国，西班牙也成为人类历史上第一个"日不落帝国"。西班牙在欧洲的称霸战争，促使民族主义思潮在欧洲兴起和传播；西班牙在海外的殖民扩张，促成西欧国家在全球市场经济体系中分工格局的形成，从而使西欧在人类各地区文明发展竞争中第一个脱颖而出，打破传统自然经济发展的桎梏，走上资本主义发展道路。从这个意义上讲，西班牙的殖民帝国时代，开启了人类走向近代历史的大门。

哥伦布："新大陆"的发现者

1609—1939年，是西班牙殖民帝国衰落瓦解时期，也是西班牙重新探索现代化发展道路的时期。这一时期，由于西班牙统治阶级的故步自封，西班牙丧失了领先发展的地位，沦为欧洲的二流国家；同时，西班牙的各个殖民地也逐步摆脱西班牙的统治，到19世纪末西班牙殖民帝国基本瓦解。为扭转衰落的国运，西班牙人在19世纪到20世纪初展开了一系列革命和改革，为国家重新现代化进行不屈不挠的探索，其经验教训为广大落后国家，尤其是有过辉煌历史传统的老牌国家重新崛起，提供了弥足珍贵的借鉴。

上述两个时期，构成了西班牙历史发展里程中大喜大悲、跌宕起伏的近代。这是西班牙历史盛极而衰，并艰难探索重新崛起道路的时代。

1936—1975年，是佛朗哥对西班牙进行威权统治的时期，西班牙历史发展步入了现代时期。这一时期是西班牙历史最具争议的时代，一方面佛朗哥的专治独裁和早期血腥屠杀，给西班牙人民的集体记忆留下了难以磨灭的创伤，佛朗哥本人也因之成为许多人切齿诅咒的"法西斯"独裁者；另一方面，佛朗哥统治时期成功地探索出一条西班牙的经济现代化道路，使西班牙经济开始腾飞并重新步入世界发达国家行列。佛朗哥晚年的政治安排，又为西班牙的民主化发展铲平了重大障碍，使西班牙最终在其身后和平从容地转型为民主国家。从某种意义上讲，佛朗哥本人又是西班牙国家现代化的领路人；佛朗哥统治时期是西班牙国家现代化里程中的关键一环。

1976年以来，西班牙在胡安·卡洛斯国王领导下开启民主化进程，随后又加入欧盟，西班牙终于完全摆脱二战后的孤立状态，重新融入欧洲和世界。西班牙历史打开了崭新的一页，这是西班牙历史发展最新的当代时期。

三、西班牙历史对欧洲和世界的影响

西班牙的历史发展不仅仅是西班牙民族国家的形成发展史，也是欧洲和世界发展历史不可或缺的重要组成部分。西班牙历史发展的一些重要关节点对欧洲和世界的发展产生了深远的影响，成为人们无法忽视的史实，构成了人类整体发展历史珠链上引人注目的璀璨明珠：

——西班牙与古罗马的发展。促成罗马称雄地中海世界的布匿战争与西班牙密切相关。

——西班牙与中世纪西欧国际政治格局。西哥特王国与查理曼帝国一同奠定了西欧中世纪国际政治格局，是近代西欧民族国家鼎立局面的雏形。

——西班牙与西欧近代化的发端。西班牙中世纪晚期的翻译运动是欧洲文艺复兴的基础。西班牙民族国家的形成又为西欧民族主义思潮和民族国家的兴起提供了可资效法的借鉴。

——西班牙与全球化、殖民主义以及资本主义世界体系。西班牙与葡萄牙一起通过大航海的地理大发现开启了人类全球化时代，西班牙也是近代殖民主义的始作俑者，促成了西欧国家在世界资本主义体系中的分工格局的形成，进而推动人类历史发展进入真正的"世界历史"时代。与美洲人口结构的置换式变化和大量非洲黑人被迫迁往美洲有直接关系。

——西班牙与中国明清时期的"内卷化"发展。西班牙的全球殖民体系内包括了联结中国、菲律宾和西属美洲殖民地的"大帆船贸易"，大帆船贸易促成美洲白银和玉米、红薯、马铃薯等重要粮食作物进入中国，成为中国明清时代经济大发展、人口大增长的重要物质因素。西班牙的全球殖民体系也促成了欧洲传教士主导的明末清初的第一次"西学东渐"，对近现代中国历史发展产生了深远影响。在一定程度上促成了明清中国的"内卷化"发展，即放弃郑和下西洋所代表的外延式发展，转而专注国家内部，从而丧失了由中国开启世界近代发展的历史机遇。

利玛窦（左）和徐光启（右）
（利玛窦是第一次"西学东渐"时期来华欧洲传教士的代表）

——西班牙与第二次世界大战。德意对西班牙内战的成功干涉，强化了法西斯的扩张野心，在一定程度上加速了第二次世界大战的全面爆发。西班牙在二战中的中立立场有利于同盟国打破轴心国对地中海的封锁，有利于北非登陆和非洲新战场的开辟，在一定程度上促进了二战结束。

——西班牙佛朗哥式的威权主义渐进式现代模式与落后国家现代化

道路探索。佛朗哥时代西班牙的现代化发展模式在第三世界国家的现代化道路探索进程中具有一定的典型意义,特别是对文化传统类似的拉美国家而言,从一些拉美国家现代发展的历史不难发现佛朗哥模式的影子(如阿根廷的庇隆、智利的皮诺切特等)。亚洲的韩国、泰国,非洲的埃及、尼日利亚等,在现代也经历了类似西班牙的通过军事独裁威权统治渐进地走向现代化的发展历史。

....

这一切不断触发着人们深入了解西班牙历史发展进程的兴趣,本书将在突出人们对西班牙历史兴趣点的基础上,全面系统地勾勒出西班牙历史的宏观框架,以期能对读者有所裨益。

目　录

绪　论 / 1

第一章　民族国家的孕育——从史前到西哥特王国 / 1

- 第一节　前罗马时期 ·· 3
- 第二节　罗马统治时期 ·· 8
- 第三节　西哥特王国时期 ··· 21

第二章　民族国家的形成——阿拉伯人入侵和西班牙民族国家形成 / 39

- 第一节　阿拉伯人对西班牙的统治 ································· 41
- 第二节　半岛北部坚持抵抗的天主教国家 ························ 58
- 第三节　卡斯蒂利亚王国引导西班牙走向近代 ·················· 73
- 第四节　西班牙民族国家的形成 ····································· 87

第三章　帝国鼎盛时期——哈布斯堡王朝的统治 / 105

- 第一节　海外殖民帝国的建立 ······································ 107
- 第二节　西班牙的"日不落"帝国时代 ···························· 130
- 第三节　哈布斯堡王朝的衰落 ······································ 152
- 第四节　16—17世纪西班牙社会经济和文学艺术 ············· 168

第四章　帝国的衰落——18世纪到20世纪20年代的西班牙 / 177

- 第一节　短暂的中兴 ·· 179
- 第二节　独立战争与革命 ·· 199

· 1 ·

▶ 第三节 复辟的波旁王朝 ·· 224

第五章 第二共和国 / 235

▶ 第一节 第二共和国 ·· 237
▶ 第二节 西班牙内战 ·· 245

第六章 佛朗哥统治下的西班牙 / 261

▶ 第一节 佛朗哥统治的建立和巩固 ···································· 263
▶ 第二节 经济现代化的成功实践 ······································ 275
▶ 第三节 佛朗哥政权统治体制的演化 ································ 290
▶ 第四节 佛朗哥时期西班牙社会的变迁 ···························· 298

第七章 民主化以来的西班牙 / 303

▶ 第一节 民主化起步 ·· 305
▶ 第二节 西班牙民主政治的巩固和发展 ···························· 315
▶ 第三节 波旁王朝再次复辟后的两位国王 ························ 329

参考书目 / 335

后　记 / 336

第一章

民族国家的孕育
—— 从史前到西哥特王国

第一节 前罗马时期

一、西班牙原始社会时期的重要遗址

西班牙所在的伊比利亚半岛，是欧洲很早就有人类活动的地区之一。19世纪以来的考古发现显示，早在距今约200万年前，西班牙就出现了处于旧石器时代的原始人类。从这时起直到约公元前1000年，西班牙各地丰富的考古遗址形成了持续完整的原始人类发展序列，涵盖了从旧石器时代、新石器时代到金属器时代的整个原始人类发展阶段，表明西班牙是欧洲原始人类的重要活动区域。

西班牙丰富的原始人类活动遗址，为研究欧洲早期人类发展历史提供了宝贵的材料，是人类的共同文化财富，其中一些重要的遗址已经被联合国确定为世界文化遗产，列入世界文化遗产名录。这些重要的遗迹是：

——阿塔皮尔山洞穴群。这个洞穴群中发现了欧洲丰富的早期人类化石，最早的可以追溯到100万年以前，对欧洲人类学研究具有重要价值。2000年，该洞穴群作为阿塔皮尔山考古遗址的一部分被纳入世界文化遗产目录。

——阿尔塔米拉洞窟。该洞窟位于西班牙北方的桑坦德省，是史前旧石器时代人类活动遗址。在这里发现了大量石器工具和洞穴壁画，包括最著名的壁画《受伤的野牛》。1985年该洞穴被列入世界文化遗产目录。

阿尔塔米拉洞窟壁画

——伊比利亚半岛地中海盆地史前晚期石壁画艺术遗址。指位于伊比利亚半岛地中海盆地地区的阿拉贡、加泰罗尼亚、瓦伦西亚、穆尔西亚、安达卢西亚以及卡斯蒂利亚－拉曼等地的史前壁（岩）画群，1998年被批准为世界文化遗产，共计758个遗产点。这些壁（岩）画按照艺术风格和创作时间大体可分为三

伊比利亚半岛地中海盆地史前晚期岩石壁画

类：旧石器时代壁画、地中海沿岸壁画和简图式壁画。它们把人类一个重要时代的生活方式生动形象地记录了下来，构成了宝贵的原始社会生活史画卷。

——埃尔切女神石像。埃尔切位于西班牙东南部的巴伦西亚地区。1897年考古学家在这里发现被称为"埃尔切夫人"的古代石质多彩女神雕像。据考证，"埃尔切夫人"女神雕像是西班牙最早的土著居民伊比利亚人遗留下来的，是他们当时信奉的月亮女神教的宗教雕塑。2000年埃尔切女神像与埃尔切市的其他文化遗

埃尔切女神石像

址一起以"埃尔切椰枣林"的名称被列入世界文化遗产目录。

二、罗马征服前在西班牙地区活动的主要部族

由于西班牙扼守亚非地理要冲，濒临地中海，海陆交通都比较方便，很早就成为欧非邻近地区人类群体进出活动的重要场所。关于西班牙地区历史的最早文字记录，就是邻近地区移民群体从海陆通道进入伊比利亚半岛并展开活动的史实。来源和文化各异的多个移民群体在伊比利亚半岛这块土地上往来、交流、冲撞、融合，使有文字可查的西班牙历史在开篇就呈现出丰富多彩的多元文化交织辉映的格局。

伊比利亚人是有史料记载的最早在今西班牙地区活动的人类群体。关于伊比利亚人的起源问题，迄今为止还没有公认的确切结论。一般认为他们是从北非跨过直布罗陀海峡进入伊比利亚半岛的，在文化上很可能与非洲的柏柏尔人有亲缘关系。他们进入伊比利亚半岛的最早时间也许能追溯到公元前3000年左右，此后他们就在伊比利亚半岛创造了自己的文化，即阿尔梅里亚文化。后来，他们的居住范围扩大到莱万特、阿拉贡、索里亚、瓜达拉哈拉和马德里，逐步成为西班牙地区的基本居民。伊比利亚人的经济、社会和文化方面的发展情况，现在只能通过希腊和罗马时期的少量资料了解一鳞半爪。近百年来考古发现也为伊比利亚人的历史补充了一些重要资料，如在阿尔巴塞特的蒙特阿莱格雷圣洁山丘发现的神庙及庙中雕塑，在阿维拉发现的群牛雕塑，以及著名的埃尔切夫人雕像（Dama de Elche，1897年出土）和巴萨夫人雕像（Dama de Baza，1971年出土）等，都为人们加深对伊比利人了解提供很大帮助。

巴萨夫人雕像
此雕像出土时表层原本用细腻的灰泥涂抹均匀，并上有鲜艳的色彩，可以看出受到北非腓尼基人文化的深刻影响。反映出伊比利亚人在文化上与北非的亲近关系。

凯尔特人最初生活在欧洲的莱茵河、塞纳河及多瑙河流域，大约在公元前1000年左右开始向伊比利亚半岛迁徙，一直持续到约公元前7世纪才基本结束。迁徙到伊比利亚半岛的凯尔特人主要定居在半岛西北，与主要定居半岛东南的伊比利亚人共同构成了西班牙早期的基本居民。今天西班牙的加利西亚人就是凯尔特人后裔。凯尔特人村落一般位于地势较高的地区，

加利西亚地区的凯尔特人村落遗址

典型的建筑形状是圆形。村落无社区特征,缺少街道和广场。村落内居民数量一般都很少,不会超过40户。

　　塔尔特苏人是罗马征服前伊比利亚半岛上另一个重要人类群体,他们的居住范围主要在半岛南部。塔尔特苏人前身可能是小亚细亚西部的伊特鲁里亚人,他们被伊比利亚半岛丰富的矿物资源所吸引,大约在公元前1200年左右迁居伊比利亚半岛南部。塔尔特苏人农业、畜牧业和商业都很繁荣发达,金银器制作工艺精良。塔尔特苏人与腓尼基、希腊等地中海国家有贸易往来。腓尼基人来到加的斯后,塔尔特苏人被腓尼基人征服并接受其统治。

　　除上述三大人类群体外,前罗马时期在西班牙定居活动的人群还有凯尔特比利亚人、贝托恩人、塔拉戈纳人、卡尔佩诺人、奥雷塔诺人和卢西塔尼亚人等,他们大都生活在梅塞塔高原地区,势力和影响相对较小。

三、腓尼基人和希腊人在西班牙地区的活动及影响

　　腓尼基位于今天东地中海的叙利亚沿岸,很早形成了城邦国家,商业活动繁荣,海上贸易发达。约公元前1000年到公元前750年,腓尼基人的城邦国家推罗国在伊比利亚半岛的加的斯建立了殖民城市,逐步控制了地中海通往大西洋的贸易通道。腓尼基人的目的主要是从西班牙和不列颠贩运锡矿和银矿。随着经济的发展和对外贸易的扩大,腓尼基人在伊比利亚半岛建立了一系列城市,如马拉加、阿德拉、阿尔赫西拉斯、伊比萨、直布罗陀等。后来其活动范围更是扩展到瓜达尔基维尔河流域。总体而言,腓尼基人建立城市是为了开采矿产和买卖商品,交换盐、水果、葡萄酒、鱼和橄榄油等,并不以制服和占领土地为目的。

腓尼基人使用的货币

腓尼基人在伊比利亚半岛的活动，特别是其商贸活动，在促进当地经济发展方面发挥了重要作用。

大约在公元前6世纪，希腊人开始向伊比利亚半岛殖民，在半岛东部和东南沿海地区建立居民点，并开展商业活动。希腊人在伊比利亚半岛建立的城市主要有安普里亚斯城、马韦利亚城等，其在半岛的移民和城邦活动带有典型的殖民性质。希腊在伊比利亚半岛的经济活动促进了当地经济的发展，并使希腊文字在半岛南部的塔尔特苏人地区得到应用，促进了本地居民在文化方面的进步。

腓尼基人使用的商船

四、罗马入侵前夕的西班牙

罗马征服西班牙是从公元前218年第二次布匿战争开始的。在罗马入侵前夕，西班牙各地区社会经济发展极不平衡，政治上处于分割鼎立状态。一些发达地区，如莱万特和半岛南部，虽然出现了20多个小王国，但实际上仍处在由原始氏族部落向国家过渡的初级状态，尚未完全脱离氏族社会的基本形态。各王国（部落）的军事首领垄断内部权力，对外合纵连横，不断挑起与其他王国（部落）的争霸战争，掠夺财富和劳动力。王国（部落）内部，各阶层贫富差异悬殊，官吏欺压剥削平民十分普遍。一句话，这个时候的西班牙族群混杂，语言歧异，阶级对立，冲突频繁，政治上不统一，地区差异很大，盗匪活动猖獗，社会动荡不安。西班牙社会的这种状况表明，罗马入侵前夕的西班牙完全是一个地理区域名称，根本不具备形成对抗外来势力侵略的统一的社会组织条件，被征服的结局是历史发展的必然。

第二节 罗马统治时期

一、迦太基崛起及与罗马争夺西班牙

约公元前814年,来自腓尼基推罗城邦的移民在今天北非突尼斯境内建立了被称作"迦太基"的殖民地新城邦,成为腓尼基人在地中海西部的统治中心。此后,迦太基的自主权随着母邦推罗的衰落而日益扩大,最终脱离腓尼基人母邦成为新的独立城邦。迦太基的实力随着对外贸易的扩展不断增强,到公元前7世纪时已经拥有强大的船队和军事力量,开始谋求在北非以外的地中海周边建立新殖民地。公元前6世纪中期,迦太基与伊特鲁里亚人结盟打败了地中海贸易霸主腓尼基人,进而控制了科西嘉岛、撒丁岛和伊维萨岛,势力扩展到西地中海。

迦太基城复原图

公元前500年,迦太基打败了伊特鲁里亚人,从而控制了伊比利亚半

岛南部的矿山开发权。进入伊比利亚半岛的迦太基人在半岛上大量招募雇佣兵，积极发展海军力量，以强大的海军为对外贸易扩张护航，受其控制的大宗贸易商品有布匹、宝石、东方的香料、西西里岛和北非的小麦、法国的锡矿石、西班牙的铁矿和银矿等。到公元前3世纪，迦太基已经崛起成为西地中海经济和军事强国。

实力的增长导致迦太基领土和霸权野心不断膨胀，这使迦太基与地中海另一个强国——罗马的矛盾不断增长。为避免直接冲突，迦罗双方在公元前6世纪和公元前348年两次签订了划分势力范围的条约，缓和了矛盾，使双方的和平局面一直维持到公元前3世纪。公元前3世纪前期，罗马打败了希腊人，把领土扩张的目标投向迦太基势力控制的西西里岛，双方矛盾无法调和，最终爆发了争夺领土和地中海霸权的三次大规模战争。因罗马人称迦太基为"布匿"，故发生在公元前264到公元前146年间的三次战争又被称作"布匿战争"。

公元前264年，罗马和迦太基为争夺西西里岛开战，第一次布匿战争爆发。海岛争夺战，控制海上交通的制海权是争夺关键。为对抗迦太基强大的海军力量，罗马迅速组建了一支庞大的舰队，特别

装有接舷长梯吊桥的罗马战舰

是发明了一种装有接舷长梯吊桥的新型战舰，凭借技术优势使自己的海战实力有了关键性提升。公元前260年罗马舰队依靠新型战舰打败了迦太基海军，控制了西西里岛的海上交通，使战争发生了有利于罗马的转折。公元前241年，罗马舰队在西西里岛西海岸再次大败迦太基海军，罗马军队乘胜追击，攻入迦太基本土。受到重创的迦太基被迫求和，赔款割地，第一次布匿战争结束。第一次布匿战争使罗马扩大了领土，把西西里岛变成了自己的一个行省；收获了5900塔伦托的巨额赔款和大量战俘奴隶，实力进一步增强。此后罗马又乘迦太基雇佣兵叛乱之机，违背和约，派兵占领原属迦太基控制的科西嘉和撒丁岛，使之成为罗马的两

· 9 ·

个新行省,再次削弱了迦太基的力量。

面对罗马咄咄逼人的扩张势头,迦太基为扭转劣势,决定占领西班牙以壮大自己,使之成为抵抗罗马的巩固后方。负责执行这一计划的是迦太基最高军事首领哈米尔卡·巴尔卡。公元前237年,哈米尔卡·巴尔卡率领迦太基军队在伊比利亚半岛南端的加的斯登陆,开始了巴尔卡军事家族在西班牙建立帝国的远征。迦太基征服西班牙地区的策略是软硬两手并用:

哈米尔卡·巴尔卡像

一方面对敢于顽强抵抗的当地人毫不留情地坚决镇压,对被俘酋长国军事首领施以酷刑,甚至挖掉他们的眼睛;另一方面又对其他当地部落积极采取亲善笼络政策,主动进行贸易;同时与上层首领通婚联姻,让自己的儿子哈斯德卢巴·巴尔卡与一个本地土著首领的女儿结了婚。凌厉的军事攻势,加上适当的政治策略,使迦太基人在西班牙的征服活动进展非常顺利,很快就占领半岛南部大片地区。公元前229年年末或公元前228年年初,哈米尔卡·巴尔卡在攻打埃尔切的战斗中丧生。他的女婿哈斯德卢巴·德贝略接过最高军事指挥权,继续征服西班牙的事业。公元前226年哈斯德卢巴·德贝略建立了卡塔赫纳城,作为迦太基在西班牙统治的政治经济中心和军事后勤给养基地,罗马人称之为新迦太基。迦太基军队在哈斯德卢巴·德贝略指挥下相继占领萨拉曼卡、托莱多和萨莫拉等重镇,势力达到塔霍河和埃布罗河以南。罗马对迦太基的攻势十分不安,派使者提出警告并与迦太基人展开谈判。公元前226年双方签订了《埃布罗条约》,罗马承认了迦太基的既有势力范围,约定迦太基不得越过埃布罗河向北扩张。条约的签订使迦太基在西班牙的占领区巩固了下来,迦太基在西班牙建立抵抗罗马稳固后方的战略目标完全实现。公元前221年哈斯德卢巴·德贝略被暗杀,哈米尔卡·巴尔卡的儿子汉尼拔·巴尔卡继任,成为迦太基人在西班牙的最高军事首领。上任后,汉尼拔·巴尔卡很快向北发动新攻势,在控制埃斯特雷马杜拉和阿利坎特之间的地带后,又占领了杜埃罗河流域和梅塞塔高原地区,有效扩大了迦太基人的控制区域。

第一章 民族国家的孕育——从史前到西哥特王国

公元前218年春，汉尼拔·巴尔卡攻打与罗马结盟的萨贡托城，罗马随即向迦太基正式宣战，第二次布匿战争爆发。八个月后萨贡托城陷落，汉尼拔随即向北推进，把加泰罗尼亚纳入迦太基的统治范围。汉尼拔认为彻底打败罗马必须动摇其在意大利半岛的权力基础，所以在征服西班牙后，让自己的弟弟哈斯德卢巴·巴尔卡留守西班牙巩固后方，自己则亲率大军北越比利牛斯山向东远征意大利半岛。罗马则针锋相对，派遣老西庇阿兄弟兵分两路与迦太基作战：一路由老西庇阿率领，南下西西里岛，向迦太基非洲本土进攻；一路由老西庇阿的弟弟克内奥·西庇阿率领，北上经马赛进攻西班牙。在高卢人的配合下，汉尼拔的军队攻势凌厉，势如破竹，公元前218年秋天就翻越阿尔卑斯山脉攻入意大利半岛。得知汉尼拔进入意大利半岛，老西庇阿回军阻挡截击，双方第一次大战发生在提西诺河一带。提西诺河战役中，汉尼拔的骑兵优势明显，大败老西庇阿。高卢部族见状纷纷倒戈，意大利北部地区基本上被迦太基控制。公元前218年年末的特雷比亚河战役，汉尼拔充分发挥自己的骑兵优越，诱使罗马军队全线出击，陷入早已布下的包围圈，歼灭了近4万罗马军队，消除了继续南下的障碍。公元前217年夏特拉西诺湖战役，汉尼拔采取诱敌深入、突然袭击的战术，把罗马军队引入三面环山一面临湖的峡谷中，一举歼灭了罗马4个军团约3万人，并击毙罗马军队指挥官弗拉米尼奥，打开了通往罗马的通道。考虑到兵员和后勤给养不足，汉尼拔没有马上进攻罗马城，而是向意大利南部进发，企图通过拉拢一些受罗马控制的城邦，与它们结盟，解决兵力和给养问题，然后伺机进攻罗马。危急关头，罗马及时调整战略，改用拖延战术避免与汉尼拔军队正面交锋，同时竭力扩充兵力和给养，逐渐恢复了元气，解除了汉尼拔军队对罗马城的直接威胁，使双方军事力量对比发生了有利于罗马的变化。此后罗马军队的主攻方向转向西班牙，公元前216年和公元前215年老西庇阿兄

卢浮宫的汉尼拔·巴尔卡雕像

弟率领的军队两次大败哈斯德卢巴·巴尔卡率领的迦太基军队，然后进军萨贡托城，并于公元前212年攻陷了它。公元前211年，迦太基军首先在卡斯图洛战役中打败罗马军，老西庇阿阵亡；随后又在罗加战役中再次打败罗马军，并击毙老西庇阿的弟弟克内奥·西庇阿。这两次战役迫使罗马军队退回到埃布罗河以北固守，迦太基重新夺回战略优势。公元前210年老西庇阿的儿子大西庇阿成为罗马军队在西班牙的最高统帅，他注重对西班牙当地土著表示亲善，笼络人心，使罗马军队在西班牙的处境得到改善。公元前209年，大西庇阿率军切断了迦太基军队的后方供应线。接着又在公元前208年的拜库拉战役和公元前208年的伊利帕战役中击败迦太基的军队，基本上控制了西班牙南部地区。战败的哈斯德卢巴·巴尔卡率军北上向意大利转移，准备与汉尼拔汇合，不幸行动路线被罗马人知晓，公元前207年在梅陶罗河战役中阵亡，他带领的军队也全军覆没。此后，迦太基军队在整个战场上进攻无力，防守无援，在战略上陷入全面被动的境地，失败的结局已难以避免。公元前205年大西庇阿无视迦太基在意大利的残余军事力量，大胆率军南下，意图进攻迦太基非洲本土。公元前203年，汉尼拔奉命返回非洲担任抗击罗马入侵的迦太基军队统帅。公元前202年，罗马和迦太基军队在迦太基城南部的扎玛进行决战，迦太基军队惨败，伤亡5万多人，无力再战。公元前201年，迦太基被迫与罗马签订苛刻屈辱的停战条约。条约规定迦太基赔款1万塔伦托，交出战舰和战象，退出西班牙和所属诸岛，未经罗马允许不得建立军队和对外发动战争。第二次布匿战争结束，迦太基基本上丧失了独立地位。

汉尼拔兵败扎玛后开始从政，不久当选为迦太基的执政官。他上任后积极推行改革，发展经济，政绩显著。罗马见状，害怕迦太基实力

扎玛战役：迦太基战象对罗马骑兵

恢复后卷土重来，要求迦太基交出汉尼拔。汉尼拔被迫逃亡，罗马则追击不放。公元前183年，不愿被罗马活捉的汉尼拔在逃亡中自杀。公元前149年至公元前146年，罗马发动第三次布匿战争，大西庇阿的儿子小西庇阿率军彻底灭亡了迦太基，把迦太基的全部领土变成了罗马的阿非利加行省。

二、罗马征服西班牙地中海沿岸

公元前218年到公元前201年的第二次布匿战争中，罗马在打败迦太基的同时，占领了西班牙地中海沿岸地区，从比利牛斯山沿着东海岸线一直延伸到安达卢西亚的西部。战争结束后，由于垂涎西班牙的矿产、土地和人力资源，并考虑到西班牙地理位置对巩固自己地中海霸权的重要意义，罗马决定彻底吞并西班牙。公元前197年罗马把自己控制的西班牙地中海沿岸地区划分为近西班牙和远西班牙两个行省，进行直接统治。这是罗马实施吞并西班牙战略决策的标志性行动。

公元前197年的西班牙

西班牙当地的土著部落对罗马与迦太基的争霸战争，原本是以第三者的心态视之的，战争中他们有的两不相帮冷眼旁观，有的在对自己有利时偶尔充当一下一方的同盟者捞捞好处，没有固定和统一的立场。战争结束后，他们普遍以为罗马对西班牙一些地方占领是暂时的，因为西班牙并不是罗马或迦太基的核心区域，战时的驻军在战后会因没有作战对象而很快撤走。但罗马设立行省的永久吞并行动彻底粉碎了土著们的

· 13 ·

幻想，导致了罗马与西班牙当地土著部落矛盾的激化，原本在战时支持罗马的一些部落也转而开始反抗。

公元前197年罗马刚一宣布建立行省，占领区的反抗暴动就爆发了。规模最大的反抗力量是近西班牙行省当地部落首领图德塔尼领导的，他原本在第二次布匿战争时是积极帮助罗马攻打迦太基的坚定盟友。图德塔尼的反抗涉及近西班牙全省，极大地动摇了罗马刚刚建立的统治，迫使罗马不得不派名将老伽图率大军镇压。公元前195年老伽图通过几次漂亮的战役打

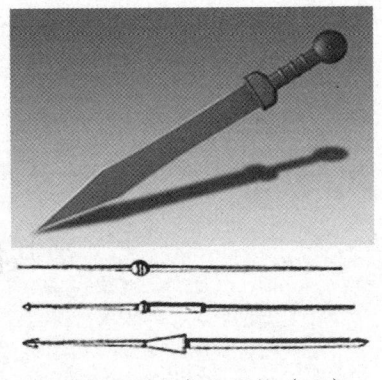

罗马军刀（上）和投枪（下）

败了图德塔尼，解除了罗马在近西班牙的统治危机，把岌岌可危的局面初步稳定下来。但小规模的反抗仍在持续，一直到公元前178年左右才逐步平息。出其不意的偷袭和飘忽不定的狩猎式战斗是土著抗击罗马的主要战斗方式，斗争使近西班牙局势持续动荡。罗马移民和驻军普遍缺乏安全感，不得不大量构筑据点消极防范。为适应长期游击战的需要，罗马军队在对抗中逐步有针对性地改良了防御和进攻的单兵装备，盔甲成为普通罗马士兵的必备器具，以西班牙土著武器为蓝本改良制造的罗马军刀（gladius）和投枪（pilum）成为西班牙罗马驻军的标准武器。

公元前180年，森普罗尼奥·格拉古担任近西班牙总督，为实现地区政治稳定进行了改革。他颁布法律，并与当地土著部落签订和平条约，规定了土著部落每年向罗马交税的固定数额，交足后不再承担额外负担；土著人参加罗马军队后就有权获得一定土地；禁止土著人建造城市，但默许完成交税义务的土著部落在乡村一定程度上的自治。这些改革对土著进行了安抚，在一定程度上缓解了罗马与当地土著之间的矛盾，近西班牙的动荡局面逐步平息下来。公元前178年至公元前154年，罗马在西班牙的占领区，出现了一个短暂的和平发展时期。

三、罗马挺进和征服西班牙中西部腹地

在巩固了对西班牙地中海沿岸地区的统治以后,罗马征服的脚步又不停息地迈向西班牙中西部腹地。需要指出的是,罗马对西班牙腹地的征服,不是通过短时间内的大规模军事行动进行鲸吞,而是通过一个较长时间的不断蚕食实现的。由于罗马派往西班牙当地的执政官员都有固定的任期,正常情况下任期只有一年,要在这样短的任期内取得显著政绩获得升迁很不容易。相对认真处理内部政务取得升迁机会的艰难而言,挑动与边境地区土著的矛盾冲突,在"巩固边疆"的名义下开疆拓土,实在是非常容易捞取政绩、顺便劫掠发财,进而获得荣升的绝妙的不二法门。这样,尽管罗马中央没有一个确定的征服西班牙腹地的整体计划和时间表,罗马在西班牙各地的历任地方官员却不约而同地持续采取行动,不断挑起与边境土著的零星冲突,通过连绵不绝的小规模战斗不断向西班牙腹地挺进蚕食,把罗马在西班牙占领区的边界一步步地向西向北推进。

罗马人的蚕食、劫掠和残暴统治,激起了西班牙腹地土著居民的广泛反抗,其中规模最大、影响最深远的要数卢西塔尼亚人和凯尔特比利亚人的反侵略斗争。公元前154年,卢西塔尼亚人发动反罗马侵略的大起义,攻入远西班牙省。凯尔特比利亚人随即在近西班牙省遥相呼应起义反抗罗马。这些抗争使罗马不得不两面作战,疲于奔命。

在卢西塔尼亚人反抗罗马侵略军的长期斗争中,优秀的军事将领和英雄人物不断涌现,如最早发动起义斗争的普尼科,杰出的指挥将领凯萨罗斯、考凯诺斯、陶塔洛斯,等等。其中最著名的是近代以来被誉为伟大的"民族英雄"的反罗马斗士比利雅特。比利雅特少年时代是在家乡艰苦的游牧生活中度过的,这使他十分熟悉家乡的地理环境,同时也养成了吃苦耐劳、坚强勇敢的性格。他十分热爱家乡,罗马军队的暴行激起了他的仇恨,于是参加了反抗罗马侵略的武装起义,因作战勇敢,

被推举为起义军领袖。从公元前147年到公元前139年，比利雅特率领卢西塔尼亚起义军，转战南北，运用机动灵活的游击战术，在运动中时而佯攻，时而偷袭，经常出其不意地给敌人以沉重的打击，使罗马将领闻风丧胆。在特里波拉战役中，比利雅特大败罗马军队，死敌4000多人，并杀死了罗马执政官贝蒂利奥。在维努斯山战役中又击溃了贝蒂利奥的继任者普兰西奥率领的罗马军队。接着，又打败了罗马将领法维·马克西莫的军队。比利雅特的军队甚至能同罗马军队进行大规模的阵地战，在图西战役中比利雅特就率军堂堂正正地打败了塞维利诺率领的罗马大军。比利雅特义军的胜利大大鼓舞了西班牙人民的斗志，也强烈震撼了罗马统治的权力中心元老院。公元前140年，罗马当局被迫和比利雅特举行谈判并签订和约。比利雅特本人被授予"罗马人民的朋友"称号，罗马承认他为卢西塔尼亚王。但表面的和解并不意味着永久的和平，而只是掩饰阴谋诡计的烟雾。罗马委派的新任西班牙执政官塞维利亚诺·西皮翁，秘密收买了比利雅特的三个属下奥达斯、迪塔尔孔和米努罗斯，让他们在公元前139年的一天暗杀了熟睡中的比利雅特，随即发动了新的进攻。比利雅特的遇害，极大削弱了起义军的领导力量，并沉重打击了起义军的士气。尽管陶塔洛斯临危受命毅然接过指挥权继续战斗，但力量对比悬殊的起义军还是难以抵挡数量巨大的罗马军队的持续猛烈攻势，最终损失惨重、又看不到胜利希望的起义军被迫与罗马签订了投降和约。卢西塔尼亚人反罗马侵略起义的失败，标志着卢西塔尼亚被罗马征服。

  征服卢西塔尼亚后，罗马军队继续向伊比利亚半岛西北方向进攻。公元前137年，罗马军队在德西莫·布鲁托的率领下穿过杜埃罗河，进入米尼奥平原。德西莫·布鲁托因此被授予"加利西亚人"的荣誉称号。罗马军队的这次远征，对加利西亚地区的政治和社会影响不大，但却为罗马获得和开发这一地区丰富的矿产资源扫清了障碍。

比利雅特

第一章 民族国家的孕育——从史前到西哥特王国

凯尔特比利亚人反抗罗马侵略的斗争中心是努曼提亚城。努曼提亚是凯尔特比利亚人居住区的首府，位于杜埃罗河与支流梅尔丹乔河之间，扼守着通往梅塞塔高原的必经要道，战略位置十分重要。努曼提亚城内的居民利用有利的地形，凭借自己修筑的坚固防御工事，从公元前154年到公元前141年，一次又一次击退了罗马军队的进攻。首先碰壁的是执政官塞西略·梅特洛，他因败在努曼提亚城墙脚下而威信扫地；接着罗马的五位统兵大将：富尔维奥·诺维利奥、克劳迪奥·马塞洛、波皮利奥·莱纳斯、奥斯蒂利奥、曼西诺和埃米利奥·雷必多，在随后的几年里相继在努曼提亚城下铩羽而归。公元前141年，罗马著名的军事强人Q.庞培率军攻打努曼提亚城，最后也是无功而返。此后，罗马许多将领一提到进攻努曼提亚城就未战先怯，逡巡不前，甚至不惜违命避战。对此，罗马统治者感到莫大的恐慌和羞耻。公元前134年罗马名将小西庇阿奉命率军攻打努曼提亚城。他深知努曼提亚防御坚固难以强攻，所以决定凭借军队数量优势围困封锁打持久战。在努曼提亚城下，小西庇阿率领的罗马军和同盟城邦联军6万余人一改以往积极进攻的做法，把主要精力放在安营扎寨长期对峙上，他们不停地挖战壕、修工事，努力切断城内城外的交通联系，对努曼提亚城实施全面的封锁和围困。随着时间的推移，孤立无援的努曼提亚城开始发生饥荒和瘟疫，最后的阶段甚至出现了人吃人的惨剧，居民守城的战斗力也日益衰减。尽管失败的最终结局已很明显，但努曼提亚城内身处绝境的居民们仍坚定地拒绝投降，抱着宁为玉碎不为瓦全的决心，用自己的最后一丝力量进行殊死抵抗。公元前133年夏，小西庇阿的军

攻陷努曼提亚城的罗马名将
小西庇阿

队终于在饥饿和疾病的帮助下攻克了羸弱到只剩一口气的努曼提亚城。让他意外的是，城内最后那半死不活的4000人，多数还是选择自杀而非投降苟活。恼羞成怒的小西庇阿盛怒之下命令放火焚城。努曼提亚城的废墟为小西庇阿赢得了罗马元老院授予的"努曼提亚人"称号，也标志

着罗马完成了对西班牙腹地的征服。

公元前123年,罗马执政官塞西略·梅特洛以消灭海盗的名义率军占领了位于西地中海的巴利阿里群岛,罗马随后把这一群岛划归近西班牙行省管辖。这为近代西班牙民族国家把巴利阿里群岛纳入自己的领土范围提供了最早的历史依据。

四、罗马完成对西班牙的全面征服

在努曼提亚城陷落的同一年,罗马统治阶级内部的政治斗争也趋于公开和尖锐化。公元前133年开始的由格拉古兄弟相继领导实施的改革,反映了维护平民利益的民主派和维护权贵利益的贵族派之间的矛盾和斗争,揭开了罗马共和国后期百年内战的序幕。罗马内战造成的政局动荡,一方面使罗马对西班牙的全面征服进程停止了下来,对西班牙北方的最后征服行动,是在努曼提亚城陷落一百多年后的公元前29年才又重新展开的;另一方面,也在一定程度上促进了西班牙被征服区域的罗马化。罗马内战中,民主派的代表人物塞多留和恺撒先后在西班牙与贵族派代表人物庞培作战。为了扩展己方力量更好地展开斗争,塞多留和恺撒都采取了一些安抚拉拢西班牙当地土著势力的举措。如对忠于自己的城邦给予适当的宽容政策,取消部分税收,让土著人享有部分罗马公民权;允许对手庞培所属部队的官兵解甲归田,不受任何惩罚等。塞多留还为土著贵族子女开办学校,使自己活动的政治中心韦斯卡城成为罗马文化和教育的传播中心。塞多留和恺撒在西班牙的作为,缓和了罗马人和土著人之间的矛盾,缩小了土著人和罗马人在政治地位和文化上的差异,加速了西班牙人罗马化的进程,对西班牙社会的发展进步产生了积极影响。

罗马共和国晚期,屋大维崛起成为最后的军事强人,他纵横捭阖的政治和军事斗争确立了独裁地位,把罗马共和国变成了罗马帝国,结束了罗马内战的百年动荡局面。公元前30年屋大维就任罗马"终身保民官",公元前29年获得"大元帅"称号,公元前27年获得"奥古斯都"

尊号，从而成为罗马帝国第一位事实上的皇帝。

内部政局的稳定，使罗马全面征服西班牙的军事行动重新展开。公元前29年罗马开始攻打西班牙北部最后两块不受控制的地方——阿斯图里亚斯地区和坎塔布连地区。公元前19年阿格里巴将军最后征服了坎塔布连，这标志着罗马对西班牙的全面征服最终完成。

从公元前218年第二次布匿战争爆发后罗马军队进入西班牙开始，到公元前19年罗马征服西班牙的最后一块土著人领地坎塔布连为止，罗马征服西班牙的过程整整用了200年时间。军事征服过程从地中海沿岸开始，而后向北部和西部推进，残酷的军事征服过程同时伴随着西班牙人持续反抗的斗争高潮。反侵略斗争中涌现出大量英雄人物和他们的英勇事迹，在西班牙历史上留下了不可磨灭的印迹，成为近代西班牙民族构建的宝贵材料和集体认同标志。

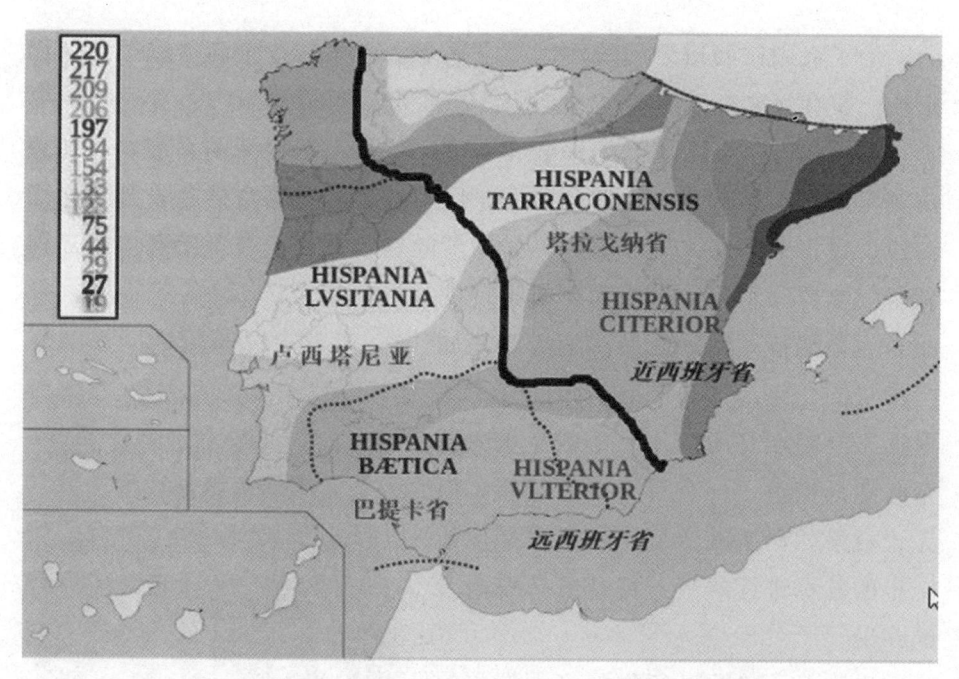

罗马征服西班牙的过程及在伊比利亚半岛上的行省划分
（图例中数字的颜色深浅表示地图上征服地域年份。地图中黑色实线为早期行省界，省名用斜体字表示；虚线为公元前27年后行省界，省名用黑体字表示）

为加强对伊比利亚半岛的全面控制，约在公元前27年罗马皇帝奥古斯都屋大维把整个半岛重新划分为三个行省：巴提卡省，大致相当于现在的安达卢西亚的大部分和巴达霍斯，首府设在科尔多瓦；卢西塔尼亚省，管辖范围大致相当于今天西班牙的埃斯特雷马杜拉、萨拉曼卡，以及今天葡萄牙中部和南部，首府设在梅里达；塔拉戈纳省，管辖伊比利亚半岛的北部和东北部，主要包括今天西班牙的塔拉戈纳、加利西亚和葡萄牙北部地区。行省重划表明罗马对西班牙管理的强化，此后大规模军事行动逐步成为过去，和平建设成为半岛历史发展的主流，西班牙的历史发展进入一个新时期。

五、罗马统治的巩固和西班牙全面罗马化

为了巩固在西班牙的统治，罗马采取了一系列政策和措施，并逐步形成一整套行之有效的制度，最终导致西班牙全面罗马化。

军事威慑是巩固统治的保证和基础，罗马在西班牙的军事制度体系由驻军威慑、据点防御、双向移民、民兵征募和道路交通建设几个方面构成。奥古斯都在完成征服后，依据新的行省划分，在伊比利亚半岛保留了三个罗马军团，以便对可能出现的敌对力量保持威慑。此后，随着半岛安全形势的变化，罗马在西班牙的驻军数量在不同时期有所变化，如戴克里先皇帝时期只保留了一个军团在西班牙。但无论数量如何增减变化，在西班牙保留一定的驻军进行威慑一直是罗马统治者的共识。

政治上，建立以行省制度为核心的层级管理体系，实施城邦自治，积极推行法治，促进城市居民通婚融合，逐步扩展罗马公民权的适用人群。

罗马军团战士及其常用装备

经济上，确立了完善的货币制度、税收制度、贸易制度，积极推广罗马先进的生产技术和生产工具，使西班牙的经济发展迅速，日益繁荣。

文化上，积极建立学校，推广罗马语言文字，传播罗马文化。帝国后期支持基督教传播，使之成为西班牙多数人的宗教信仰。

这些制度的实行，有效巩固了罗马在西班牙的统治，从罗马帝国建立之初，一直到帝国后期，西班牙维持了300多年和平发展的局面。罗马帝国晚期，西班牙土著与外来的罗马移民基本上融为一体，使用共同的拉丁语文，形成了共同的罗马人心理认同。一句话，西班牙社会全面罗马化了。

第三节 西哥特王国时期

一、蛮族南侵和西哥特势力进入西班牙

3世纪以后，罗马帝国日趋衰落。内部统治腐败，阶级矛盾尖锐，奴隶、隶农起义不断，军队战斗力涣散，不得不借助移居边境的北方蛮族（日耳曼各部族）士兵和将领维护国家安全。与此同时，北方的蛮族社会，因农业经济和人口发展，对土地的渴求日益增加，罗马帝国的衰落正好为他们南下掠夺财富和土地提供了便利条件。最后，从东方西迁的匈奴人的进攻，迫使原居罗马帝国北方的蛮族不得不为了生存而迁徙，无力阻挡且富饶的罗马帝国各地自然而然成为各蛮族迁徙的首选。这样，持续不断的蛮族南侵或欧洲民族大迁徙运动开始在罗马帝国晚期的历史舞台上上演，西班牙作为罗马帝国的行省统治区自然也不能例外。

395年罗马帝国分裂为东西两部分，西班牙属西罗马帝国管辖。

蛮族南侵西班牙的第一波发生在409—418年。409年的9—10月间，阿兰人、汪达尔人和苏维汇人越过比利牛斯山脉南侵西班牙，摧毁了西罗马在西班牙大多数地区的统治。随后通过与西罗马的反叛者皇帝马克

西姆斯缔约，巩固了对占领区的控制。汪达尔人在巴提卡行省（今西班牙南部）建国，阿兰人在卢西塔尼亚行省（今葡萄牙中南部）建国，苏维汇人则占领了加拉西亚（今西班牙的加利西亚和葡萄牙的北部）。这批进入西班牙并定居下来的蛮族

阿兰人骑兵

人口大约有20万人左右，其中5.6万人是军官和士兵，其余的是随军家属，主要是妇女和儿童。

416年，西罗马帝国合法政府与当时活动在今天法国南部地区的西哥特人国王瓦利亚缔结了同盟条约，邀请西哥特人出兵西班牙协助西罗马帝国驱逐盘踞当地的汪达尔人和阿兰人，答应为西哥特人提供粮食和定居点。于是416—417年，瓦利亚率西哥特军队大举进攻西班牙，一直打到直布罗陀海峡，将居住在巴提卡一带的汪达尔人西林部族赶走，接着又攻占了阿兰人盘踞的卢西塔尼亚，并杀死了阿兰人首领阿塔斯。西哥特人以这次军事行动为起点，开始与西罗马帝国建立了长期合作关系，并同高卢（今法国）南部和西班牙当地贵族陆续结盟。418年，瓦利亚因军队伤亡巨大和后勤供应不足，撤回高卢境内的纳尔榜南锡斯，并根据与西罗马帝国的协议拥有了在高卢南部阿基坦和西班牙中、北部定居的权利。这样，西哥特王国拥有了事实上的领土，并得到西罗马帝国的承认和支持。虽然在理论上西哥特王国必须接受西罗马帝国皇帝的领导，但实际上拥有很大的自主权和独立性。撤军回高卢后不长时间瓦利亚就去世了，继位的是提奥多里克一世（418—451年在位）。

418年西哥特人撤军后，哈斯丁部汪达尔人吸纳阿兰人余部和流散的汪达尔人，重又

西哥特王瓦利

占领半岛南部大部分地区，继续对抗西罗马。

提奥多里克一世执政后，在巩固对阿基坦领地控制的同时，继续坚持与西罗马的同盟关系，并借着帮助西罗马平定西班牙半岛上奴隶和隶农起义，以及帮助罗马对抗蛮族汪达尔人和苏维汇人的名义，不断扩大西哥特王国在西班牙半岛上的领地。

蛮族进入伊比利亚半岛和西哥特王国的建立

450年下半年，匈奴王阿提拉要求西罗马帝国割让一半领土遭拒绝，于是在451年初联合东哥特人、格皮德人等盟军约5万人，分兵三路西进，向巴黎、奥尔良进逼。西罗马帝国统帅埃提乌斯联合西哥特人、勃艮第人、法兰克人和阿兰人等盟军约5万—6万人，御敌于奥尔良。双方军队在马恩河畔沙隆附近加太隆尼平原展开大会战，史称沙隆之战。这一会战，双方损失惨重，西哥特王提奥多里克一世战死。结果匈奴人被赶到莱茵河以东，随后阿提拉率余部转入北意大利。

沙隆之战

提奥多里克一世阵亡后，他的儿子图里斯蒙多在战场上继承了王位。图里斯蒙多即位后，想彻底摆脱罗马控制，建立一个真正独立的西哥特王国。他的分离举动引起了西罗马帝国的警惕。453年，西罗马帝国将军阿埃西奥联合图里斯蒙多的两个弟弟将他杀害。事后，西哥特贵族推举图里斯蒙多的弟弟提奥多里克为国王,即提奥多里克二世(453—466年在位)。

提奥多里克二世奉行与西罗马帝国结盟的政策,多次协助西罗马帝国打击骚扰其边境的部族,并积极帮助西罗马帝国镇压奴隶和隶农的起义,使西哥特王国与西罗马帝国的同盟关系更加巩固。454年在西哥特王国的帮助下,西罗马帝国彻底镇压了西班牙塔拉戈纳地区的奴隶和隶农起义(即西班牙的"巴高达运动"),暂时稳定了西罗马帝国的统治。456年西哥特王国又展开了对蛮族的军事行动,进攻盘踞在西班牙半岛西北部的苏维汇人。这年10月5日,西哥特人和苏维汇人军队在加利西亚行省东部边界,距离当地中心城市阿斯托加(Astorga)12英里远的"帕拉穆斯平原"(Campus Paramus)展开决战。苏维汇人不敌西哥特联军,遭遇惨重失败。苏维汇国王雷加尔在战场上负伤,仓皇逃至行省南端的波尔图藏身。10月28日,西哥特联军轻松攻下了苏维汇王国的首都布拉加,并进行了一番彻底的破坏和洗劫,其野蛮程度令此前对苏维汇人的野蛮统治叫苦不迭的海达提乌斯不禁感

提奥多里克二世攻击苏维汇人进军路线

叹：一山更比一山高。12月，西哥特人挺进至波尔图，捕获了雷加尔，随即将其处死。赫梅里克建立的苏维汇第一王朝传承三代至此灭亡。苏维汇人残余势力分裂为两部分，在加里西亚西部和中南部一些山区继续抵抗。

461年夏，西罗马帝国皇帝马约里亚被暗杀，帝国政局动荡不安，新即位的皇帝塞维罗（461—466年在位）精力主要集中在巩固意大利本省的统治和对抗东罗马帝国上。这时，负责西罗马帝国军政大权的里西梅尔面临东罗马帝国的军事挑战，无暇顾及西班牙事务。西班牙各行省的地方贵族只好把维护自身利益和安全的期望寄托在西哥特王国身上。趁此良机，提奥多里克二世立刻采取行动，顺利开拓了通往地中海的通道，切断了西罗马帝国与西班牙东部地区之间的联系。463年，西班牙西北地区元老院贵族帕拉戈里奥请求提奥多里克二世出兵打击苏维汇人的洗劫行动，西哥特王国取得了在西班牙北部独立展开军事行动的权力，不再顾及西罗马帝国的军事力量。464年阿沃里奥离开西班牙，西罗马帝国再未向西班牙地区委派高级军事首领。西班牙北部事实上成为西哥特王国的势力范围。

二、尤里克征服西班牙

西罗马帝国对西班牙控制力的明显下降，使西哥特贵族摆脱西罗马帝国独立的野心日益膨胀。随着时间的推移，他们对提奥多里克二世承认塞维罗皇帝地位并与西罗马帝国结盟政策的不满情绪也越来越强烈。466年，提奥多里克二世的弟弟尤里克利用西哥特贵族的不满情绪，获得支持，杀死了自己的哥哥，当上了国王。

尤里克即位后，随即向罗马控制的高卢地区展开进攻，企图控制卢瓦尔河以南地区。尤里克的军事行动，在当地反罗马的贵族支持下不断取得胜利，扩大了领地。471年，西哥特军队在普罗旺斯打败了西罗马帝国军队，打开了南下扩张的通道。占领普罗旺斯后，西哥特军队在高特里特率领下到达纳瓦拉地区，几乎没有遇到抵抗，轻易占领了潘普洛纳和萨拉戈萨。与此同时，另一支西哥特部队在埃尔德福雷多的率领下，占领了塔拉戈纳和东部沿海地区的主要城市。在既成事实面前，西罗马帝国只能与西哥特王国达成和解协议。协议规定，西罗马帝国承认西哥特王国新占领的奥弗涅地区的合法性，承认西哥特王国在塔拉戈纳的合法地位，塔拉戈纳省督文塞西奥必须服从尤里克国王的命令；作为回报，西哥特王国归还普罗旺斯给西罗马帝国，承认并尊重胡利奥·内波特的西罗马帝国皇帝地位。协议从形式上看未改变西哥特王国从属西罗马帝国的关系，但扩大了西哥特王国的控制地区，扩张了西哥特王国国王的权力，西罗马帝国省督必须听从西哥特国王命令，表明了西哥特王国事实上的独立。

金币上的西罗马帝国末代皇帝罗慕路·奥古斯都头像

476年8月，奥多亚塞发动政变，废黜西罗马帝国末代皇帝罗慕路·奥古斯都，西罗马帝国灭亡。西哥特王国也因之完全摆脱了罗马的影响，成为一个真正的独立国家。此后，西哥特王国专注于在西班牙半岛上开拓疆土，通过对占据卢西塔尼亚边界实施征伐行动后，在梅里达一带稳住了阵脚，483年在梅里达修建了防御工事，实现长期驻军控制的目标。到484年尤里克去世前夕，西哥特王国已经控制了今天西班牙领土的大部分地区，并占有今天法国南部的一大片地区，成为欧洲西南部的一个十分强大的国家。

尤里克在位时编写并颁布了《西哥特法》，这是一部当时日耳曼人习惯法的汇编，对西哥特王国实现独立和巩固统治发挥了重要作用。

三、阿拉里克二世的内政改革

484年尤里克去世,他的儿子继位,史称阿拉里克二世(484—507年在位)。

486年,法兰克人首领克洛维率军在苏瓦松消灭了西罗马帝国将领阿弗拉尼奥·西亚格里奥的势力,占领卢瓦尔河以北的高卢地区(今法国北部),建立了法兰克王国。克洛维野心勃勃,以征服所有日耳曼人为目标,在打败勃艮第王国军队后,把扩张目标指向西哥特王国,成为西哥特王国北面的劲敌。498年克洛维占领

法兰克国王克洛维

了布尔德奥斯。502年阿拉里克与克洛维在卢瓦尔河的昂布瓦斯会晤,达成了承认双方军事边界现状的协议,暂时平息了双方的军事冲突。

明白克洛维的扩张野心,深切感受到法兰克军事威胁的阿拉里克二世,决心强化对西班牙的统治,以形成对抗法兰克人的稳固后方基地,于是采取了制定法典和调整宗教政策的两大举措,并积极向西班牙移民。

506年2月,阿拉里克二世召开了由大主教、贵族和上层人士参加的会议,制定并颁布了《西哥特罗马法典》。法典确认西哥特贵族阶级是西哥特国家统治机器的重要组成部分,确认西哥特境内蛮族和罗马人具有同样的平等地位。法典确认了以前罗马法赋予教会和教士的特权,明确教会拥有继承权、管辖权、庇护权和主教解放奴隶权等权力。法典明确规定了国王过问和干预宗教事务的权力,特别是国王有召集主教大会的权力。总体上看,《西哥特罗马法典》继承了罗马皇帝特奥多西奥一世统治时期实行的法典的主要

内容，实际上表明了西哥特王国对罗马司法传统的承认和继承。有关蛮族与罗马人平等地位的规定，有利于消弭蛮族和罗马人之间的矛盾隔阂，为确立西哥特王国是蛮族和罗马人的共同国家的观念奠定了法律和政治基础。法典确立了教会在国家统治集团中的地位，有利于统一全国群众的思想，有利于统治阶层内部的团结。法典颁布后，王国旧有辖地和新占行省都实行统一法律，全国司法的统一巩固了西哥特王国的主权和独立地位。这部法典颁布后很快在欧洲各国翻译出版，产生了很大影响。阿拉里克二世因此也被誉为重视法制建设的国王。

506年9月10日，阿拉里克二世依据《西哥特罗马法典》的规定，在阿格德召开了全国教士大会。会议建立了全国统一的主教组织，调整了全国的宗教政策，规定了教会改组、教士习俗、教会财产分配与管理、统一礼拜仪式等具体要求，使教会成为国家权力机构的一个重要组成部分，使西哥特王国内部更为团结，扩大了西哥特王国的内部统治基础。

金币上的阿拉里克二世头像

阿拉里克二世的内政改革和大举移民举措，有利于强化西哥特王国对西班牙的统治，开始了王国统治重心的南移，假以时日必然能形成稳固的抵抗法兰克人军事威胁的后方。但克洛维不愿坐视西哥特王国实现内部稳定，507年重新开始大举进攻。双方军队在普瓦提埃附近会战，克洛维大败西哥特军队，杀死了阿拉里克二世。随后克洛维乘胜追击，很快攻占布尔德奥斯和图卢兹。到508年，除卡尔卡松和阿尔勒外，比利牛斯山脉以北地区完全被法兰克人占领，西哥特王国的领土缩进了今天的西班牙境内。

四、特奥多里克大帝摄政

阿拉里克二世去世时，他的儿子阿马拉里克还年幼，他的私生子赫萨雷克趁机取得王位。阿马拉里克是当时统治意大利的东哥特国王特奥多里克大帝的外孙。特奥多里克大帝对赫萨雷克称王很不满意，511年派军队帮外孙夺回了王位，并开始摄政帮外孙治理国家，直到526年去世。西哥特王国进入特奥多里克摄政时期（511—526年）。

特奥多里克大帝摄政期间，西哥特王国疆域大体从塔拉戈纳中部到与苏维汇王国东部交界的塔霍河流域、梅里达；北方地区从普罗旺斯到迪朗斯河一带和塞普提曼尼亚，包括卡尔卡松、埃尔纳、贝济耶、阿格德、洛代沃、马格洛内、尼姆。约511—515年，特奥多里克大帝收复了罗德滋，首都设在纳尔榜。

特奥多里克大帝陵墓
特奥多里克大帝于公元520年下令为自己修建的陵墓，位于意大利拉文纳。建筑全用坚固的伊斯特里亚石灰岩建造，外观给人以坚不可摧的感觉。拉文纳被东罗马帝国占领后，对建筑进行了大规模改造，具体原貌已不可知。这座陵墓就是《帝国时代2》游戏里，哥特人世界奇观的原型。

特奥多里克大帝为了巩固统治，把在意大利统治时运用的西罗马帝国整套行政管理体制完整照搬到西班牙，大量任用自己信任的东哥特人掌控军队和重要行政职位。通过整顿税收，严禁非法铸造货币，牢牢控制了国家财政。通过严格管理政府财产和庄园，积极推动对外贸易，使西哥特王国经济得到发展。通过明晰地方机关权责，严格监督控制地方贵族的办法，强化了对地方的控制和管理。他摄政时期，西哥特王国局势相当稳定，经济文化都有所发展。

六王执政时期

526年8月30日特奥多里克大帝驾崩，阿马拉里克即位新政（526—531年在位）。阿马拉里克和他后面的五任国王统治时期，构成了西班牙历史上的"六王执政"时期（526—572年）。阿马拉里克以后的五任国王分别是特乌迪斯（531—548年）、特乌迪塞洛（548—549年）、阿希拉一世（549—555年）、阿塔纳希尔多（555—567年）和柳瓦一世（567—572年）。这一时期，西哥特王国大力向南部扩张，并取得了相当进展，西哥特王国的统治重心最终完成了向西班牙的转移。

统治重心的转移是西哥特王国与北方军事强邻法兰克王国军事对抗不断受挫失利的形势决定的。继507年阿拉里克二世在普瓦提埃的惨败之后，531年阿马拉里克在纳尔榜附近再次被法兰克王国击败，随后本人也在逃跑途中被俘，接着被处死。541年法兰克人军队穿越比利牛斯山脉，从潘普洛纳向萨拉戈萨进发，包围萨拉戈萨49天，把该城周边洗劫一空。北方战事的多次重大失利和战乱动荡的持续不止，使西哥特人无法在北方安定生活，纷纷南迁。上述几次重大军事失败都伴随着西哥特人的大量南迁，形成南迁移民高潮。

北方的挫败和无力恢复的局面，迫使西哥特王国把视线转到南方。国王特乌迪斯（531—548年在位）积极经营比利牛斯山脉南面的西班牙，重点是巴塞罗那和托莱多两个城市，认为它们可作为统治西班牙北方和南方的中心。在军队和移民的支持下，西哥特王国逐步加强了对西班牙南部地区的控制，534年甚至出兵北非占领了直布罗陀海峡南面的休达港，以联合汪达尔人对抗西进扩张的东罗马帝国。560年西哥特国王阿塔纳希尔多（555—567年在位）把王宫从巴塞罗那迁到了托莱多，表明西哥特王国在西班牙南部的统治已十分稳固。567年托莱多正式成为西哥特王国的首都。

五、托莱多王朝

托莱多王朝时期（572—711年）是西哥特王国政治演变的一个重要时期，西哥特王国经历了由盛转衰的巨变，最终被阿拉伯人灭亡。托莱多王朝的历史大体可分为前中后三个阶段。

托莱多王朝前期（572—603年）是莱奥比希尔多祖孙三代统治西哥特王国时期，是西哥特王国的鼎盛时期。这一时期的主要统治者是莱奥比希尔多（572—586年在位）和他的儿子雷卡雷多（586—601年在位），孙子柳瓦二世（601—603年在位）统治时间很短，不足三年。莱奥比希尔多统治时期最大的成就是在585年彻底消灭了长期盘踞加利西亚的苏维汇王国，奠定了今天西班牙的领土雏形，此后西哥特国王的称号改为"西班牙－加利西亚王"。雷卡雷多在位时，于589年在托莱多召开了第三次主教会议，决定把天主教确定为西哥特王国的国教，从而对后来西班牙历史发展产生了深远影响。柳瓦二世执政时成功地驱逐了长期盘踞在伊比利亚半岛的东罗马帝国拜占庭人的势力。托莱多王朝前期是西哥特王国在西班牙统治最巩固的时期，这一时期在西班牙的罗马人和西哥特人进一步融合，政治、经济、文化等各个方面的同化都在加速。莱奥比希尔多也因此被誉为西哥特王国统一的奠基者。

柳瓦二世雕像

托莱多王朝中期（603—672年）是政局动荡混乱的时期，短暂的前39年里西哥特王国就更迭了8位国王，国家局势的混乱程度可见一斑。动荡的政局中王权不断削弱，世俗贵族和教会在西哥特王国政治生活中的地位则不断增强。托莱多王朝中期先后执政的10位国王是：魏特里克（603－610年）、贡德马罗（610－612年）、西塞布托（612－621

年)、雷卡雷多二世(621年)、苏因蒂拉(621—631年)、西塞南多(631—636年)、钦蒂拉(636—639年)、图尔加(639—642年)、钦达斯文托(642—653年)和雷塞斯文托(653—672年)。这一时期对后世历史发展影响最大的事件是633年在托莱多召开的第四次主教会议。会议通过了著名的"七五教规",教规规定:国王死后,继承人必须由主教和贵族协商推选产生,并且只有在主教和贵族同意的情况下王位继承人才能正式加冕;国王对刑事和民事案件的处理,都必须考虑和采纳司法当局的意见,并与公众协商一致;国王不能凌驾于教会之上,要遵守王国法律,严格履行国王职责;国王如果专横武断,不听从贵族意见,将被教会除名,等等。这些条款限制了国王权力,提升了贵族和教会在国家政治生活中的地位,使西哥特王国的政权开始由国王、贵族和教会共同把持,对历史发展产生了深远影响。

托莱多王朝后期(672—711),西哥特王国分化瓦解的局面日益严重,教会和贵族权力进一步扩大,每位国王上台均由贵族和教会推选,上台后都要为维护王权与贵族和教会不断斗争,这样导致中央权力削弱,地方权力扩大,甚至发展到无政府状态。同时由于贵族和教会的沉重盘剥,下层民众生活十分艰难,反抗暴动此起彼伏,西哥特王国军队为镇压地方起义而疲于奔命。到711年阿拉伯人入侵前夕,西哥特王国已经是一个摇摇欲坠、四分五裂的国家。托莱多王朝后期先后执政的五位国王是:万巴(672—680年)、埃尔维希奥(680—687年)、埃希卡(687—702年)、威蒂萨(702—710年)和罗德里戈(710—711年)。711年阿拉伯人入侵伊比利亚半岛,西哥特末代国王罗德里戈在瓜达雷特战役中战败身亡。西哥特王国的统治宣告结束。

面对阿拉伯人军队迅速北进的形势,西哥特王国残余力量在加泰罗尼亚和塞普提曼尼亚等地分别推举阿希拉二世和阿尔多为国王。716年阿拉伯军队大举北进,铲平了阿希拉二世的势力。725年,卡尔卡松伯爵和尼姆伯爵先后向阿拉伯人投降,阿尔多势力消亡,西哥特王国残余势力也彻底覆灭。

托莱多城的哥特式建筑

六、西哥特王国时期的社会与经济状况

　　西哥特王国统治的人民族群繁多。除土著西班牙人和占统治地位的西哥特人外,在西哥特人入侵西班牙后移居伊比利亚半岛的族群主要有:汪达尔人,最后定居半岛大约有20万人;苏维汇人人口约有10万,主要分布在塞戈维亚、布尔戈斯、索里亚、瓜达拉哈拉、马德里、托莱多、瓦利阿多里德和巴伦西亚;犹太人主要集中分布在莱万特和伊比利亚半岛南部,祖祖辈辈从事商业活动,不与当地其他居民合流,始终保持自己的独立性;法兰克人,主要是6世纪中期迁居来的,加利西亚是其聚居地;非洲人和拜占庭人移民主要居住在南部沿海地区。由于政治和社会因素的影响,5－6世纪时西哥特人和西班牙土著居民之间的族群界限十分显明,直到6世纪末两者之间才开始逐渐融合。莱奥比希尔多执政时,允许西班牙人和西哥特人通婚,这一政策促进了两者的融合。

行政区划上，西哥特王国基本沿袭了罗马帝国时代的行省制度，把全国划为6个行省。随着贵族势力的膨胀，西哥特王国中后期出现了高于行省的行政单位——公国。公国最高首领是公爵，名义上由中央政府任命，实际上是独立性很强的封建领主，不但拥有大量土地和财产，还拥有军权和司法裁判权。公国的出现，显示了王权的衰弱和国家封建化的发展。西哥特王国时期的公国主要有卢西塔尼亚公国、加利西亚公国、阿斯图里亚斯公国、卡塔纳赫公国、坎塔布连公国、塔拉戈南锡斯公国和巴斯克公国等等。

西哥特王国的经济以农业经济为主，土地制度是庄园制。大小领主占有土地建立庄园，农民依附领主生产生活，少有人身自由。农业灌溉系统和技术较罗马时期有所改进，土地灌溉面积在不断扩大。特别是莱万特和瓜达尔吉维尔河流域，灌溉系统十分发达，水车使用相当普及。

西哥特王国时期遗留下来的灌溉水车

货币制度上，西哥特王国基本沿用罗马币制，建国后的相当长一个时期，把罗马古币特雷米斯作为国家统一货币。莱奥比希尔多国王时期开始铸造自己的货币，特列恩特币逐渐成为西哥特王国境内使用的主流货币。但西哥特王国的铸币管理混乱，铸币厂就有79个，这一情况直到钦达斯文托国王执政时期才有所改观。

七、伊西多尔和《词源》

伊西多尔（Isidorus Hispalensis，通常作Isidore of Seville，560或570—636年），是西班牙西哥特王国时期天主教主教和圣人，西班牙古代的百科全书式学者。

伊西多尔出生于西班牙昌第根纳的贵族家庭。幼年亡父，由其兄、姐抚养成人。以后在塞维利亚的修道院接受教育，并成为一名修道士。公元600年前后，接替其兄林德（Lean der），成为塞维利亚地区的主教，任职长达36年，成为西班牙当时最有影响的主教。任职期间，他创办了一所有一定规模的以培养神职人员为宗旨的学校。公元633年，他以主席的身份主持召开了著名的托莱多第四次宗教会议。这次会议通过了一系列重要的决定，其中包括统一各地区的教仪；每个教区都必须设立一所学校，以培养神职人员等。由于对复兴西班牙教育、特别是宗教教育的重要贡献，伊西多尔在生前就被誉为西班牙教育的重建者。他去世后，第八次托莱多会议决定尊他为"优秀的圣师、公教会的新光荣"。1722年，罗马教皇英诺森十三世追赠他为"圣徒"。伊西多尔现被供奉为西班牙马德里市的守护神。罗马教皇正考虑让他担任互联网用户和计算机程序员的保护神。伊西多尔在历史上的影响不仅在于他为中世纪天主教会的扩张立下了汗马功劳，而且也在于他为西班牙乃至整个西欧文化和教育事业从日耳曼民族大迁徙所造成的文化衰落中复兴、发展所作出的重要贡献。在西方教育史上，他对中世纪学校的课程建设产生了

位于马德里市的伊西多尔雕像

久远的影响。

伊西多尔著述甚丰,但绝大部分为神学著作,与教育问题直接相关的主要是《词源》这部巨著。他的不朽贡献《词源》20卷,是从以往的拉丁语名著中摘录而成的百科全书,该书取材广泛、旁征博引、探本求源（这也是作者所取书名的原意）、图文并茂,并被译成多种文字在欧洲流传许多世纪,是世界上第一本百科全书。

《词源》（Etymologies）,又译作《词源学》《语源》等。作者生前未完成该书。在他去世后,由西班牙萨拉戈萨主教柏兰利奥格根据其手稿整理刻行。全书共20卷,分为5部分。在这部巨著中,伊西多尔根据基督教教义和当时培养神职人员的要求,将所搜集到的古希腊、罗马作家的著作和基督教教父的著作,加以汇集、整理,并予以阐释。伊西多尔全盘接受了奥古斯丁的思想,对诸如原罪、救赎、地狱、预定论等基督教的基本理论,做了具体的阐发。在此基础上,他提出了与教育问题直接相关的一些见解。伊西多尔认为,人类生活的基本目的就在于获得上帝的拯救。为了达到这个目的,人必须不断地修炼自己的德行,克服贪婪、奸淫、悭吝、嫉妒、忧虑、愤怒、虚荣、骄傲等恶行,以获得信、望、爱的"神德"。只有获得这三种神德,人才有可能使自己的灵魂与上帝结合。修炼德行的途径有很多种,如忏悔、祈祷、冥想、劳作等。其中较为重要的途径是努力获得智慧。所谓智慧,就是瞻仰永恒的真理,即上帝。而要获得智慧,就必须致力于学习各种知识。知识虽然不同于智慧,它的对象只是暂时的世界,但它对于获得智慧,并最终获得信仰,是必要的。伊西多尔有一句名言:"明日就死又何妨,只要学习,就像永远不死一样。"既然学习知识是为了获得智慧、认识上帝,因此,学习内容的选择与安排,必须以此为原则。伊西多尔坚决反对不加选择地学习一切古希腊、罗马的文化,认为许多世俗知识是与基督教教义相违背的,应当坚决取缔。他尤其反对学习诗歌,认为诗歌将会败坏教会的风气,损害神职人员的道德。他所主张学习的,首先是《圣经》,认为学习《圣经》有助于对上帝的认识和信仰。其次,他主张学习基督教教父的著作,特别是奥古斯丁的著作。在古希腊、罗马的世俗文化中,他强调学习七门"自由学科",即文法、修辞学、辩证法、算术、几何、天文、音乐，认为这些知识有助于理解《圣经》和教父著作。另一方面，为了抵制古希腊、罗马异教作家对基督教的不利影响，有必要了解这些作家的著作，如哲学、历史学、物理学等。

《词源》一书问世后，在长达几百年的时间里，一直是西欧各修道院学校和主教学校"七艺"课程的最有权威性的教科书之一，成为中世纪早期西欧人了解希腊、罗马文化的重要途径。在7世纪，由于民族大迁徙，对于原有的罗马文化、社会、经济造成了空前的大破坏，西欧正处于文化荒芜的"黑暗时代"。在当时，除英伦三岛外，欧洲大陆对希腊、罗马文化知之甚少。在这种情况下，《词源》对于西欧人扩大眼界，丰富知识，摆脱愚昧无知，的确起到了启蒙的作用。而且它汇集了一部分希腊、罗马作家的著作，因而在客观上起到了保存、延续传统文化的作用。这些对于公元8世纪法兰克国王查理曼统治时期的文化和学术"复兴"，起到了直接的推动作用。另一方面，由于《词源》汇集了当时所有各方面的知识，并较为系统加以安排，因此，它不仅是公元7世纪的百科全书，更为重要的是，它进一步拓展了当时学校教育的内容，对中世纪早期的教育发展做出了一定的贡献。与此相联系，它努力使学校教学内容、教材系统化，这也有助于学校教学工作的进步。再一方面，它第一次把"七艺"的前三科定名为"三学"（Trivium），把后四科定名为"四学"（Quadrivium），从而使作为中世纪学校主要课程的"七艺"定型化。

需要注意的是，由于历史的原因，《词源》一书中所辑录的一些古代作品存在着为数不少的错误，有些甚至是以讹传讹。更为严重的是，伊西多尔从宗教偏见出发，在《词源》中对古代作品作了许多人为的剪裁，从而阉割了古典文化优秀成果的基本精神，这些对文化的保存、发展是非常有害的。

第二章

民族国家的形成

——阿拉伯人入侵和西班牙民族国家形成

第二章　民族国家的形成——阿拉伯人入侵和西班牙民族国家形成

第一节　阿拉伯人对西班牙的统治

一、阿拉伯人征服伊比利亚半岛

710年夏，阿拉伯帝国的易弗里基叶省（当时辖地为北非，后扩展至西西里岛和伊比利亚半岛）总督穆萨·本·努赛尔，在占领北非的摩洛哥后，命令他的大将塔利夫渡过直布罗陀海峡继续向北方的伊比利亚半岛扩张。710年7月，塔利夫率领约500人的小部队越过直布罗陀海峡向北进攻。当时西哥特国王罗德里戈正在北方镇压巴斯克地区的叛乱，无暇南顾，于是塔利夫轻易占领了西班牙南端的一个小港，并以自己的名字命名港口，这就是今天的塔利发港。塔利夫的轻松胜利，极大地刺激了穆萨手下将领的扩张欲望。

战场上的塔利克

711年4月，穆萨手下大将塔利克率7000大军穿过直布罗陀海峡，在卡尔佩登陆，修筑了城堡，并把城堡附近的卡尔佩山改名为塔利克山，也就是后世欧洲人所说的"直布罗陀"。"直布罗"是阿拉伯语"山"的音译，"陀"是"塔利克"这一名字的急读音。随后，又占领了直布罗陀附近战略位置十分重要的一个小港口，并起名"绿岛"，也就是今天的阿尔赫西拉斯港。占领直布罗陀半岛，使阿拉伯人军队占据了十分

· 41 ·

有利的战略位置，可作为征服西班牙的后勤基地，一旦进攻计划受挫，又可从这里从容撤退回北非。远在北方潘普洛纳城忙于镇压巴斯克人叛乱的西哥特国王罗德里戈听到阿拉伯人大举入侵的消息，立刻亲率2.5万大军南下阻截。穆萨则增派5000人的柏柏尔人军团充实塔利克的防御力量。几周后，决定西班牙历史命运的巴尔巴特战役在瓦利湖的巴尔巴特河口打响。罗德里戈军队人数远超塔利克的部队，战役开始后一直占有优势和主动，似乎胜利在望。但就在西哥特军队即将获胜的关键时刻，西哥特部队内部发生哗变，许多官兵纷纷倒戈加入塔利克的部队，安达卢西亚地区的犹太人也起来造反，支持塔利克。一时间形势逆转，西哥特部队士气低落，无心恋战，纷纷投降，被阿拉伯军杀得溃不成军。巴尔巴特战役使阿拉伯人打开了西班牙的南大门安达卢西亚。此后，西哥特王国大势已去，其军队无力与阿拉伯军队相抗衡。阿拉伯人则乘势长驱直入，迅速向北推进，一路势如破竹。在犹太人的接应和支持下，塔利克率领大军向伊比利亚半岛中部进军。穆西特于711年10月率军攻占了科尔多瓦，同年占领托莱多。

在塔利克战绩的鼓舞下，穆萨决定扩大战果，彻底征服伊比利亚半岛。712年6月，穆萨亲率1.8万大军登陆西班牙，大军以摧枯拉朽之势迅猛北进，713年6月已占领瓜达尔吉维尔河流域。此后，在塞维利亚城，阿拉伯军队遇到顽强抵抗，穆萨围城一年才攻克了这一坚城。攻占梅里达后，穆萨和塔利克在托莱多会师，然后攻占了萨拉戈萨，控制了埃布罗河流域。接着，阿拉伯军队兵分两路向半岛西北进攻，横扫阿拉贡、莱昂、阿斯图里亚斯和加利西亚。最后，一支打到阿斯托尔加，另一支则攻到克瓦东加和希洪。到714年，西班牙大部分地区已在阿拉伯人控制之下，穆萨凭借征服西班牙的功劳身兼北非和西班牙总督，权势显赫一时。714年夏，穆萨和塔利克奉命离开西班牙，返回大马士革汇报战况并

柏柏尔人武士

第二章 民族国家的形成——阿拉伯人入侵和西班牙民族国家形成

献俘,西班牙的军政权力交给了穆萨的儿子阿卜杜·阿齐兹掌管。

阿卜杜·阿齐兹也是一员阿拉伯猛将,712年随父亲开始在西班牙征战,战绩卓著。先是与弟弟阿卜杜·阿拉赫共同镇压了塞维利亚的武装起义,接着向比利牛斯山脉进军征服了潘普洛纳,然后掉头向东相继占领了塔拉戈纳、巴塞罗那、赫罗纳和纳尔榜。之后,阿卜杜·阿齐兹兵锋转向半岛西南,攻占了今天葡萄牙的埃武拉、圣塔伦和科布英拉后,进入安达卢西亚和莱万特地区,占领了马拉加和埃尔维拉。最后,阿卜杜·阿齐兹向木尔西亚地区进攻,在同残留在此地的西哥特首领特奥多米罗签订和约后,才停下了征战步伐。和平到来之际,阿卜杜·阿齐兹爱上了西哥特王国末代国王罗德里戈的遗孀埃希洛娜并同她结了婚。婚后阿卜杜·阿齐兹对埃希洛娜百依百顺,一切礼仪都遵照西哥特王国的习惯,民间于是盛传他已经皈依了天主教。阿卜杜·阿齐兹的行为引起了大臣们的强烈不满。716年阿卜杜·阿齐兹被部下杀死。

719—721年,阿拉伯军队继续北上征战,先后征服了纳尔榜、图卢兹,兵锋到达勃艮第,并横扫欧坦一带。732年又在西班牙总督阿卜杜·拉赫曼·加菲基率领下向比利牛斯山脉以北进攻,占领了波尔多、普瓦提埃,到达宗教圣地图尔。10月在图尔和普瓦提埃之间的平原地带,阿拉伯军队遭到查理·马特公爵率领的法兰克军队的顽强抵抗,双方展开大战,阿拉伯人伤亡惨重,总督阿卜杜·拉赫曼·加菲基战死。此后,阿拉伯人军事扩张的势头受到遏制,不敢轻易发动北伐。欧洲西南部阿拉伯人与西欧基督教国家对峙的局面稳定下来。

在西班牙,北方的西哥特贵族不甘心失去土地和财富,718年他们在阿斯图里亚斯的一个小村镇坎加斯·德奥尼斯推举佩拉约为领袖,与

732年普瓦提埃战役中战斗的阿拉伯、柏柏尔和法兰克武士

躲藏在山区的阿斯图里亚斯居民联合起来，发起了共同抗击阿拉伯人入侵的抵抗运动。北方山区抵抗运动的兴起，揭开了西班牙中古时期半岛北部天主教势力与阿拉伯人长期对峙斗争的序幕。

二、阿拉伯人统治早期西班牙的动荡

阿拉伯人统治西班牙的早期（716—756年），整个西班牙地区战乱不止，部族冲突激烈，局势动荡不宁。

阿拉伯人的征服是赤裸裸的暴力军事征服，军事征服过程本身就造成各地区的战乱动荡。征服后的军事占领无法从根本上消除民族和宗教矛盾，各地不时有不同规模的反抗起义发生，镇压反抗起义的战斗也使战乱在很长一段时间内此起彼伏，难以平息。

部族冲突激烈进一步加深了动荡的程度。伴随着阿拉伯军队的入侵步伐，阿拉伯帝国境内的各部族也大规模向伊比利亚半岛迁徙，各部族之间的矛盾也日益加剧。阿拉伯入侵者内部的部族冲突，最为突出的是阿拉伯人和柏柏尔人、叙利亚人和也门人的矛盾冲突。

在阿拉伯军队中，阿拉伯人多是军官，属军队上层；来自北非的柏柏尔人多为下层士兵。在征服西班牙的过程中，阿拉伯人利用特权得到了更多好处，霸占着重要城镇和肥沃土地。与此相反，柏柏尔人虽然作战勇敢，冲锋陷阵，但分得的都是贫瘠土地和少量财富。柏柏尔人对这种不公的分配结果十分不满，许多人因此而经常开小差，个别地方还发生了柏柏尔人的骚乱。分赃不均的矛盾，演化成了阿拉伯人与柏柏尔人的长期矛盾，往往一个小的纠纷就会引发两个部族的冲突械斗，成为阿拉伯人统治西班牙早期难以解决的顽疾。

741年哈里发派巴利·本·比塞尔率领叙利亚人组成的军队去北非镇压柏柏尔人起义，作战失利后几千人的残部进入西班牙，驻扎在科尔多瓦。这支叙利亚人军队直接干预阿拉伯各部族内部冲突，进一步激化了各部族之间的矛盾。后来这支军队在西班牙南部和东部驻扎并分得了领地，凭借军事力量作后盾在当地阿拉伯人中处于强势地位，他们的做法遭到在西班牙南部人口占多数的也门人的不满，双方之间冲突持续不断，成为很长时期内西班牙南方阿拉伯人内部部族冲突的焦点。

三、埃米尔时期的后倭马亚王朝

750年阿拉伯帝国政治形势发生剧变，阿布·阿巴斯成为哈里发，建立了取代倭马亚王朝的阿巴斯王朝。由于宗教狂热和神权纠纷，大肆清洗屠杀倭马亚皇族。倭马亚王朝第十位哈里发希沙姆的孙子，年仅20岁的阿卜杜·拉赫曼·伊本·穆阿维叶，幸运地躲过了这场劫难。他几经周折来到北非的摩洛哥。754年年末，阿卜杜·拉赫曼派遣他的得力助手巴德尔北渡直布罗陀海峡来到西班牙，得到那里家族的同情和支持。当地驻扎的叙利亚部队也表示愿意支持重建倭马亚王朝。于是755年9月13日阿卜杜·拉赫曼率军从阿尔穆涅卡尔登陆西班牙，756年5月在阿拉梅达打败了总督尤素福·费赫里的军队。756年7月，阿卜杜·拉赫曼的军队攻占了科尔多瓦，宣布成立独立的王朝，倭马亚王朝的白色旗帜重又飘扬在西班牙上空。这个在西班牙复辟的倭马亚王朝历史上称作后倭马亚王朝。

阿卜杜·拉赫曼一世（756－788年）独立建国后，没有自封哈里发，而只称埃米尔。在他统治初期，武装叛乱时有发生，巩固政权是他的首要目标。阿卜杜·拉赫曼率军东征西战，先后平息了也门人和柏柏尔人的叛乱，打败了尤素福·费赫里的反扑，最后在761年消灭了阿巴斯王朝安达卢西亚总督的势力，使阿巴斯王朝彻底放弃了反攻企图，巩固了自己在西班牙的统治地位。北方，阿拉伯人与基督教国家的对峙冲突还在继续，查理曼帝国成为后倭马亚王朝的主要对手。778年在隆塞瓦叶斯战役中，阿拉伯军队打败了查理曼帝国军队，法兰克名将罗兰战死。这一战役后来成为法国著名史诗《罗兰之歌》的故事题材。但更多的时候，阿拉伯人在战斗中处于劣势。阿卜杜·拉赫曼一世时，北方的萨拉戈萨、赫罗纳和巴塞罗那等城市先后被查理曼帝国占领。对内，阿卜杜·拉赫曼一世注意消除各民族之间的隔阂和差别，通过掀起伊斯兰文化运动的方式来实现民族融合与团结。在他统治时期出现了文化繁荣和经济发展的局面。785年，阿卜杜·拉赫曼一世下令在罗马人和西哥特人统治时期兴建的科尔多瓦教堂旧址重建一座大清真寺，这一清真寺与耶路撒冷及麦加的清真寺一起成为世界三大伊斯兰圣寺。

788年阿卜杜·拉赫曼一世去世，他的儿子希沙姆一世（788－796年在位）即位。希沙姆一世是位虔诚的伊斯兰教徒，推崇逊尼派马立克学派的教法学说，遵照马立克时期的法典制定治国方略。在他统治时期，后倭马亚王朝避免卷入伊斯兰世界的内部纷争，积极向周边扩大版图。每年夏季，希沙姆一世都会率军发动圣战，向周边进攻，最远曾打到阿斯图里亚斯和法兰克的塞普提曼尼亚。

第三任埃米尔哈卡姆·本·希沙姆（796－822年在位）执政时期，阿拉伯人与西班牙人进一步融合，埃米尔身边的官员不再仅是阿拉伯贵族，也有一些是普通自由人和非阿拉伯人。由于内政和对外的需要，后倭马亚王朝初期奉行的闭关自守政策开始发生变化，同北非、亚洲穆斯林国家发展友好关系和贸易往来日益受到重视。

第四任埃米尔阿卜杜·拉赫曼二世（822－852年在位）执政期间，战乱不断。他上台后首先对法兰克人、巴斯克人和在埃布罗河一带活动的穆拉迪家族巴努·加西策划的暴乱进行了镇压，基本控制了局面。844年击退了在塞维利亚登陆骚扰的诺曼底人。850年又出兵与科尔多瓦城的穆扎拉维人叛乱势力作战。这次平叛战争持续了十年，直到第五任埃米尔穆罕默德一世统治时期的859年才取得最后胜利。此外，阿卜杜·拉赫曼二世每年夏季都会发动圣战，进攻北方的阿斯图里亚斯—莱昂王国、纳瓦拉王国和法兰克人管辖下的加泰罗尼亚。内政方面，他废弃了先辈的传统管理模式，建立了自己崇尚的阿巴斯国家体制。

第五任埃米尔穆罕默德一世（852－886年在位）统治前期，占领了阿尔赫西拉斯和巴利阿里群岛，扩张了领土。晚年，来自葡萄牙北部的穆拉迪人后裔阿卜杜·拉赫曼·伊本·麦尔旺在梅里达举兵反叛，后来在巴达霍斯建立了独立公国。他统治时期，西班牙南北对峙局面形成，北方天主教王国与南部后倭马亚王朝之间形成了一条由西向东延伸的缓冲地带，大体上从葡萄牙的科英布拉向东穿过梅塞塔高原，经过索里亚、潘普罗纳，延伸到巴塞罗那一线。此后，北边的天主教王国经常南下袭击，南边的后倭马亚王朝也不断向北进行"圣战"讨伐，不过大的战争没有发生，对峙局面长期延续。

第六任埃米尔曼迪尔·本·穆罕默德（886－888年在位）执政时间短暂，没有显著政绩。

第七任埃米尔阿卜杜·阿拉赫·阿布达拉（888－912年在位）执政时期，各地不断发生武装暴乱，他主要精力都放在了平定埃尔维拉和塞维利亚一带阿拉伯人和穆拉迪人之间的冲突上。912年去世时，留给孙子阿卜杜·拉赫曼三世的仍然是一个动荡不安的国家。

四、哈里发时期的后倭马亚王朝

年仅23岁的阿卜杜·拉赫曼三世接任埃米尔时，后倭马亚王朝战乱不断，经济衰落，形势十分严峻。但他不畏艰难，锐意进取。上台之初，立刻着手平息叛乱。913－917年他率军消灭了塞维利亚和卡尔莫纳两地的班努·加西家族的武装暴乱，恢复了后倭马亚王朝对这两个地区的有效统治。917－918年摧毁了盘踞在隆达山区30多年的乌马尔·伊本·哈夫逊穆拉迪人武装，占领了波巴斯特罗要塞，从而巩固了在安达卢西亚地区

阿卜杜·拉赫曼三世

的统治，并进一步把统治扩展到阿尔加维和莱万特地区。恢复了国内稳定政局后，又采取措施发展经济，使后倭马亚王朝重新强大起来。929年阿卜杜·拉赫曼三世改称哈里发，彻底与大马士革政权划清了界限。一方面显示了科尔多瓦政权军事和经济力量的强大，已不再畏惧阿巴斯王朝势力，另一方面也反映了阿卜杜·拉赫曼三世不愿在伊比利亚半岛南

部龟缩一隅的政治野心和抱负。为实现扩张抱负，阿卜杜·拉赫曼三世派军南北两面出击。在南面，阿卜杜·拉赫曼三世的军队渡过直布罗陀海峡，于927年占领梅利利亚，930年占领巴达霍斯，931年占领休达，951年吞并丹吉尔。军事打击之外，又对北非马格里布北部和中部的土著部落首领实行收买政策，赠送大量财物，使他们成为后倭马亚王朝的保护国，从而成功地把后倭马亚王朝势力扩展到北非。在北方，932年阿卜杜·拉赫曼三世派军包围托莱多，围城两年后，占领了弹尽粮绝的托莱多城。950年打败莱昂王国和纳瓦拉王国联军，一度攻陷纳瓦拉王国首都潘普洛纳，迫使两国向后倭马亚王朝称臣纳贡。为配合军事扩张，阿卜杜·拉赫曼三世采取了远交近攻的外交政策，先后同君士坦丁七世统治下的东罗马帝国、奥托一世的神圣罗马帝国以及巴塞罗那伯国互换使节，建立了正常外交关系，从而保证自己能排除外部干扰集中力量就近扩张。阿卜杜·拉赫曼三世统治时期，后倭马亚王朝经济贸易发展迅速，文化繁荣，军事力量强大，国力十分强盛。当时科尔多瓦成为世界大都市和伊斯兰教活动中心，每年都有各国文学家和科学家前来进行文化和学术交流。

961年阿卜杜·拉赫曼三世去世，其子哈卡姆二世（961-976年在位）登基。哈卡姆二世执政期间，使用武力遏制了莱昂、卡斯蒂利亚和纳瓦拉三个天主教国家的反攻，巩固了科尔多瓦作为伊斯兰文明中心的地位。他重视文化建设，在科尔多瓦及周边地区建立了大量清真寺和图书馆，开设了许多书店，使科尔多瓦成为后倭马亚王朝的政治、经济、贸易、文化、教育和宗教中心。当时科尔多瓦聚集了一大批著名的学者，医学家札赫拉维就是其中最杰出

札赫拉维

的代表。阿布·卡塞姆·哈拉夫·本·阿拔斯·札赫拉维（936-1013）一般简称札赫拉维，在西方国家又称阿尔布卡西斯（拉丁语：Albucasis），是中世纪阿拉伯后倭马亚王朝安达卢西亚的医学家、外科医生、化学家、美容学家和自然科学家，被认为是"现代外科学之

第二章 民族国家的形成——阿拉伯人入侵和西班牙民族国家形成

父"、中世纪最伟大的穆斯林外科医生,他的综合性医学巨著奠定了文艺复兴之前伊斯兰世界和欧洲外科学的基础。札赫拉维出生于距科尔多瓦西北六英里的宰赫拉城,他的名字"札赫拉维"就是宰赫拉人的意思。他是早年移居西班牙的阿拉伯部落辅士的后裔。由于宰赫拉在后来的西班牙土著和外来穆斯林的冲突中被毁,除了札赫拉维自己出版的作品,关于他生平的资料很少。他的名字最早出现在伊本·哈兹姆的作品中,伊本·哈兹姆将他列入穆斯林西班牙最伟大的医学家之列。但最早的札赫拉维的详细传记是侯迈迪的《安达卢斯诸贤》,完成于札赫拉维去世后60年。札赫拉维一生的大部分时间在科尔多瓦度过,他在科尔多瓦学习、任教,并实践外科手术,直到去世。他去世前两年,他的家乡宰赫拉城在后倭马亚王朝的内战中遭劫。科尔多瓦的一条街因为阿布·卡塞姆·札赫拉维曾经居住过而被命名为"阿尔布卡西斯大街"(西班牙语:Calle Albucasis)。他住在大街的6号房,这座房子从1977年1月起被西班牙旅游协会保护了起来,还挂了一块标示牌,上面写着:"这是阿布·卡塞姆(即札赫拉维)住过的房子。"札赫拉维曾担任后倭马亚王朝哈里发哈卡姆二世的御医,他穷尽毕生精力于医学,尤其是外科学。他的代表作是《医学宝鉴》(或译《医学方法论》),完成于公元1000年,涵盖了医学的诸多方面,记录了札赫拉维在50多年学习、任教和行医历程中累积的经验和资料,也记录了札赫拉维在实践中了解到的医患关系的重要性和他对学生们的关爱,他称学生们为"我的孩子"。在书中他也强调了对不同社会地位的病人平等对待的重要性,他还鼓励近距离观察病人的病情以给出最准确的诊断和最佳治疗方案。《医学宝鉴》还描述了如何缝合血管,比安布鲁瓦兹·帕雷几乎早了600年,它还是有记载的第一本介绍牙科仪器和解释血友病遗传特性的书。概括地说,这是一部30卷的医学百科全书,涵盖了外科、内科、整形外科、眼科、药学和营养学等诸多方面。在药学和药理学领域,札赫拉维率先用升华和蒸馏法制药。他的《自由奴》一书尤其有趣,该书的秘方和说明告诉读者如何提取混合在一堆药物中的药材以及它们的大致使用方法。12世纪时克雷莫纳的杰拉德将《医学宝鉴》翻译成拉丁文,并加入注释。在欧洲中世纪的大约500年内,《医学宝鉴》拉丁文译本成为医学知识第一手资料，是内外科医生的主要参考书。札赫拉维的影响持续了至少5个世纪，一直持续到欧洲文艺复兴的开始。

阿拉伯史学家普遍称颂哈卡姆二世的突出政绩，认为他是一位具有文学天赋，重视教育和富有和平思想的统治者。哈卡姆二世去世后，后倭马亚王朝的权力落入摄政大臣穆罕默德·伊本·阿比·阿米尔·曼苏尔（977－1002年摄政）手中。曼苏尔自称"曼苏尔·比拉赫"（"天助胜利者"之意），独揽军政大权。992年他下令枢密院颁发的一切公文必须用他的印章，使哈里发成了徒有虚名的摆设。摄政期间，曼苏尔一共向北方各天主教国家发动了52次讨伐，多次打败天主教国家的军事反攻，占领过伊比利亚半岛北部许多城市，如萨莫拉（981年），萨拉曼卡、巴塞罗那（985年），莱昂、阿斯托尔加、科英布拉（987年），萨哈贡、埃斯隆萨（988年），潘普洛纳（999年），圣米利安·德拉科戈利亚（1002年）等等。997年他率领后倭马亚王朝军队一度曾深入到伊比利亚半岛的最北部，占领了天主教圣地——圣地亚哥·德孔普斯特拉，并将该城摧毁。战斗结束后，阿拉伯军队强迫天主教徒战俘抬着圣地亚哥大教堂的大钟徒步千里来到科尔多瓦。因赫赫武功，曼苏尔被后世史家誉为"10世纪阿拉伯人的俾斯麦"。不过，曼苏尔的军事打击并未能根除天主教王国的反抗，他们总是在阿拉伯人撤退后，重新聚集，继续反抗。1002年曼苏尔在征伐卡斯蒂利亚王国后，班师回朝，归途中死在麦迪纳塞利城。天主教各王国称曼苏尔是在卡拉塔尼亚索尔战役中被他们打伤，归途中伤势不治死亡的。

曼苏尔死后，他的儿子阿卜杜·马立克掌权（1002－1008年）。马立克继续父亲讨伐天主教各王国的事业，取得不少战绩，自称"胜利者"。1008年马立克在与卡斯蒂利亚王国军队作战撤退的途中死去。

马立克死后，后倭马亚王朝内部陷入权力之争，内讧不断，最终酿成1010－1020年的十年内战。北方天主教王国趁机插足后倭马亚王朝内部斗争，拉一派打一派，使后倭马亚王朝内部矛盾进一步激化。1031年科尔多瓦王公大臣召开会议，各派达成妥协，废黜了哈里发。此后宫廷权势阶层和地方首领各自为政，纷纷成立独立王国，后倭马亚王朝灭亡。

第二章　民族国家的形成——阿拉伯人入侵和西班牙民族国家形成

五、阿拉伯人的诸侯割据

后倭马亚王朝末期，中央已经无法控制地方割据和独立，阿拉伯人控制区政局混乱。1031年后倭马亚王朝灭亡后，伊比利亚半岛南方阿拉伯人控制区先后出现了20多个诸侯国，习惯上称作阿拉伯"泰法"（阿拉伯语ةفىاط，原意为"帮派、教派"）诸王国，柏柏尔人、斯拉夫人和阿拉伯安达卢西亚人成为地方割据的主要力量。这些小王国大多昙花一现，各自为政，互相攻伐。它们常常向基督教国家求援以反抗敌对的穆斯林诸王，或转而向北非王国求援来对抗基督教君主。这些泰法国家反复无常，于是成为势力日益增长的北方天主教诸国在"收复失地运动"中争取的目标。由于泰法诸国之间为争夺地盘不断发生战争，相互残杀

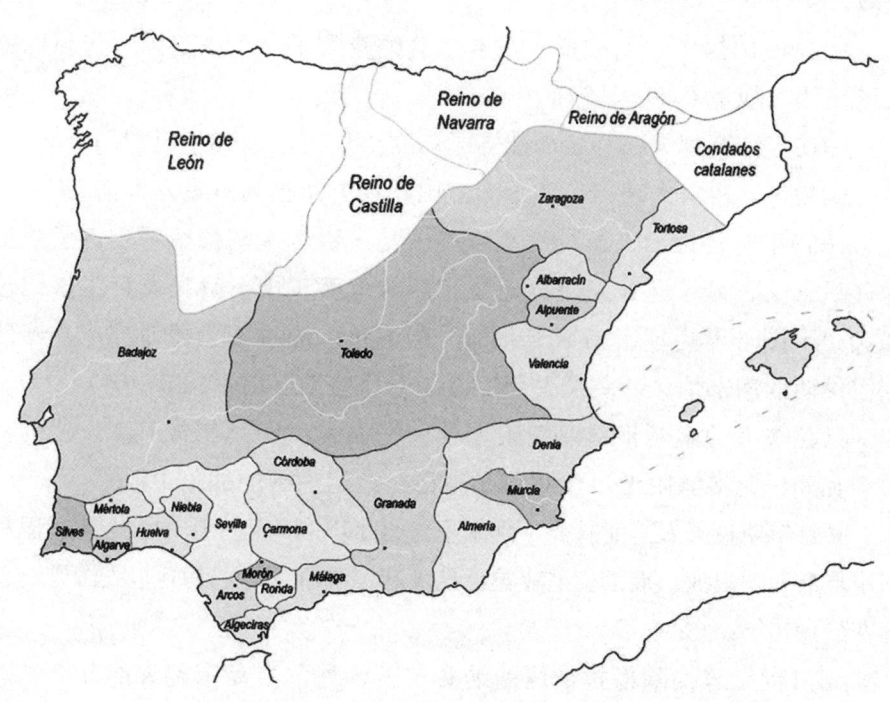

1031年西班牙地区诸"泰法"（图下部各块灰色区域）王国

掠夺，成为常态。阿拉伯人再也无力征服北方，这使伊比利亚半岛上南北对峙局势发生根本性逆转。尽管泰法诸国政治上鲜有建树，但却培育起一段穆斯林文化复兴时期。泰法诸王仿照哈里发宫廷模式，延揽诗人，提倡哲学、自然科学和数学的研究。

1031年到11世纪末，伊比利亚半岛南方阿拉伯人地区出现的主要泰法割据政权的情况简述如下：

1031年哲赫瓦尔人在科尔多瓦建立政权，一直维持到1069年。

1023年也门人中的阿巴德人在塞维利亚建立了阿巴德王国，经济和军事力量相对比较强大，最后吞并了科尔多瓦的哲赫瓦尔人政权和西南部一些小国。阿巴德王国统治时期，塞维利亚经济和商业出现了短暂的繁荣。但是当时北方天主教王国力量更为强大，阿巴德王国被迫向卡斯蒂利亚王国纳贡。1099年阿巴德王国灭亡。

1022年柏柏尔人中的阿富塔斯人在巴达霍斯建立了小王国。巴达霍斯王国与阿巴德王国相邻，互相敌视，不断交战。卡斯蒂利亚王国乘机进攻，迫使巴达霍斯王国每年纳贡。

1023－1024年，比札里人在卡尔莫纳建立了一个小王国，与阿巴德王国交恶，战争不止。

1016年汗姆德人在马拉加建立了独立小王国，1058年灭亡。

1032年，祖农人建立了托莱多王国，1085年被阿方索六世消灭。

1039年有阿拉伯人血统的军官苏里曼·伊本·胡德率军攻占了莱里达，后来又占领了萨拉戈萨，建立了萨拉戈萨王国。萨拉戈萨王国比较强大，版图一度囊括了韦斯卡北部，图德拉、加拉塔尤德西部，并延伸到巴伦西亚南部地区。萨拉戈萨王国统治这些地区前后约有70年。

斯拉夫人的阿尔梅里亚王国也曾一度强大，1028年曾一度攻打到科尔多瓦和托莱多城附近。1038年在与格拉纳达王国的战争中败亡。

1011年斯拉夫人穆亚赫德·阿米里建立了巴利阿里王国，领土包括巴利阿里群岛和德尼亚。后来德尼亚被萨拉戈萨王国吞并。巴利阿里王国则一直存在到1076年。

到11世纪末，除格拉纳达的纳赛尔王朝外，半岛南部大部分诸侯国都被天主教王国消灭。

六、半岛上最后的阿拉伯人国家格拉纳达王国

格拉纳达最早是一个名叫利波里斯的小镇,8世纪初这里的主要居民是犹太人。711年塔利克在犹太人的帮助下占领了利波里斯,称其为"格拉纳达·亚乌德",意思是犹太人的地方,这就是格拉纳达得名的由来。

1013年,来自北非柏柏尔人中的齐里人占领了格拉纳达,建立了格拉纳达齐里王朝(1013—1090年)。辖区大致包括今天的阿尔梅里亚、马拉加、格拉纳达、哈恩、科尔多瓦省的南部、加底斯东部和木尔西亚西部。

1090年柏柏尔人中的莫拉维德人推翻齐里王朝,建立了阿尔莫拉维德王朝(1090—1148年)。1086年,优素福·伊本·塔什芬应西班牙半岛上的穆斯林诸侯们邀请前往对抗莱昂的阿方索六世。同年优素福·伊本·塔什芬渡过阿尔赫西拉斯海峡,在萨拉卡战役中重创天主教国家。但因非洲的问题,他要亲自回国处理,故未能乘胜追击。1090年他再次回到西班牙,罢免当地的穆斯林诸侯,并占据了他们的领地。此举得到一直受这些诸侯横征暴敛欺压的当地群众的支持。当地伊斯兰教教长们非常厌恶这些诸侯,他们颁布伊斯兰教令,证明优素福的罢免行动在道德和宗教上是正确的,因为这些被罢免的穆斯林亲王动不动就寻求天主教国家的帮助。到1094年,除萨拉戈萨之外的所有当地穆斯林诸侯都被罢免了。尽管优素福·伊本·塔什芬只占领了巴伦西亚及周边很少的地方,但他重新联合穆斯林力量,再次向天主教国家发起了进攻,在一段时间内逆转了伊比利亚半岛上穆斯林国家和天主教国家对抗的形势。1097年优素福·伊本·塔什芬于被巴格达的哈里发封为"穆斯林长官"。1106年,优素福·伊本·塔什芬去世,享年100岁。阿尔莫拉维德王朝在优素福·伊本·塔什芬死时最为强盛,其领土包括了直至阿尔及尔的西北非洲、整个塔霍河以南的伊比利亚半岛、东至厄波罗河,并且包括巴阿里群岛。在优素福·伊本·塔什芬的儿子阿里·宾·优素福(Ali ibn Yusuf)继任的三年里,天主教国家展开反攻,辛特拉及

圣塔伦区宣告失守，他于是在1119年和1121年两次进攻西班牙。不过，由于法国协助阿拉贡王国占领萨拉戈萨，战争形势开始转变。1138年，阿里·宾·优素福被莱昂的阿方索七世打败；1139年的奥里基战役中被葡萄牙的阿方索一世所败。在1142年阿里·宾·优素福死后，他的儿子塔沙发·伊本·阿里面对阿尔莫哈德人的侵略而失去了大量土地，并于1146年在奥兰败阵后逃难堕崖身亡。1146年卡斯蒂利亚王国和阿拉贡王国的联军联合反攻阿尔莫拉维德王朝，1147年里斯本被天主教徒占领。这时候阿尔莫拉维德王朝后院起火，在摩洛哥发生阿尔莫哈德人的动乱，马拉喀什在1147年被阿尔莫哈德人攻陷，阿尔莫拉维德王朝灭亡。此后阿尔莫拉维德王朝的残余势力在巴利阿里群岛及突尼斯仍有活动。

1147年，北非的柏柏尔人打败阿尔莫拉维德王朝，在阿卜杜·穆敏（1147—1162年在位）领导下建立了阿尔莫哈德王朝。经过多年转战，到12世纪60年代初阿尔莫哈德王朝疆域达

摩洛哥马拉喀什城的库图比亚清真寺
（1195年阿尔莫哈德王朝为纪念战胜西班牙人而建）

到极盛，包括西班牙南部和整个北非（从大西洋到的黎波里塔尼亚）。阿卜杜·穆敏把帝国划分为几个总督管辖区，自立为哈里发，并确立了王朝世袭原则。阿卜杜·穆敏去世后，叶尔库白·优素福（1163—1184在位）继任哈里发。在叶尔库白·优素福和叶尔库白·曼苏尔（1184—1199在位）两任哈里发执政时期，国势强盛，经济繁荣，伊斯兰学术文化得到很大发展。1170年阿尔莫哈德王朝把首都从马拉喀什迁到塞维利亚，王朝统治中心北移。在政治上，哈里发实行世袭制，建立了从中央到地方的行政管理制度，朝廷设首席大臣和大臣会议，处理国务，

第二章 民族国家的形成——阿拉伯人入侵和西班牙民族国家形成

各行省总督、军事将领和法官直接由哈里发任命。在宗教上，新建清真寺和宗教学校，尤以马拉喀什的库图比亚清真寺和塞维利亚的伊斯兰大学负有盛名，传播逊尼派艾什尔里派的学说。在教法上遵从罕百里法学派，主张以《古兰经》和圣训立法，反对教法学家的创新。王朝致力于宗教统一，强迫犹太人和天主教徒要么改信伊斯兰教，要么离开。在学术文化上，王朝赞助和奖励学术研究，倡导对希腊哲学和科学著作的翻译，马拉喀什、科尔多瓦、塞维利亚成为王朝的伊斯兰文化中心，东西学者云集，著书立说蔚然成风。宫廷招贤纳士，著名医学家、哲学家伊本·图菲利和伊本·鲁希德均在朝廷任大臣和御医，并在学术上取得卓越成就。哈里发曼苏尔在马拉喀什等地兴建的医院驰名于世。对外曾派遣海军船只支援萨拉丁抵抗十字军的侵略。13世纪初，阿尔莫哈德王朝国势变衰。王朝后期横征暴敛，各地不断爆发反抗运动。1212年在科尔多瓦东面的拉斯纳瓦斯·德托洛萨战役中，阿尔莫哈德王朝军队被莱昂、卡斯提尔等4个天主教王国联军打败，数十万军队溃散，哈里发穆罕默德·纳希尔逃往马拉喀什，王朝在西班牙的领地被各天主教国家和穆斯林小王朝所瓜分。此后，阿尔莫哈德王朝北非领土上的各地总督也纷纷宣布独立，相继分裂为许多穆斯林王朝。1269年，摩洛哥柏柏尔人扎纳塔部落的马林族人攻占马拉喀什，阿尔莫哈德王朝最终灭亡。

约于1230年，原麦地那海兹拉吉部落的后裔穆罕默德·本·优素福·本·纳赛尔（1232—1273在位）与伊斯兰教泰法小王国结盟，重新组合穆斯林力量，集编军队，设法在哈恩周围建立了自己的穆斯林王朝。1232年，他率军攻占格拉纳达城，并定为首都，自称"加里卜"（al-Ghalib，即胜利者），建立纳赛尔王朝。纳赛尔王朝辖有格拉纳达周围地区，成为西班牙穆斯林反抗基督教势力的最后根据地。穆罕默德·本·优素福·本·纳赛尔建立了国家行政管理制度，制定法律，扩建军队，发展生产，鼓励发展学术，采取灵活的外交政策，1246年向卡斯蒂利亚王国称臣纳贡，利用天主教小王国同其他穆斯林小王朝间的斗争，发展自己的势力，奠定了王朝的基础。在素丹艾布·哈贾吉·优素福（1333—1354在位）和穆罕默德五世（1354—1391在位）统治时期，纳赛尔王朝励精图治，整顿朝纲，利用良好的自然资源，使农业经济、城市手工业和商业得以发展，国家呈现出一派繁荣景象。格拉纳达成为继塞维利亚后科学和艺术的中心，在某种程度上复兴了西班牙穆斯林的荣耀。从14世纪末起，王室因争权而内讧加剧，素丹更位频繁，战乱迭起，曾三次向卡斯蒂利亚王国进攻而战败，实力大衰。1469年，天主教王国阿拉贡和卡斯蒂利亚王国合并，发动大规模的收复失地的战争，它们利用穆斯林内部的分裂，先后夺取穆斯林占领的马拉加、木尔等地。1492年，由于卡斯蒂利亚王国重兵包围和进攻格拉纳达，末代素丹艾布·阿卜杜拉被迫投降，纳赛尔王朝灭亡，穆斯林统治西班牙的历史结束。

纳赛尔王朝实行政教合一的中央集权制，素丹掌握最高权力，设大臣会议协助素丹管理国务。王朝在仅据格拉纳达一隅的250年统治中，成为西班牙穆斯林的避难地。王朝继承和发展了伊斯兰文化，建造的阿尔罕布拉宫（红宫）是伊斯兰建筑和装饰艺术高度发展的象征。创建的格拉纳达大学聘请著名学者任教，教学内容新颖，开设有宗教和自然科学课程20多门，除穆斯林学生外，还吸引大量天主教学生来校学习。王朝重视学术文化，鼓励学者著书立说，有很多著名的学者被素丹擢升为宫廷大臣。如哲学家伊本·巴哲和伊本·图菲利、历史学家伊本·海推布等，均在宫廷担任过御医和大臣，在学术上做出了贡献。

伊本·海推布

伊本·海推布（Ibn al—Khatib，1313—1374年），一生著有60多部著作，其中《格拉纳达志》详细地叙述了伊斯兰教时期西班牙的社会情况、政治制度、军事体制、风俗习惯、文化教育、学术派别，还介绍了格拉纳达历代著名穆斯林学者的生平著述等，是研究安达卢西亚伊斯兰教历史的重要资料。史学家称他是"格拉纳达最后一位杰出的穆斯林思想家、诗人兼政治家"。

七、安达卢斯的居民和宗教信仰

阿拉伯人入侵伊比利亚半岛后，沿用汪达尔人的称呼，把整个半岛称作"安达卢斯"。后来，安达卢斯成为对阿拉伯人在伊比利亚半岛上统治区域的称呼，安达卢斯的区域范围就随着阿拉伯人控制区域的变化而变化。居住在伊比利亚半岛的穆斯林也因此被称作"安达卢斯人"。

阿拉伯人入侵后，在其占领区积极移民并推行伊斯兰化。但因没有足够的力量长期盘踞，所以在北方攻占征伐多出于掠夺财富的目的，每占一地就大肆抢劫，然后带着掠夺来的战利品回到南方。这样，在半岛北方，伊斯兰化既不深入，也不广泛，只是一般性地泛泛宣传伊斯兰教义。在半岛南方，因有很多穆斯林移民，伊斯兰教影响更大一些。总体说来，阿拉伯人的伊斯兰化政策是温和的，并不强迫占领区居民皈依伊斯兰教，而是允许他们在交纳特别税的情况下保留自己的宗教信仰。于是，很多天主教教徒和犹太人因贫穷生活所迫，为了少交赋税，不得不皈依伊斯兰教。这些新皈依伊斯兰教的穆斯林被称作穆拉迪人，根据伊斯兰教教规他们享有与土生穆斯林相同的地位和待遇。穆拉迪人主要集中分布在安达卢西亚和半岛东部地区。那些不愿皈依伊斯兰教的天主教徒，同阿拉伯人混居在一起，被称作穆扎拉维人。穆扎拉维人主要集中分布在托莱多、科尔多瓦、塞维利亚和梅里达等地。犹太人主要分布在城市地区。

安达卢斯的阿拉伯人居民，主要部族是穆萨带来的加盖西人和卡尔比人。13世纪是阿拉伯人向西班牙移民的高潮时期。阿拉伯人主要集中分布在瓜达尔吉维尔河、塔霍河和埃布罗河流域以及莱万特等富庶地区。

第二节　半岛北部坚持抵抗的天主教国家

阿拉伯人侵占伊比利亚半岛后，因人口限制对半岛北部控制十分有限。西哥特王国的残余力量和反对伊斯兰化的天主教势力在北方山区逐步集结，形成了几个天主教王国。这些王国各霸一方，相互间由于各种复杂原因经常发生分裂和战争，但在对抗阿拉伯人的收复失地行动中能够联合对敌。在数百年的离散聚合中，卡斯蒂利亚王国最终成为收复失地的主力军，为西班牙民族国家的统一奠定了基础。

一、阿斯图里亚斯王国

阿斯图里亚斯王国控制的地域主要是阿斯图里亚斯东部、桑坦德和布尔戈斯北部。

718年，一批不甘阿拉伯人统治的西哥特贵族召开代表大会，推举佩拉约（718—737年在位）为国王，建立阿斯图里亚斯王国，定都坎加斯·德奥尼斯（后迁都奥维多），组织民众抵抗阿拉伯人入侵。匆忙武装的民众，虽不乏战斗勇气，但军事技能与阿拉伯军队相差很远，最初在游击中多次被击败。面对失败，佩拉约毫不气馁，而是埋头深入民众广泛动员，把抗击阿拉伯人入侵和反抗本地官吏征收苛捐杂税的斗争目标结合起来，赢得了广泛支持，722年终于在阿斯图里亚斯东部和中部、坎加斯·德奥尼斯一带再次发动大起义。起义后，佩拉约率军挫败了阿拉伯军队攻打克瓦东加城的行动，取得了抗击阿拉伯人侵略的第一次胜利。克瓦东加战役虽然规模不大，但这次胜利维护了阿斯图里亚斯地区

第二章　民族国家的形成——阿拉伯人入侵和西班牙民族国家形成

的独立，打破了阿拉伯军队不可战胜的神话，极大地鼓舞了西班牙各地人民抗击侵略的勇气，影响十分深远，被西班牙历史学家视为抗击阿拉伯人入侵的收复失地运动的开端。此战之后，坎塔布连、阿斯图里亚斯地区的贵族和平民纷纷加入佩拉约的队伍，阿斯图里亚斯人民抗击阿拉伯人侵略的力量迅速壮大。737年佩拉约去世，儿子法维拉（737－739年在位）继位。法维拉继位不到两年，就在一次狩猎中被熊咬死。因法维拉没有儿子，王位由他的妹夫阿方索一世（739－757年在位）继承。阿方索一世根据力量弱小的实际，决定把游击战作为抗击阿拉伯侵略军的主要手段。趁着阿拉伯内乱的有利时机，不断发动突然袭击，把加利西亚、杜埃罗河流域和埃布罗河上游等广大地区统统变为打击阿拉伯人的战场，通过逐步蚕食，成功地把领土扩大到整个加利西亚、葡萄牙北部、坎塔布连南部、旧卡斯蒂利亚、阿拉瓦、布雷瓦和拉里奥哈。阿方索一世在杜埃罗河流域采取摧毁阿拉伯人防御工事和毁坏农田的清剿战略，使这一带成为荒无人烟的沙漠，而这片沙漠成为阿斯图里亚斯王国的战略防御屏障，使阿拉伯军队很难越过它深入到阿斯图里亚斯王国周围地区。在清剿的同时，阿方索一世又积极组织杜埃罗河流域的居民迁居到阿斯图里亚斯王国控制区，使王国人口迅速增。新移民的到来促进了阿斯图里亚斯王国的社会、经济和文化大发展，为长期抵抗侵略奠定了人力和物质基础。阿方索一世的辉煌成就赢得了西班牙人民的景仰，

阿斯图里亚斯王国兴起时的伊比利亚半岛形势

· 59 ·

他也因此被誉为西班牙历史上"伟大的游击战士和收复失地运动的杰出领袖"。

757年，阿方索一世病逝，儿子弗鲁埃拉（757－768年在位）继位。这时，阿拉伯人的内乱已经结束，在西班牙南部的统治也相当巩固，对阿斯图里亚斯王国不断发起进攻。两国交战，互有胜负，战争陷入长期僵持对峙状态。这一对峙局面，直到奥多尼奥一世（850－866年）才开始发生转变。

奥多尼奥一世在位时期，正值南方的后倭马亚王朝内部矛盾和纷争加剧，阿拉伯人与摩尔人之间斗争激烈，穆拉迪人和穆扎拉维人不断造反。奥多尼奥一世抓住这一有利时机，采取分化瓦解策略，通过支持托莱多和梅里达一带穆拉迪人和穆扎拉维人的造反行动，以及与盘踞在埃布罗河流域的穆拉迪人首领班努·加西家族的联合行动，逐步扭转了与阿拉伯军队斗争中的不利局面，成功地将阿斯图里亚斯王国版图再次扩大到坎塔布连大部分地区和加利西亚全境。接着，又在图伊、阿斯托尔加和莱昂一带大量移民，壮大抵抗力量，切断了后倭马亚王朝军队向北推进的通道，使收复失地运动局面为之一新。

866年，奥多尼奥一世去世，儿子阿方索三世（866－910年）登基。阿方索三世在位期间，南方的后倭马亚王朝内部危机四伏，穆拉迪人和穆扎拉维人多次起义，甚至在一些大城市发动相当规模的联合军事行动，内乱严重削弱了阿拉伯人的力量。阿方索三世抓住有利时机，先后发动两轮大规模南下的军事行动（868－884年；893－912年），取得了一连串的军事胜利，成功地把阿斯图里亚斯王国控制疆域扩大到杜埃罗河。此后相当长一个时期，萨莫拉和托罗成为科尔多瓦王朝和阿斯图里亚斯王国的边界。伊比利亚半岛上长期以来北守南攻的军事态势发生根本逆转，883年后倭马亚王朝被迫首次主动要求和谈。军事上的不断胜利使阿斯图里亚斯王国成为当时伊比利亚半岛上最强大的国家。阿方索三世的赫赫武功为他自己赢得了"大帝"的称号。阿方索三世统治后期，国内贵族势力和影响不断扩大，地方上的离心倾向日益强烈。阿方索三世无力抑制地方势力，索性把国家分成加利西亚、阿斯图里亚斯和卡斯蒂利亚－莱昂三部分，分别由他的三个儿子管辖。

第二章　民族国家的形成——阿拉伯人入侵和西班牙民族国家形成

910年阿方索三世去世，国家三分。加西亚成为莱昂王国君主，即加西亚一世（910—914年在位）。他的弟弟奥多尼奥管辖加利西亚，福鲁埃拉掌控阿斯图里亚斯。

二、莱昂王国

莱昂是西班牙北方的一个重镇，地处坎塔布连山脉南部，被贝内西加河及托里奥河环绕，战略位置十分重要。721年阿拉伯人占领了莱昂。856年阿斯图里亚斯王国国王奥多尼奥一世收复莱昂，并将其纳入版图。910年阿方索三世将首都迁至莱昂城罗马第七混成军团旧营址，改阿斯图里亚斯王国国号为莱昂王国。当时莱昂王国的领地除莱昂城外，还包括卡斯蒂利亚伯爵领地。加西亚一世即位后，继续父亲开始的南下进攻，912年占领了杜埃罗河流域的圣埃斯特班·德戈尔马斯和奥斯马，913年又打败阿拉伯人进入了拉里奥哈。914年病逝于对抗阿拉伯人的前线阿尔内多城。

加西亚一世没有儿子，他弟弟奥多尼奥二世（914—924年在位）继承莱昂王国王位。奥多尼奥二世在位期间，通过联姻加强了莱昂王国与纳瓦拉王国的联合，收复失地运动取得新进展，控制了拉里奥拉地区。924年奥多尼奥二世去世，阿斯图里亚斯国王弗鲁埃拉二世（924—925在位）宣布自己为莱昂王国国王。弗鲁埃拉二世去世后莱昂王国发生了争夺王位的内战，最终拉米罗二世（931—951年在位）在卡斯蒂利亚伯爵费尔南·冈萨坎加斯支持取得胜利，重新统一了莱昂王国。

937年，拉米罗二世与纳瓦拉王国以及萨拉戈萨地区首领结成反阿拉伯人联盟，共同推进收复失地运动。结盟政策增强了北方天主教国家力量，939年三方联军在西曼卡斯战役中大败阿拉伯军队，保证了天主教国家在杜埃罗河流域的安全，并建立了一道牢固防线。塔拉韦拉战役中，拉米罗二世军队再获大胜，俘虏阿拉伯军队6000人。联盟政策使南北军事对抗的优势牢固地掌握在北方。

951年，拉米罗二世去世，儿子奥多尼奥三世（951—956年在位）继

· 61 ·

位。奥多尼奥三世时，由于纳瓦拉王国和卡斯蒂利亚伯国势力的崛起，不断干涉莱昂王国事务，莱昂王国开始衰落。对外方面，收复失地运动仍不断取得进展，955年奥多尼奥三世打败阿拉伯军队占领了里斯本。956年奥多尼奥三世去世。此后莱昂王国的政权被纳瓦拉王国和卡斯蒂利亚伯国所操控，政局混乱，实力迅速衰落。北方天主教国家争权夺利斗争激烈，削弱了自身力量，收复失地运动无法取得进展，一些时候北方还不得不向南方的后倭马亚王朝求和。

1037年在塔马龙战役中，卡斯蒂利亚伯国国王斐迪南打败并杀死莱昂王国国王贝尔穆多三世，莱昂王国与卡斯蒂利亚伯国合并，斐迪南成为国王，即斐迪南一世（1035－1065年卡斯蒂利亚国王，1037－1065莱昂国王）。

斐迪南一世统治时期，南方的后倭马亚王朝已经消亡，分裂成20多个阿拉伯诸侯国，经济与军事力量远不能与北方天主教国家相比。斐迪南一世稳步推进收复失地运动，在1055－1064年间相继占领了维塞乌、科英布拉等战略要地。

阿方索六世

阿方索六世（1065－1109年在位）在位期间，任用名将熙德屡次打败阿拉伯军队，于1087－1089年占领莱万特地区，迫使当地的阿拉伯诸侯国向莱昂王国纳贡。

埃尔·熙德（El Cid, 1043-1099年）是西班牙卡斯蒂利亚军事领袖和民族英雄，原名罗德里戈·鲁伊·地亚斯，父亲是比瓦尔的小贵族。他在斐迪南一世宫廷里长大，桑乔二世于1065年继承卡斯蒂利亚王位后便任命他为近卫军统帅，1067年，他扈从桑乔二世征讨穆斯林摩尔人所建立的萨拉戈萨王朝，迫使其向卡斯蒂利亚称臣纳贡。1067年桑乔二世为吞并莱昂王国而与其弟阿方索交战，熙德在桑乔屡次胜利中发挥重要作用。1072年桑乔二世在围攻萨莫拉战役中阵亡，阿方索成为卡斯蒂利亚唯一的继承人，称号为阿方索六世，熙德陷入了难堪的境地，他失去

第二章 民族国家的形成——阿拉伯人入侵和西班牙民族国家形成

了近卫军统帅的职务。

阿方索六世欣赏熙德的英勇，不在意熙德与自己为敌的经历，1074年安排他和自己的侄女希梅娜结为夫妇，从而使熙德与古老的莱昂王族联成为姻亲。但熙德在宫廷中的处境依然险恶。1079年，他出使塞维利亚摩尔人宫廷，当时正值接任他近卫军统领的奥多涅斯率格拉纳达王国军队进攻塞维利亚，熙德卷入这一事件，在塞维利亚附近的卡布拉战役中熙德领军击溃格拉纳达军队，并擒获奥多涅斯，这一胜利导致他进一步遭贬。1080年，熙德因未经阿方索六世国王的同意，擅自向受国王保护的托莱多伊斯兰王国发起进攻，引起国王强烈不满，于次年受流放国外的处分。熙德被迫率领一部分亲友和追随者离开卡斯蒂利亚，到占据萨拉戈萨的摩尔国王的军队中效力，先后在穆尔台米德及其继承人穆尔台米德二世手下任职，时间长达10年之久。这一经历使熙德对复杂的西班牙—阿拉伯政治和穆斯林律法及风俗习惯有了深刻了解，对他日后攻占巴伦西亚大有帮助。

1082年，他为穆尔台米德出战，大败莱里达的摩尔人及其天主教联军，联军中就有巴塞罗那伯爵。1084年，他击溃了阿拉贡王国国王桑乔一世·拉米雷斯统帅的天主教大军，摩尔统治者对他感激万分，馈赠丰厚，以旌其功。1086年，阿尔莫拉维德王朝应邀进入西班牙，在萨格拉哈斯战役中大破阿方索六世率领的号称60万的基督教联军。遭此惨败后，阿方索六世摒弃前嫌，有意重新召回熙德，熙德觐见阿方索六世后，再度返回萨拉戈萨。回来之后的熙德并未马上参加事关西班牙天主教生死存亡的对阿尔莫拉维德王朝入侵的战争，而是开始实施一项长期而又复杂的政治谋略，希望能使

熙德像

自己入主富庶的摩尔人的巴伦西亚王国。首先，他消除巴塞罗那伯爵在巴伦西亚周围的影响力，以后逐渐加强对巴伦西亚统治者卡迪尔的控制，卡迪尔被迫向熙德纳贡而求其保。1092年10月，巴伦西亚宰相伊本·哈贾夫勾结阿尔莫拉维德王朝，发动叛乱弑君，熙德乘机宣布平叛。1094年5月伊本·哈贾夫投降，熙德入驻巴伦西亚，成为巴伦西亚的征服者，他在名义上受阿方索六世之命统治巴伦西亚，事实上是个独立的君主。1096年熙德将当地的清真寺改建为天主教教堂，并指派一名法国主教哲罗姆管理这个新教区，大批天主教移民闻风而至。后来熙德的长女嫁给阿拉贡王子拉米罗，次女与巴塞罗那伯爵拉蒙·贝伦格尔三世成婚，更突出了他的王者之尊的形象和地位。1099年，熙德在巴伦西亚的一次战争中不幸中箭身亡，他死后，他的妻子希梅娜将其遗体放在马上，鼓舞军心。熙德死后，巴伦西亚又被穆斯林包围，阿方索虽派兵去援救，但无力派重兵驻守，遂在撤退时，将它付之一炬。1102年5月5日，阿尔莫拉维德王朝重新占领巴伦西亚直到1238年。熙德的遗体运回卡斯蒂利亚后，葬于布尔戈斯附近的圣佩德罗—德卡德尼亚修道院，俨然成为瞻仰中心。常胜将军罗德里戈戎马一生打出了赫赫威名，被阿拉伯官兵称作"熙德"，即阿拉伯语"首领"的意思。1140年开始流传的西班牙史诗《熙德之歌》，就是根据他的传奇故事创作的。

乌拉卡女王（1109—1126在位）统治时期，莱昂—卡斯蒂利亚王国政局动荡，内战不止，阿拉贡王国军队乘势进驻莱昂—卡斯蒂利亚王国境内。

阿方索七世（1126—1157年在位）统治时期，莱昂—卡斯蒂利亚王国再次强盛。1135年，阿方索七世称帝，并得到北方各天主教国家承认。1140年，阿方索七世同巴塞罗那伯国联合，共同对抗纳瓦拉王国。1146—1147年，阿方索七世击败入侵的阿拉伯人，并反攻到科尔多瓦城下。同时租用热那亚战舰从海上攻占了阿

阿方索七世

第二章　民族国家的形成——阿拉伯人入侵和西班牙民族国家形成

尔梅里亚。1151年阿方索七世与阿拉贡王国签订了《图德林条约》，就收复失地运动胜利后两个王国的领土划分和纳瓦拉王国的前途问题达成了协议。由于纳瓦拉国王桑乔六世及时向阿方索称臣，避免了王国被瓜分的命运。

1157年阿方索七世去世，去世前把王国分为两部分。卡斯蒂利亚由桑乔三世管辖，莱昂由斐迪南二世（1157—1188年在位）统治。斐迪南二世统治时期，于1166年占领了阿拉伯人控制的阿尔坎塔拉城。

阿方索九世（1188—1230年在位）执政时期，经常与葡萄牙和卡斯蒂利亚伯国发生领土之争，冲突不断。收复失地运动进展有限，1227年收复了卡塞雷斯，1230年收复了梅里达和巴达雷斯。

阿方索九世死后，儿子斐迪南三世（1230—1252年在位）继承王位，他剥夺了妹妹们的继承权，把莱昂王国划归卡斯蒂利亚王国管辖。此后，莱昂和卡斯蒂利亚两国虽然有各自不同的政府机构、经济制度和法律，但拥有一个共同的君主，通常认为是统一的一个国家，即卡斯蒂利亚王国。

三、纳瓦拉王国

8世纪中期，在比利牛斯山脉东部出现了一个强大王国，成为抗击阿拉伯人入侵的一支重要力量，这就是纳瓦拉王国。因其首府设在潘普洛纳城，也被称作潘普洛纳王国。

纳瓦拉王国的建立者是索布拉贝伯爵伊尼戈·阿里斯塔（约815—852年在位），他建立政权后把首都设在潘普洛纳，并与试图摆脱后倭马亚王朝控制的穆拉迪人班努·加西·穆萨家族通过联姻

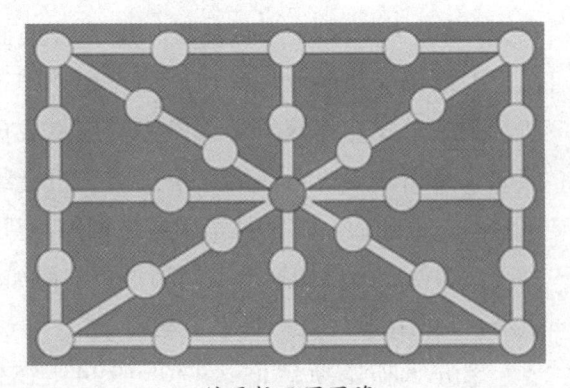

纳瓦拉王国国旗

· 65 ·

确立了同盟关系。这一联合引起了后倭马亚王朝的警惕，阿卜杜·拉赫曼二世于是率军进攻纳瓦拉王国。在班努·加西·穆萨家族的支持下，伊尼戈·阿里斯塔屡次击退后倭马亚王朝的讨伐，统治逐步巩固。824年伊尼戈·阿里斯塔率军在第二次隆塞斯瓦叶战役中打败了北方的加洛林王朝军，名声大振。这一战役的胜利捍卫了纳瓦拉王国的领土主权和独立。

约852年伊尼戈·阿里斯塔去世，儿子加西亚·伊尼戈斯一世（852－870年在位）继位。加西亚·伊尼戈斯一世为捍卫纳瓦拉王国领土和主权同阿拉伯人进行了无数次战斗，最后战死沙场。他的儿子福顿·加塞斯在一次与阿拉伯人的战斗被俘，然后关押在科尔多瓦做人质长达10年之久。加西亚·伊尼戈斯一世死的时候，因儿子还在科尔多瓦做人质，因此政权由国内权贵家族希梅纳家族的加西亚·希门内斯暂时摄政（870－882年）。加西亚·希门内斯和阿斯图里亚斯王国国王阿方索三世是儿女亲家，利用阿斯图里亚斯王国的支持和福顿·加塞斯不在国内的良机，在国内不断扩展势力。882年，福顿·加塞斯回国登基（882－905年在位），但实际上被架空。905年，福顿·加塞斯死于莱伊雷修道院。同年，加西亚·希门内斯的长子桑乔·加塞斯一世（905－925年在位）登基。

桑乔·加塞斯一世在位期间，与莱昂王国密切合作，联合对阿拉伯人作战，共同收复了拉里奥拉地区的纳赫里利亚、伊雷瓜和比戈拉。925年桑乔·加塞斯一世去世，儿子加西亚·桑切斯一世（925－970年在位）继位。加西亚·桑切斯的母亲托妲积极展开与莱昂王国的联姻活动，把三个女儿都嫁给了莱昂王国王室成员。这种联姻关系使两个王国结成了密切联盟关系，纳瓦拉王国有机会经常干预莱昂王国内部事务。拉米罗二世死后，纳瓦拉王国通过调停，帮助托妲的孙子桑乔登上了国王宝座。加西亚·桑切斯一世同阿拉贡伯爵加林多·阿斯纳雷斯二世的女儿结婚，为两国最终统一打下了基础。

桑乔·加塞斯二世（970－994年在位）和加西亚·桑切斯三世（994－1000年在位）统治时期，后倭马亚王朝军力强盛，纳瓦拉王国在与阿拉伯人的战斗中连续失利，被迫委屈求和。

桑乔·加塞斯三世（1000－1035年在位），又称桑乔大帝。他身兼

第二章　民族国家的形成——阿拉伯人入侵和西班牙民族国家形成

阿拉贡伯爵、索布拉贝伯爵、里瓦戈萨伯爵和卡斯蒂利亚伯爵，是11世纪西班牙最显赫的一位国王。1000年，桑乔·加塞斯三世的母亲希梅娜·费尔南德斯，同莱昂的阿方索五世以及卡斯蒂利亚的加西亚二世结盟，共同进攻科尔多瓦的穆斯林实际统治者曼苏尔。1002年，曼苏尔去世，西班牙南部的穆斯林统治区陷入分裂和混乱，无暇北顾。在这种情况下，桑乔·加塞斯三世开始着手统一基督教西班牙各王国。首先乘索布拉贝-里瓦戈萨王国内乱之机，在1016年—1019年间吞并了该国。1027年，加西亚二世在莱昂出席与阿方索五世联姻的婚礼时遇刺身亡。作为加西亚的姻兄弟，桑乔·加塞斯三世立刻抓住时

桑乔·加塞斯三世

机行动起来，他指责莱昂王国是幕后黑手，迅速接管了卡斯蒂利亚，并与莱昂开战。1034年，桑乔·加塞斯三世攻陷莱昂城，灭掉了莱昂王国。这样，桑乔·加塞斯三世的王国达到了鼎盛，从加利西亚到巴塞罗那的整个北部西班牙首次被统一在一个国家之内。这时，桑乔·加塞斯三世接受了"西班牙之王"的称号，并以天主教君主的身份向比利牛斯山脉以北的法国加斯科涅公国派出了使节。1035年桑乔·加塞斯三世去世，按照他的遗愿，纳瓦拉王国领地由他的儿子们分割继承。长子加西亚分得潘普洛纳、阿拉贡和卡斯蒂利亚伯国的一小部分；斐迪南分得卡斯蒂利亚伯国大部分领地；拉米罗管理阿拉贡和纳瓦拉，但要向加西亚称臣；贡萨罗管辖索布拉贝、里瓦戈尔萨和阿拉贡的几小块地方。

加西亚·桑切斯三世（1035－1054年在位）在军事上战绩卓著，1037年出兵帮助卡斯蒂利亚的斐迪南一世合并莱昂王国，趁机把纳瓦拉王国边界扩大到桑坦德海湾和巴斯克地区。1043年在塔法利亚打败了阿拉贡王国拉米罗一世的军队。1045年占领了阿拉伯人控制的卡拉奥拉。军事上的胜利，带来了一段时期的和平，纳瓦拉王国的经济得到较快发

展，南部阿拉伯各诸侯国也向纳瓦拉王国纳贡。纳瓦拉王国强盛一时。

1076年，桑乔·加塞斯四世（1054—1076年在位）在狩猎中被杀，卡斯蒂利亚国王阿方索六世乘机发难，吞并了纳瓦拉王国大部分地区。潘普洛纳和吉普斯夸等部分地区承认阿拉贡王国的桑乔·拉米雷斯一世为纳瓦拉国王，开启了纳瓦拉－阿拉贡王国的历史。

四、纳瓦拉－阿拉贡王国

1063年，桑乔·拉米雷斯一世（1063—1094年）继承了阿拉贡王位，在桑乔·加塞斯四世死后又于1076年开始兼任纳瓦拉国王（1076—1094年），即桑乔五世。纳瓦拉王国演变成纳瓦拉－阿拉贡王国，历史翻开了新的一页。

新领地的并入，增强了纳瓦拉－阿拉贡王国的军事力量。纳瓦拉－阿拉贡王国的前三位君主在收复失地运动中作战勇敢，战绩卓著。与莱昂王国联合，取得了对阿拉伯人的绝对优势。

第三任国王阿方索一世是虔诚的天主教徒，生前立下遗嘱，为弘扬十字军远征的战斗精神，把纳瓦拉－阿拉贡王国献给圣约翰耶路撒冷医院等三个骑士团。这一遗嘱严重损害了纳瓦拉和阿拉贡贵族的利益，他们均不同意执行遗嘱，但在推举继承人的问题上纳瓦拉和阿拉贡的贵族出现分歧，导致王国分裂。加西亚·拉米雷斯五世（1134—1150年）成为纳瓦拉王国国王，拉米罗二世成为阿拉贡王国国王。重新复辟的纳瓦拉王国，力量十分弱小，长期处于卡斯蒂利亚和阿拉贡两大王国的威胁之下，只能通过不断的妥协苟延残喘。

1234年桑乔七世去世，因没有子女，王位由他外甥香槟伯爵特奥巴尔多一世继承，开始了纳瓦拉王国香槟王朝的历史。香槟王朝力量弱小，靠寻求大国支持勉强生存。1284年香槟王朝末代女王胡安娜一世与法兰克国王费利佩四世结婚，成为法兰克王后。纳瓦拉王国与法兰克王国合并。

五、阿拉贡王国

阿拉贡王国位于伊比利亚半岛东北部，因阿拉贡河得名。9世纪，法兰克人驱逐此地的阿拉伯势力，建立阿拉贡伯国。925年并入纳瓦拉王国。1035年纳瓦拉王国国王桑乔三世死前把领地分成三份，交给三个儿子管理。其中拉米罗一世继承了阿拉贡伯国领地，作为纳瓦拉王国属国的阿拉贡伯国，拥有了自己的行政管理制度和自治权，拉米罗一世是第一任国王。1076年纳瓦拉王国王桑乔·加西亚四世死后王位空缺，阿拉贡国王开始兼任纳瓦拉王国国王。1104年阿方索一世当政，王国疆界向南扩展，直达西班牙南部的格拉纳达。1134年阿拉贡王国分立，国王是拉米罗二世（1134－1137年在位）。

阿拉贡王国位置图
（图中①所在的黑色区域）

810年，法兰克大军成功占领巴塞罗那，法兰克君主把该地封给巴塞罗那伯爵，让他管理夺回的加泰罗尼亚地区，这就是巴塞罗那伯国的发端。10世纪末，巴塞罗那的伯爵实质上已经独立，当地世袭的统治者们与后倭马亚王朝及其后继国家进行了接连不断的战争。巴塞罗那伯爵通过联姻及条约，不断吞并其他的加泰罗尼亚诸伯国，并增加自己在欧西坦尼亚的影响力。巴塞罗那逐步成为加泰罗尼亚伯国的核心。

1137年阿拉贡王国国王拉米罗二世的女儿佩特罗尼亚与巴塞罗那伯爵拉蒙·贝伦格尔四世结婚，拉蒙·贝伦格尔四世成为阿拉贡伯国继承人阿拉贡亲王，阿拉贡伯国与巴塞罗那伯国合并成为阿拉贡王国。两国联合统一，增强力量，打破了卡斯蒂利亚－莱昂王国的霸主地位。1151年卡斯蒂利亚国王阿方索七世与拉蒙·贝伦格尔四世会晤并签订了《图德林条约》，就两国领土纠纷和瓜分纳瓦拉王国问题达成共识。这一条约表明阿拉贡王国取得卡斯蒂利亚王国的尊重，成为伊比利亚半岛上的强国。

阿方索二世（1162—1196年在位）时期，阿拉贡王国取得了与卡斯蒂利亚王国的平等地位，两国一方面为扩张领土而争霸互斗，另一方面又在对抗阿拉伯人时和解联合，收复失地运动取得一定进展。1170年两国联合作战，收复了卡斯佩和特鲁埃尔，并一度攻入巴伦西亚地区。1177年又联合收复了昆卡。

拉米罗二世的女儿佩特罗尼亚与巴塞罗那伯爵拉蒙·贝伦格尔四世结婚

佩德罗二世（1196—1213年在位）当政时期，阿拉贡王国与卡斯蒂利亚王国保持了友好关系，共同对付阿拉伯人并吞并周边小国。1212年，佩德罗二世参加了以卡斯蒂利亚国王阿方索八世为首的5万基督教联军，在拉斯纳瓦斯·德托洛萨与阿尔莫哈德王朝埃米尔穆罕默德·纳西尔领导的12万伊斯兰军展开了大会战。最终基督教联军取得了胜利，阿尔莫哈德王朝军则损兵六万多，势力被大大削弱。

海梅一世（1213—1276年在位）在收复失地运动中战功卓著，获得了"征服者"称号。1229年海梅一世进占马略卡岛，不久又征服巴伦西亚。1266年支持卡斯蒂利亚王国阿方索十世抗击阿拉伯人入侵边境，取得了胜利。

1276年佩德罗三世继位后征服了西西里与撒丁岛，使阿拉贡王国成为地中海的强国。1416—1458年阿方索五世在位时，阿拉贡王国征服了那不勒斯，王国的版图扩大到意大利半岛。

1479年，阿拉贡的斐迪南二世与西班牙另一主要基督教国家卡斯蒂利亚的继承人伊莎贝拉结婚，两国合并，从而形成了今日西班牙的主体部分，但仍然保有部分政治权力。1707年《新基本法令》实施后，阿拉贡王国的残余机构解散，阿拉贡王国最终成为历史。

拉斯纳瓦斯·德托洛萨大会战

六、卡斯蒂利亚王国

卡斯蒂利亚位于坎塔布连附近，阿斯图里亚斯王国的东部，是连接比利牛斯山区与伊比利亚半岛西北部以及梅塞塔高原的主要通道，战略位置十分重要。9世纪，阿斯图里亚斯国王奥多尼奥一世鉴于其重要位置，把它交给自己的妹夫罗德里戈管理，形成伯爵领地。罗德里戈成为卡斯蒂利亚伯国第一任国王。860年，罗德里戈把统治中心迁移到阿马亚，领地进一步扩大。此后卡斯蒂利亚长期作为阿斯图里亚斯王国和后来的莱昂王国的附属伯国存在。

收复失地运动后期的伊比利亚半岛形势图

1230年，卡斯蒂利亚和莱昂合并成统一的卡斯蒂利亚王国，斐迪南三世（1230—1252年在位）成为卡斯蒂利亚王国第一任国王。从这时起，卡斯蒂利亚王国成为促使西班牙从天主教诸王国分裂鼎立局面走向统一的主导力量。

七、半岛北部天主教国家割据格局的变迁

中古时期伊比利亚半岛北部的天主教国家政局经历了复杂的演变过程。概括地说，在阿拉伯人入侵伊比利亚半岛后，北方先后兴起了两个抗击阿拉伯人的中心：阿斯图里亚斯王国和纳瓦拉王国。后来阿斯图里亚斯王国逐步演化为莱昂王国，莱昂王国又演化为卡斯蒂利亚王国。纳瓦拉王国逐步演化为阿拉贡王国。最后卡斯蒂利亚王国与阿拉贡王国实现联合，形成了今天的西班牙王国。

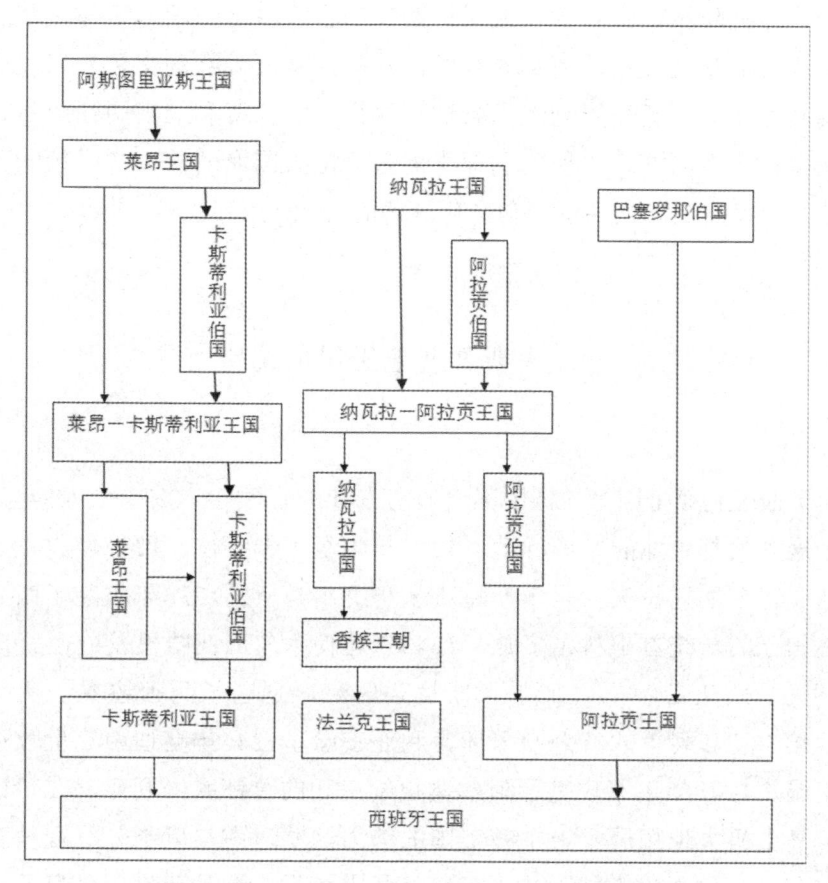

第二章　民族国家的形成——阿拉伯人入侵和西班牙民族国家形成

中古时期西班牙北方天主教国家割据格局的演化

第三节　卡斯蒂利亚王国引导西班牙走向近代

　　从13世纪中期起，卡斯蒂利亚王国在伊比利亚半岛迅猛崛起。历代卡斯蒂利亚王国国王励精图治，一方面积极开展收复失地运动，不断向南方穆斯林控制地区拓展疆域，另一方面为全面汲取以古代希腊和罗马文化为代表的欧洲古典文明成就，不遗余力地积极从事所谓"再翻译"

· 73 ·

运动，即把阿拉伯人和犹太人引进翻译的古代希腊和罗马著作，从阿拉伯文或希伯莱文文本重新翻译介绍回欧洲，从而为欧洲文艺复兴和西班牙民族文化的创新发展创造了条件。这样，卡斯蒂利亚王国在政治、军事和文化诸方面都位居伊比利亚半岛各天主教国家的前列，引领着西班牙地区一步步走向民族统一和文化昌盛的近代。

一、卡斯蒂利亚王国的统治

卡斯蒂利亚王国第一任国王斐迪南三世在位期间（1230—1252年），积极展开收复失地的军事行动。1231年收复了卡索拉，1232年收复了乌贝达、伊兹纳托拉夫、圣埃斯特班·德戈尔马斯。1236年攻克了南方穆斯林国家的传统首都科尔多瓦。1243年迫使木尔西亚哈里发称臣。1244年同阿拉贡王国签署《阿尔米斯拉条约》，划定了两国边界，奥里维拉、埃尔切和阿里坎特划归卡斯蒂利亚王国。1246年斐迪南三世攻灭哈恩王国。1248年率军攻克了阿尔莫拉维王朝的首都塞维利亚，在伊比利亚半岛上极大地拓展了天主教王国的势力。斐迪南三世十分重视教育，1230年在他的大力支持下建立了萨拉曼卡大学，这是西班牙最早的一所大学，也是当时欧洲远近闻名的优秀大学，后来成为欧洲文艺复兴时期学术最活跃的大学之一。1671年，斐迪南三世被教皇克雷芒十世封为圣徒，称"圣斐迪南"。

阿方索十世（1252—1284年在位）继承王位后，继续推进收复失地运动。1262年，他收复了直布罗陀海峡附近的战略要地加底斯。1264年又借助阿拉贡王国的力量，击退了摩洛哥、格林纳达和穆尔西亚对加底斯的联合进攻，并趁机吞并了穆尔西亚。至此，阿拉伯人在伊比利亚半岛上的残存力量只剩下一个小小的格拉纳达王朝。与父亲一样，阿方索十世也十分重视文化教育事业。为了更好地翻译东方文化成果，他建立了托莱多翻译学校，并主持翻译了大量东方作品，其中包括很多阿拉伯人译介的古希腊和古罗马时期的欧洲科技和文化著作，以此开启了中世

第二章 民族国家的形成——阿拉伯人入侵和西班牙民族国家形成

纪西班牙著名的"再翻译"运动，为西欧文艺复兴创造了条件。阿方索十世本人也是一位博学的西班牙学者，学识甚至难倒了许多阿拉伯和犹太学者，被誉为"智者"。国王自己积极参与翻译作品的语句润色，促成西班牙文学中散文文体的形成，他本人也因此被尊为"西班牙散文之父"。国王本人的诗作合辑《古诗集》，由430余首加利西亚文诗作构成，在这些诗中国王虔诚地赞美圣母玛丽亚，讲述圣母惩恶扬善的种种善举。诗句文辞优美流畅，是西班牙文学中的重要瑰宝。

阿方索十世去世后，桑乔四世（1284—1295年在位）和斐迪南四世（1295—1312年在位）相继执政，他们执政时没有什么突出的政绩。1312年年仅一岁的婴儿阿方索十一世（1312—1350年在位）在祖母玛丽亚·德·莫里纳等人支持登上卡斯蒂利亚王国王位。1325年亲政后，依靠城市居民的支持实行限制贵族权力的措施，重视发展工商业，强化了王权。1340年，北非穆斯林摩尔人开始了对西班牙半岛最后一次大规模入侵，在阿尔赫西拉斯击溃了卡斯蒂利亚的舰队，重新占据了直布罗陀。阿方索十一世与葡萄牙国王阿方索四世联合起来共同反对摩尔人。他们在萨拉多河战役中取得一次重要的胜利，打败了来自北非的穆斯林军队。这次战役后，摩尔人再未能恢复他们的军事力量。1344年，阿方索十一世收复了阿尔赫西拉斯，但直布罗陀依然在摩洛哥人手中。1350年，阿方索十一世在围攻直布罗陀时死于席卷欧洲的黑死病。

1350年15岁的少年佩德罗一世（1350—1369年在位）登基成为卡斯蒂利亚王国国王，为了巩固王位，大肆屠杀异母兄弟。首先遭殃的是圣地亚哥子爵法德雷戈，接着法德雷戈的其他兄弟与母亲也一一遭殃，仅有特拉斯塔马拉伯爵恩里克得到消息幸运逃走。外逃的恩里克为了报仇，转而同一直与卡斯蒂利亚王国有边界纠纷的阿拉贡王国勾结了起来向佩德罗一世进攻，卡斯蒂利亚王国开始陷入长期内战。为了筹措资金，

佩德罗一世

佩德罗一世不但向塞维利亚的商人课以重税，甚至还挖掘了先王的陵墓。

　　在内战期间，佩德罗一世对参与叛乱的人从不手软，被俘的叛乱者一律处死，其中包括他的伯母莱昂诺和他的妻子布兰什，他因此被称为"残忍者"，但后来的史家也有人认为这些反叛者罪该万死，因此也称他"司法者"。称他为"司法者"还因为佩德罗一世十分注重法治和司法尊严，关心下层民众，是下层民众眼里的贤明君王。传说塞维利亚城油灯街的得名就是佩德罗一世严明法纪的见证。那是一个漆黑的深夜，塞维利亚狭窄的街道上寂静无声，人们都已入睡。只有一个独自住在一间破屋里的老妇人还没有上床睡觉。突然，街角传来了刀剑的砍击声。过后不久，只听一个人用垂死的声音叫喊："上帝啊，饶恕我！我完啦！"老妇人拿起一盏油灯，走到窗前——她没有想到这会惹出许多是非。她借着微弱的灯光，看见石子路上有个男人倒在血泊中，旁边有个身材魁梧的骑士，右手握着把剑。灯光照到凶手的面孔上，那凶手慌忙用手遮住，不让好奇的女人认出他的面目。这时候老妇人有点后悔自己冒冒失失，赶紧从窗口缩了回去。不知是活该倒霉，还是手脚笨拙，那盏油灯一下子掉到了街上。老妇人的好奇心并没有止住，她还站在窗口偷听。不一会儿，墙脚下传来凶手离去的脚步声，膝盖间还发出一阵很熟悉的响声。根据这特殊的响声，她知道凶手就是天天晚上同一时刻从她窗下经过的那个骑士。老妇人在窗口张望过多次，知道这个人是谁。"圣母玛丽亚，救救我吧！"她失声惊叫起来，连连祈祷。第二天清晨，警官就发现了这具尸体。市长马丁·费南德立刻开始侦查，以便缉拿凶犯。起先人们怀疑那条街上一个犹太人和一个改信基督教的摩尔人，后来又传说有位美貌的夫人经常在深更半夜接待一位贵客，就是不知道这位客人到底是谁。出事现场附近的居民都说什么也不知道，什么也没听说，没法提供任何证词。这件事闹得满城风雨。许多人指责当局无能，批评矛头针对国王的司法机构。这些街谈巷议终于传到了国王本人的耳朵里。国王不得不亲自过问这件事。老妇人从未被国王召见过，吓得浑身直打哆嗦。她满脸皱纹，弯腰驼背，在身材魁伟的国王面前越发显得矮小可怜。国王开口说道："如果你知道凶手是谁，我命令你说出他的名字。在我的法律面前人人平等，你不用害怕。"老妇人脸色惨白，战战兢兢，不敢正眼去看国王，嘟哝了几句，谁也听不清在说些什

第二章 民族国家的形成——阿拉伯人入侵和西班牙民族国家形成

么。"用刑！"市长给差役们下了命令。"慢着，"国王吩咐道，"老婆子，不管凶手是谁，我最后一次命令你把他供出来。你要再不说，我就要下令处你绞刑。"老妇人被逼得走投无路，最后鼓起了勇气，慢吞吞地回答说："是国王陛下。"差役们顿时吓得手足瘫软；市长张口结舌，半晌说不出话来。可是，国王却以温和而坚定的语调打破了死一般的寂静，面对惊恐万状的众人，他宣告说："你说的是实话，应该受法律保护。"说完，他就掏出一只装满金币的钱袋，递给老妇人，并且对她说："拿着！佩德罗国王懂得如何奖励对他忠诚的人。至于杀人的罪犯，他将被处决！不过，谁也无权杀死卡斯蒂利亚王国的君主。我命令砍下国王塑像的头，挂在被害者遇难的街角上示众。"于是命令被执行了。此后塞维利亚的这条街就被称作"油灯街"，而"暴君"佩德罗一世的"脑袋"就这样在油灯街街角上挂了好多年。

在经历漫长的持久战后，阿拉贡王国已不再有参战的意愿，因而与佩德罗一世媾和。但是，特拉斯塔马拉的恩里克无法忘却杀母之仇，他仍旧坚决地与佩德罗为敌。为此，他远赴法兰西王国，与法兰西人结成同盟。法兰西人正因英法百年战争休战，苦于佣兵肆虐，恩里克的求救，让他们打发这些佣兵到伊比利半岛，避免了法兰西继续为佣兵所蹂躏。法兰西王国的参战，不但使卡斯蒂利亚王国的内战持续下去，更使英法百年战争扩及到伊比利半岛。这一回，得到教皇乌尔班五世、阿拉贡国王佩德罗四世和法军支援的恩里克很快地将佩德罗一世击败，落败的佩德罗逃往葡萄牙，并转而与英格兰王国结盟。英格兰王国的"黑太子"爱德华①爽快地答应了彼德罗的求援，

恩里克二世

---

① "黑太子"爱德华：英格兰国王爱德华三世长子。常爱用黑色盔甲，被称为"黑太子"。在百年英法战争中击溃法军，武名威震天下。

"黑太子"爱德华迅速挥师伊比利半岛，英军的参战使佩德罗一世恢复了统治。佩德罗一世在胜利后，与"黑太子"爱德华发生了争执，"黑太子"爱德华忿而收兵返回阿奎丹。1369年，丧失英军助阵的佩德罗一世被屡败屡战的法军击败，被困于蒙蒂埃。他试图突围，但被法军俘虏。成为俘虏后，他企图贿赂法军统帅贝特朗·杜·盖克兰，贝特朗·杜·盖克兰假意答应，并将他引入军帐中。进帐篷后，他赫然发现特拉斯塔马拉伯爵恩里克也在帐中，于是双方先是互相辱骂，随即打了起来。在打斗时，恩里克抽出了匕首，朝佩德罗一世身上没有锁子甲保护的要害刺去，一刀了结了他的性命。佩德罗一世惨死后，特拉斯塔马拉伯爵恩里克成为新的卡斯蒂利亚国王，称为恩里克二世（1369—1379年在位）。

恩里克二世即位后，为了报恩而在英法百年战争中帮助法国对抗英国，并在持续的战争中顶住了英国、葡萄牙、阿拉贡和纳瓦拉军队的多次入侵。后来又击退了佩德罗一世的女婿，英国的冈特的约翰的入侵。内政方面，他进行一系列政治改革，委任市民联盟，即城市同盟；从法国引进公爵、侯爵的称号，建立世袭领地制度；把亲属和支持者都列为大公阶级，因此获得了"慷慨者"的美称。恩里克二世是西班牙第一个将反犹主义当成国策的君主，他在位期间，对犹太人进行了迫害，他的反犹行动最终导致了100年后西班牙伊莎贝拉一世女王设立了黑暗的"宗教裁判所"。

1379年，恩里克二世逝世，他的长子胡安继位，即胡安一世（1379—1390年在位）。胡安一世在位期间最重大的事件是入侵葡萄牙失败，奠定了葡萄牙永久独立的地位。1383年胡安一世娶了葡萄牙国王美男子费尔南多一世的女儿比亚特丽丝为妻。当年10月，费尔南多一世死去，胡安入侵葡萄牙王国，并于1384年1月自立为葡萄牙国王。葡萄牙人群起而攻之，1385年4月，立阿维什家族的若昂为王。1385年8月14日，胡安与葡萄牙的若昂一世在阿茹巴罗塔战役中决战惨败，这次战役成了葡萄牙历史上最重要的战役，一战而奠定了葡萄牙永久独立的地位，形成了当今伊比利亚半岛上的政治版图格局。

恩里克三世（1379—1406年在位）统治时期，通过与"残忍者"佩德罗一世的外孙女凯塞琳结婚，结束了西班牙长期的贵族动乱，并开始

第二章 民族国家的形成——阿拉伯人入侵和西班牙民族国家形成

了西班牙国王的独裁统治。1396—1398年间他数次击败葡萄牙军队，在取得有利条件下休战。他大举兴办海军，并派遣海军摧毁了北非阿拉伯人的海盗基地，由此西班牙海军成为欧洲霸主。1402年他派遣法国籍探险家让·德贝当古前往大西洋的加那利群岛探险殖民，开启了西方近代殖民浪潮的先声。

让·德贝当古（法语：Jean de Béthencourt，西班牙语：Juan de Bethencourt，1362—1425年），法国籍诺曼人探险家，加那利群岛第一个欧洲殖民统治者。他于1402年发现加那利群岛，并率先在兰萨罗特岛北岸登陆。他以此为据点，又为卡斯蒂利亚王国征服了富埃特文图拉岛和耶罗岛，驱逐和同化了当地的原住民关契斯人，建立了加那利群岛殖民地。贝当古后被罗马教皇授予了"加那利国王"的头衔，但他承认卡斯蒂利亚王国对加那利群岛的最高统治权。

恩里克三世之后，卡斯蒂利亚王国先后经历了两位柔弱的国王胡安二世（1406—1454年在位）和恩里克四世（1454—1474年在位）的统治，王权衰微，内政乏善可陈。对南方穆斯林的斗争方面，因权臣卢纳的努力，胡安二世时期卡斯蒂利亚取得了伊格鲁埃拉（1431年）和奥尔梅多（1445年）两场战役的胜利，进一步削弱了南方穆斯林国家的力量。

1469年卡斯蒂利亚王国公主伊莎贝拉和阿拉贡王国王子斐迪南结婚，卡斯蒂利亚王国和阿拉贡王国形成紧密的联盟关系。1474年卡斯蒂利亚王国国王恩里克四世去世，他的女儿伊莎贝拉公主继承了卡斯蒂利亚王国王位，即伊莎贝拉一世女王。1475年1月15日卡斯蒂利亚王国与阿拉贡王国签署了《塞戈维亚协议》，协议规定斐迪南王子成为卡斯蒂利亚王国亲王，与伊莎贝拉一世女王共同执掌卡斯蒂利亚王国政权；卡斯蒂利亚王国官方文件以两人名义签发，并只用一个印章；货币也使用两人的肖像与名字。协议的签署标志卡斯蒂利亚王国和阿拉贡王国进一步联合，伊莎贝拉一世与斐迪南亲王合称"天主教双王"。此后，斐迪南在掌握阿拉贡王国实权的同时开始参与卡斯蒂利亚王国政务，而伊莎贝拉一世女王对阿拉贡王国事务较少参与。

· 79 ·

伊莎贝拉一世继承王位和次年《塞戈维亚协议》的签订，引起了葡萄牙和法国的强烈不满，他们认为这会导致卡斯蒂利亚王国和阿拉贡王国最终统一为一个国家，从而对自己构成安全威胁，于是两国积极支持恩里克四世的另一位女儿胡安娜继承卡斯蒂利亚王国王位。1475年，葡萄牙国王阿方索五世以支持胡安娜继承王位的名义派军进攻卡斯蒂利亚，卡斯蒂利亚王位继承战争爆发。战争初期，葡萄牙迅速占领了埃斯特雷马杜拉和加利西亚的部分地区，接着又攻陷了托罗和萨莫拉。法国也从北边南下进攻。卡斯蒂利亚国内的布尔戈斯，也有许多人发动叛乱支持胡安娜。一时间黑云压城，卡斯蒂利亚形势严峻。危难时刻，伊莎贝拉一世临危不惧，迅速整编了军队，在斐迪南的支持下，在布尔戈斯和萨莫拉展开反击。1476年的托罗战役中，卡斯蒂利亚王国军队打败了葡萄牙军队，遏制了葡萄牙的进攻势头，巩固了伊莎贝拉一世的王位。阿方索五世不甘失败，积极展开外交，企图联合法国再次发动进攻。斐迪南针锋相对，通过宣布阿拉贡王国放弃对罗塞永管辖权的要求，使法国的路易十一国王同意不再卷入冲突，为卡斯蒂利亚王国赢得了喘息机会。此后，天主教双王分工合作，斐迪南负责稳定萨莫拉局势，伊莎贝

卡斯蒂利亚王国公主伊莎贝拉和阿拉贡王国王子斐迪南结婚

第二章　民族国家的形成——阿拉伯人入侵和西班牙民族国家形成

拉一世到安达卢西亚光复区巡视和安抚贵族。1478年，经过不懈的外交努力，天主教双王与路易十一达成了和平协议，来自北方的军事威胁消除。1479年，斐迪南在阿尔布埃拉战役中消灭了胡安娜的最后一批支持力量。同年9月，卡斯蒂利亚王国与葡萄牙王国签订了《阿尔卡科瓦斯条约》，双方同意停止敌对状态，阿方索五世放弃对卡斯蒂利亚王国的王位继承权，天主教双王放弃葡萄牙王国的王位继承权。条约的签订标志卡斯蒂利亚王位继承战争结束，伊莎贝拉一世的王位得到国际承认而彻底巩固。此后，胡安娜放弃了王位继承权，在科英布拉修道院度过了余生。1479年阿拉贡王国国王胡安二世去世，斐迪南王子继承阿拉贡王位，即斐迪南二世。

天主教双王
上面的西班牙文写着"主公斐迪南和伊莎贝拉女士，卡斯蒂利亚与阿拉贡国王"

西班牙天主教双王统治的确立为最后阶段收复失地运动的顺利实施奠定了基础。

二、收复失地运动

收复失地运动，西班牙语和葡萄牙语作"Reconquista"，意思是"重新征服"。指718—1492年间，伊比利亚半岛北部的天主教各国逐渐战胜半岛南部穆斯林（西班牙人称他们为摩尔人）政权的运动。一般以718年，阿拉伯人征服西哥特王国，以及阿斯图里亚斯王国建国作为收复失地运动的开端，以1492年格拉纳达的陷落作为收复失地运动的结束。收复失地运动根据其发展特点可以分作四个阶段。

· 81 ·

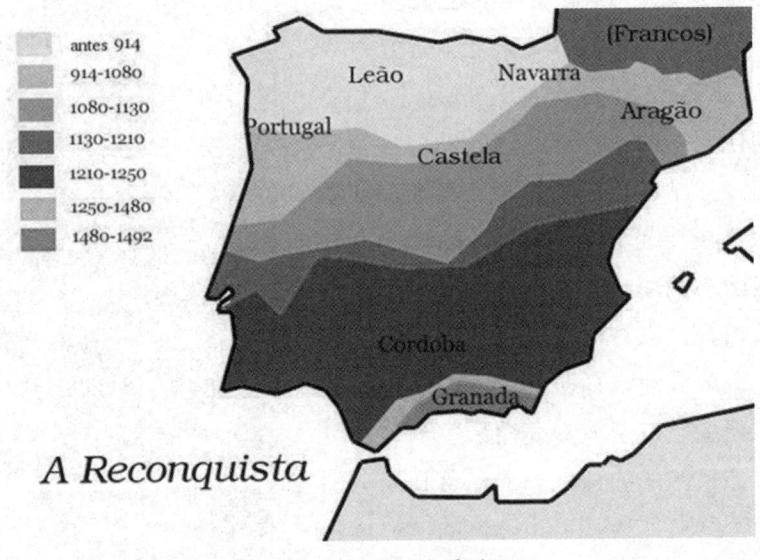

收复失地运动的发展过程

如图例所示，上部颜色最浅的由图例中数字914代表的区域为914年前天主教国家控制区域。此下由北向南，不同颜色表示在该段时间内北方天主教国家新收复的地区。

718—1031年为第一阶段，这一阶段是阿拉伯人大举北侵和北方天主教反抗力量兴起阶段。总体上看，这一阶段军事优势在阿拉伯人方面。天主教力量虽然积极抵抗，但只能龟缩北方一隅，无力发起大的攻势。

1031—1223年是第二阶段，这一阶段南方穆斯林势力因后倭马亚王朝覆灭后的诸侯割据遭到极大削弱，北方天主教力量则趁机南下，双方势力在伊比利亚半岛中部拉锯对峙。虽然穆斯林势力因阿尔莫拉维德王朝和阿尔莫哈德王朝的兴起而两次恢复团结，但未能扭转南北双方在伊比利亚半岛中部拉锯对峙的大局。

1224—1251年为第三阶段，这一阶段是天主教国家大反攻阶段。北方乘阿尔莫哈德王朝内乱之机大举南下进攻，到1251年整个伊比利亚半岛除格拉纳达外基本收复。

1251—1492年为第四阶段，这一阶段是收复失地运动最终胜利阶段。卡斯蒂利亚王国是这阶段推动收复失地运动的主导力量。它在打败北非马里尼德王朝入侵后，与阿拉贡王国联合为统一国家，共同谋划进攻穆斯林势力在伊比利亚半岛上的最后据点格拉纳达。

第二章 民族国家的形成——阿拉伯人入侵和西班牙民族国家形成

这时统治格拉纳达王国的是纳赛尔王朝，素丹名叫阿布·哈桑（1464—1485年在位），他有两个妻子埃克萨和索拉亚。两个妻子相互仇视，争斗不休。在二人的争斗中，阿布·哈桑站在后娶的年轻妻子索拉亚一边，最后把埃克萨和她生的儿子博阿布迪尔赶出了格拉纳达王宫。离开王宫后，埃克萨母子来到阿尔拜辛山隐居下来，积极寻找复仇机会。后来他们在瓜迪斯得到了阿本塞拉赫家族的支持。1482年博阿布迪尔自称素丹，加冕成为格拉纳达国王，率领新组建的军队进攻格拉纳达。卡斯蒂利亚王国乘格拉纳达王国内乱之机，发兵南征。南下作战的卡斯蒂利亚王国军队俘虏了博阿布迪尔。1483年8月28日，博阿布迪尔同卡斯蒂利亚王国签订《科尔多瓦条约》，向卡斯蒂利亚王国称臣纳贡，双方联手攻打阿布·哈桑。

1484年卡斯蒂利亚王国攻占阿洛拉。1485年又攻占了隆达及其周边城镇。这年，阿布·哈桑去世，儿子萨加尔继承王位，继续与卡斯蒂利亚王国对阵。

1485年卡斯蒂利亚军队攻占洛哈。1487年8月又攻占马拉加，把城中1.5万居民变成奴隶或卖往外地。1489年12月4日，卡斯蒂利亚军队攻克巴萨城。此后，萨加尔势力无法再组织起有效抵抗，阿尔梅里亚和瓜迪斯的阿拉伯军队纷纷投降。不久，萨加尔本人也被俘虏。

根据《科尔多瓦条约》规定，博阿布迪尔在清除萨加尔势力后应尽快把格拉纳达交给卡斯蒂利亚王国，卡斯蒂利亚王国则保证给予博阿布迪尔和他的家属一定的土地和财产作为补偿。但是萨加尔势力被消灭以后，博阿布迪尔不愿放弃格拉纳达城和素丹地位。天主教双王于是在1490年率军包围了格拉纳达城，经过两年的苦战，1492年1月6日卡斯蒂利亚军队攻陷格拉纳达城里阿拉伯人抵抗的最后据点——阿尔罕布拉宫。格拉纳达王国灭亡，收复失地运动获得了最后胜利。

收复失地运动的胜利，对伊比利亚半岛乃至世界之后的历史产生了深远影响。

一方面，由于天主教政权经历数个世纪之后在伊比利亚半岛彻底击败伊斯兰势力，使西班牙、葡萄牙的统治者相信上帝是站在他们这一边的，从而产生强烈的宗教使命感。这种使命感正是西班牙、葡萄牙在美洲、亚洲、非洲开拓殖民地的动力之一。哥伦布就是在伊莎贝拉一世与斐迪南二世资助下远航美洲的，当时收复失地运动刚刚完成。

另一方面，曾有近700多年历史的伊斯兰文化也伴随收复失地运动的胜利而在伊比利亚半岛终结，西班牙宗教裁判所的出现和宗教迫害，最终导致西班牙原本领先世界的科技地位逐渐下降，大量的非天主教徒（犹太人和穆斯林）被逐出西班牙，后来流落到北非或被东方强大的奥斯曼帝国收容。留下来的非天主教信仰族群被迫皈依天主教，并且皈依天主教后仍受到歧视和迫害。综合音乐歌舞为一体的西班牙弗拉明戈艺术，就是被压迫的摩尔人、罗姆人和犹太人，在受歧视压制的环境里为求生存而创造出来的。

此外，收复失地运动在军事上的不断南征，客观上打通西欧基督教世界与阿拉伯穆斯林文化持续接触的通道。通过这一通道，西欧基督教国家在认识、学习和研究阿拉伯文化的基础上逐步形成自己独特的先进文化，进而引领近代世界的发展。追根溯源，西方近代的巨大成就肇端于西班牙"通道"开启的"再翻译"运动，不容忽视。正如西方学者托马斯·阿诺德的评论所说："穆斯林在西班牙艺术、科学、哲学和诗歌的发展中起了一种决定性的作用，而它的影响甚至达至13世纪基督教思想发展的最高峰，达至托马斯·阿奎那和但丁。因而西班牙似乎就是'欧洲的火炬'。"另一位研究东西文化交流的著名学者A.S.阿提雅

格拉纳达的投降

则强调，正是"穆斯林、基督徒和犹太学者们在伊比利亚半岛的通力合作，为12世纪西方伟大的中世纪复兴起了主要作用"。

三、"再翻译"运动奠定文艺复兴基础

"再翻译"运动就是西欧中世纪后期兴起的，把古代希腊、罗马和阿拉伯人自创的科学和哲学著作，从阿拉伯文等文本重新翻译成拉丁文、西班牙文等西欧文字的文化运动。运动大致从11世纪末开始兴起，12—13世纪达到高潮，余波延续到14和15世纪。西班牙（托莱多等城市）、意大利（西西里岛）和法国南部（普罗旺斯）成为"再翻译"运动的三个翻译中心。1085年托莱多被天主教国家占领，1130年雷蒙大主教（1126—1152年在位）在此建立了一所正规的翻译学校，开始系统地研究和翻译阿拉伯典籍。这所学校吸引了来自欧洲各个地区的学者，即便是与欧洲大陆隔海相望的偏僻的英格兰和苏格兰也有学者长期在此居留。收复失地运动的深入发展使西班牙天主教势力控制的地域不断南扩，研究和翻译阿拉伯典籍的热潮却相应地逆向北进，且愈演愈烈。"智者"阿方索十世（Alfonso X，1252—1284年在位）统治时期，这种研究和翻译阿拉伯典籍的热潮达到极盛。1269年阿方索十世在塞维利亚建立了东方学院，用阿拉伯文授课和研究。这使得塞维利亚继托莱多之后，迅速发展为研究和翻译阿拉伯典籍的又一重镇。阿方索十世任用大量犹太人、穆斯林和西方学者系统地编辑、翻译阿拉伯文典籍，从而使他统治时期成为西班牙"再翻译"运动的高峰。欧洲的"再翻译"运动具有国际性和多途径的特点，西班牙作为"再翻译"运动的发动者和贯穿始终的翻译中心，在整个运动中发挥了不容忽视的重要作用。

从11世纪末到13世纪末，通过"再翻译"运动，西欧国家重新掌握了古希腊和罗马时代的知识，同时也学会了阿拉伯人新创造的知识，在文化和科技发展方面逐步迎头赶上，为文艺复兴的发生准备了充分的条件，成为近代欧洲崛起的起点。"再翻译"运动翻译的主要典籍情况统计见下表：

11世纪末至13世纪末"再翻译"运动翻译典籍情况统计表

（摘自徐善伟的《东学西渐与西方文化的复兴》）

	自阿拉伯文译为拉丁文		自希腊文译为拉丁文	自阿拉伯文译为希伯来文		自阿拉伯文译为西班牙和葡萄牙文		自希伯来文译为拉丁文和罗曼语			自拉丁文译为法、意、希伯来文和希腊文			总计（部）
	希腊人著作	阿拉伯人著作		希腊人著作	阿拉伯人著作	希腊人著作	阿拉伯人著作	希腊人著作	阿拉伯人著作	犹太人著作	希腊人著作	阿拉伯人著作	西方人著作	
11世纪末	4	4	/	/	/	/	/	/	/	/	/	/	/	8
12世纪	50	110	32	/	15	/	/	/	1	/	/	/	4	212
13世纪	25	24	42	43	75	1	17	1	2	6	5	6	15	262
小计	79	138	74	43	90	1	17	1	2	7	5	6	19	482
总计	217		74	133		18		10			30			482

注：由于阿拉伯帝国在"百年翻译运动"中曾将大量的古希腊文的典籍翻译成为阿拉伯文，所以拉丁西方人所翻译的阿拉伯文典籍中亦包含着大量的古希腊典籍。实际上，拉丁西方人重新接触到古希腊科学和哲学就主要通过翻译阿拉伯文典籍而成。

西班牙作为"再翻译"运动的主要中心，翻译了大量文化典籍，内容涉及代数学、几何学、印度－阿拉伯数字体系、天文学、力学、光学、磁学、水利学、机械工程学、内科学、外科学、药物学、化学、自然史、动物学、植物学和矿物学等等，其中影响巨大的著作比比皆是。

第四节 西班牙民族国家的形成

一、加强王权

天主教双王执政之初,加强和巩固王权是首要任务。

组织成立圣友会是天主教双王加强王权的第一项举措。针对当时农村盗匪活动猖獗、社会治安混乱的情况,伊莎贝拉一世在1476年以维护社会治安的名义建立了遍及全国的圣友会组织和骑士制度。依据制定的圣友会条例,在超过50人的村庄设立两名村长,建立圣友会武装小组维持治安;超过100人的村庄设立一名骑士,负责领导村圣友会武装组织维护治安;超过150人的村庄设立一名武士领导圣友会武装组织维护治安。村庄之上的市镇,成立委员会,并设立机动司令部,领导下属圣友会组织。市镇之上的大区,由任命的若干议员负责组织领导本区的圣友会。全国组建圣友会最高委员会,由国王任命一名总司令统一领导,并负责征集资金和分配地方机构所需开支。这样,天主教双王手中就拥有了一支能控制到全国最基层的准武装力量,在强化社会治安的同时,有力地削弱了国内各地的贵族势力,保证了中央的权威和政令畅通,强化了王权。最初,圣友会只是基层治安组织,在恢复社会秩序和打击盗匪活动中发挥作用。随着时间的推移,圣友会逐步从单一的半武装组织发展成具有逮捕和审判职能的司法机构。由于圣友会的存在,西班牙教会和地方贵族对天主教双王提出的各项改革和政策完全遵从,天主教双王的政令在国内十分畅通。圣友会成为维护天主教双王君主绝对权威和保证中央各项改革政策推行的有力工具。收复失地运动胜利之后,天主教双王的威望达到一个新的高度,各项改革政策已经顺利实施,王权已十分巩固,无需圣友会再提供支持,加上圣友会开支巨大,成为国家的负担,1498年伊莎贝拉一世取消了圣友会全国最高委员会,圣友会的地方机构随后也逐步瓦解。

　　稳定全国治安的同时，天主教双王又通过抓住人事任免权这一关键，加强了王权对司法和行政的控制。伊莎贝拉一世执政后，先是在巴利阿多里德成立了国家最高司法机关王国法院，统一掌管全国司法权力。在占领格拉纳达后，又特意在该城设立最高法院，负责南部地区的司法事务。最高法院法官由国王任命并对国王负责。把地方各主要城市的市长和监督官任命权收归国王，由他们代表国王处理地方的行政、司法和财政事务。这样，地方主要官员的任免脱离了地方贵族的掌控，王权进一步强化。

伊莎贝拉一世女王

　　12世纪末，莱昂－卡斯蒂利亚王国建立了议会，此后议会作为国家最高立法机关，是王国各社会阶层代表发表意见和影响国家决策的重要机构，拥有广泛的权力，对王权是一种监督和制约。伊莎贝拉一世执政后，强调国王拥有对议员的选择权和议会的召开权，通过选择议员，拒绝反对派进入议会；通过亲自参加或派人主动参加的方式，控制和监督议会开会全过程，影响和避免与国王意见相左的议案通过；尽量减少议会召开的次数，在她统治的整个时期一共只召开了五次议会。这样，就有效地减少了议会对国王统治的影响和制约，强化了王权。

　　1505年伊莎贝拉颁布了《托洛法》，通过确认贵族子女对土地和爵位继承权的方式，取消了贵族干预国家政治的权力。贵族政治权力的削弱，强化了王权对地方的控制。

　　军事上，伊莎贝拉一世也进行了改革。取消了地方贵族的军队掌控权，由斐迪南二世亲自担任王国军队统帅，通过任命自己信任的人担任军队各级将领，牢固控制了国家军队。

　　通过上述强化王权的措施，天主教双王在西班牙确立了以绝对君主制为核心的中央集权政治体制,保证了国家内部的统一,从而使国家能全力以赴投入收复失地和后来的海外殖民运动,为统一的西班牙民族国家形成打下了坚实的内政根基。

二、同化信仰

强制同化,"纯洁"或统一国民信仰,是天主教双王的宗教政策目标。

阿拉伯人统治伊比利亚半岛南部之后,通过收信仰税的办法推广伊斯兰教,只要交纳了特别的信仰税就可保留自己的信仰。这一相对温和的宗教政策使半岛南部长期存在多种宗教信仰,如伊斯兰教、天主教、犹太教和基督教新教等等。1477—1478年,伊莎贝拉一世巡视安达卢西亚地区,发现南方多种宗教信仰并存,特别是犹太教十分活跃。作为虔诚的天主教徒,伊莎贝拉一世对这一状况十分担心,认为信仰不一危害国家的统一和稳定。于是派人同罗马教廷谈判,酝酿建立宗教法庭事宜,企图通过建立统一的宗教信仰来巩固国家统一。

1478年教皇西斯托四世发布圣谕,批准天主教双王在卡斯蒂利亚和阿拉贡建立宗教法庭,并授权他们任命宗教法庭庭长。1480年11月,塞维利亚宗教法庭庭长到达西班牙。1483年,西班牙成立了最高宗教法庭,任命托马斯·德托克马达为第一任宗教法庭庭长,并让他负责起草和制定宗教法庭法规,筹备和领导在各主要城市建立宗教法庭事宜。随后西班牙各地陆续都建立了宗教法庭。宗教法庭名义上通过

教皇西斯托四世

西班牙史话

审判和残酷镇压"异端"来维持天主教信仰的"纯洁",实质上是推行强制性宗教信仰同化政策的工具,剥夺了人民信仰自由的权利。作为镇压人民、钳制思想的工具,宗教法庭在西班牙存在了350年,直到1834年才最终被取缔。

宗教法庭残酷的打击、迫害和镇压异教徒,仅在托马斯·德托克马达任职的15年中,就有2000多人被处死。严酷的宗教迫害,造成伊斯兰教徒和犹太人大批外逃。据统计,收复失地运动结束后,大约有15万犹太人离开西班牙。1502年暴动被镇压后,居住在格拉纳达的30万受过洗礼的摩尔人离开了西班牙,总共大约有50万人移民海外。

强制同化的宗教政策,短期看使西班牙迅速实现了国民信仰的统一,有利于西班牙民族共同民族心理和民族认同的形成,巩固了国家的统一。长期来看,严酷的宗教迫害造成大量人口流失,也使西班牙迅速丧失许多技术和多元文化的竞争环境,钳制了思想和创新,不但使西班牙很快丧失了在欧洲的文化和技术领先地位,也使它在很大程度上丧失了发展后劲。从某种意义上讲,强制同化的宗教政策是西班牙近代早期领先地位迅速衰落的深层原因。

弗朗西斯科·戈雅绘画中的西班牙宗教法庭

三、殖民探险

天主教双王在完成国家统一之初，就开始积极支持航海家的海外殖民探险活动，致力于寻找前往东方的新航路，这促成了以哥伦布为代表的航海家们在西班牙政府支持下兴起了大规模海外殖民探险活动。西班牙的航海大探险活动，是15世纪末以伊比利亚半岛为中心的西欧"开辟新航路"社会潮流的一部分。开辟新航路热潮在西欧兴起有其深刻的经济、社会、思想原因和科技基础，是西欧历史发展的必然。

首先，欧洲资本主义萌芽的发展和随之而来的"寻金热"是新航路开辟的经济根源和社会根源。15世纪以后，西欧各国资本主义生产关系的萌芽已经产生并初步发展。作为商品交换支付手段的货币，不仅取代土地日益成为社会财富的主要象征，而且成为衡量社会地位和权力的重要标志。15世纪改行金本位制以后，黄金成为国内外贸易的唯一支付手段，需求量激增。当时欧洲人渴望得到黄金，加上《马可·波罗游记》在欧洲的影响，西方人认定只有到中国等东方国家才可以实现他们的"黄金梦"。恩格斯深刻指出："葡萄牙人在非洲海岸、印度和整个远东寻找的是黄金；'黄金'一词是驱使西班牙人横渡大西洋到美洲去的咒语，黄金是白人刚踏上一个新发现的海岸时所要的第一件东西。"可见，新航路的开辟是资本主义进一步发展的需要，欧洲人对黄金的贪婪追求，从本质上反映了资本主义对于掠夺财富和加速资本原始积累的迫切要求。

其次，商业危机是促成新航路开辟的直接原因。早在15世纪前，欧洲和亚洲就有贸易往来。地中海东岸是东西方贸易的中转站。当时东方的香料、丝绸等在欧洲市场很受欢迎，是上流社会的生活必需品。但经过阿拉伯人和意大利人转手，价格一抬再抬，成为昂贵的奢侈品。当时的东西方贸易基本上被意大利人和阿拉伯商人所垄断。更严重的是，1453年奥斯曼帝国控制了亚欧商路的枢纽。土耳其人的横征暴敛使正常的商业秩序遭到破坏，传统的东西方贸易几乎中断。东方运到欧洲的商品急剧减少，价格迅猛上涨。欧洲上层社会只得不惜高价采购，导致贸易严重逆差，贵金属大量外流。这迫使西欧各国纷纷采取行动，企图另辟蹊径寻找一条绕过地中海通达东方的新航路。

再次，弘扬、传播基督福音和文艺复兴时期的人文主义思潮是新航路开辟的宗教根源和思想根源。弘扬和传播基督福音于全世界，是西班牙民族国家支持哥伦布西航"前往中国"的重要原因。哥伦布就是个狂热的天主教徒，他自认为"他所做的一切都是上帝安排的"。他在探寻新航路的始终，都渗透着浓厚的宗教情绪。当时社会盛行的人文主义思潮，激励了西欧人的进取精神，鼓励他们向海外传播和扩大天主教影响、勇于开拓进取去挑战并征服自然，大胆地追求财富并实现个人价值，特别是去探寻新航路和从事冒险事业。

最后，欧洲生产力的发展、科技技术的进步和皇室的支持，使新航路开辟的主客观条件已经具备。开展大规模的航海探险活动必须有一定的物质条件作为支撑。中国发明的罗盘针，经阿拉伯人西传后于14世纪时在欧洲普遍使用，使航行不致迷失方向。欧洲的造船技术当时有了很大进步，出现了新型的多桅多帆、轻便快速的大船。此外，当时欧洲流行地圆学说，绘制地图的技术很先进。所有这些，成为开辟新航路的客观条件。同时开辟新航路的主观条件也已经具备。15世纪末，西班牙和葡萄牙都已经完成政治上的统一和中央集权，专制王朝和社会各阶层都渴望开辟新航路。政府为了发展贸易、改善经济状况和扩大版图，大力支持开辟新航路的活动，不少封建贵族成为探险者。哥伦布的航海大探险活动开始于收复失地运动刚刚胜利的1492年当年，时间的巧合蕴含着历史的必然。

克里斯托弗·哥伦布1451年8月或10月生于意大利热那亚的一个工人家庭，是信奉天主教的犹太人后裔。哥伦布自幼热爱航海冒险，相信地圆学说。他读过《马可·波罗游记》，对东方的印度和中国的富庶十分向往。为实现向西航行到达东方国家的计划，他先后向葡萄牙、英国、法国等国国王请求资助，但都遭拒绝。一方面因为当时葡萄牙人已经控制了从非洲好望角直达印度的航路，葡萄牙人经过精密的计算发现其实

第二章　民族国家的形成——阿拉伯人入侵和西班牙民族国家形成

从欧洲到达亚洲东方的最近的路途就是他们控制的航线，向西航行到亚洲是不合算的；经营这些商品的既得利益集团也极力反对哥伦布开辟新航路。另一方面，也因为哥伦布提出了过高的要求，例如他要求"航海司令"的头衔，10%的战利品回报，并且要求将他发现的每个国家的总督权授予他的后代，等等。这样哥伦布到处游说了十几年，毫无结果。后来他来到西班牙，向西班牙女王伊莎贝拉一世提出航海探险资助。开始的时候，西班牙女王伊莎贝拉一世也同样拒绝了他，但她却指定了一个皇家委员会考虑哥伦布的计划，并同时决定将哥伦布纳入皇家供奉，使哥伦布有了一个稳定的饭碗。直到6年后的1492年，伊莎贝拉一世女王才发了批文，同时拿出自己的私房钱资助哥伦布，使哥伦布的计划得以实施。

1492年8月3日，哥伦布受西班牙女王派遣，带着给印度君主和中国皇帝的国书，率领87名船员，分乘三艘百十来吨的帆船，从西班牙巴罗斯港扬帆出大西洋，直向正西航去，开始了他第一次驶往美洲的远航。经70昼夜的艰苦航行，1492年10月12日凌晨终于发现了陆地，这是中美洲加勒比海域巴哈马群岛中的一个岛屿，哥伦布把它命名为圣萨尔瓦多。10月28日到达古巴岛，他误认为这就是亚洲大陆。随后他来到西印度群岛中的伊斯帕尼奥拉岛（今海地岛），在岛的北岸进行了考察。1493年3月15日返回西班牙。

1493年9月25日，哥伦布率船17艘从西班牙加的斯港出发，开始了第二次驶往美洲的远航。这次他的目的是要到他所谓的亚洲大陆印度建立永久性殖民统治。参加航海的达1500人，其中有王室官员、技师、工匠和士兵等。

哥伦布登上新大陆

1494年2月因粮食短缺等原因，大部分船只和人员返回西班牙。他率船3艘在古巴岛和伊斯帕尼奥拉岛以南水域继续进行探索"印度大陆"的航行。在这次航行中，他的船队先后到达了多米尼加岛、背风群岛的安提瓜岛和维尔京群岛以及波多黎各岛。1496年6月11日回到西班牙。

第三次远航美洲是从1498年5月30日开始的。这一次他率船6艘、船员约200人，由西班牙塞维利亚出发。航行目的是要证实在前两次航行中发现的诸岛之南有一块大陆（即南美洲大陆）的传说。7月31日船队到达南美洲北部的特立尼达岛以及委内瑞拉的帕里亚湾。这是欧洲人首次发现南美洲。此后，哥伦布由于被控告，于1500年10月被国王派去的使者逮捕后解送回西班牙。因各方反对，哥伦布不久获释。

第四次航行始于1502年5月11日，他率船4艘、船员150人，从加的斯港出发前往美洲。哥伦布第三次航行的发现已经震动了葡萄牙和西班牙，许多人认为他所到达的地方并非亚洲，而是一个欧洲人未曾到过的"新世界"。于是斐迪南国王和伊莎贝拉王后命令哥伦布再次出航探究真相，并寻找新大陆中间通向太平洋的水上通道。他到达伊斯帕尼奥拉岛后，穿过古巴岛和牙买加岛之间的海域驶向加勒比海西部，然后向南折向东沿洪都拉斯、尼加拉瓜、哥斯达黎加和巴拿马海岸航行了约1500公里，寻找两大洋之间的通道。他从印第安人处得知，他正沿着一条隔开两大洋的地峡行驶。由于1艘船在同印第安人冲突中被毁，另3艘也先后损坏，哥伦布于1503年6月在牙买加弃船登岸，1504年11月7日返回西班牙。1506年5月20日，哥伦布在西班牙巴利亚多利德逝世。

哥伦布一生四次远航美洲，开辟了横渡大西洋到美洲的航路。先后到达巴哈马群岛、古巴、海地、多米尼加、特立尼达等岛。在帕里亚湾南岸首次登上美洲大陆。考察了中美洲洪都拉斯到达连湾2000多千米的海岸线；认识了巴拿马地峡；发现和利用了大西洋低纬度吹东风，较高纬度吹西风的风向变化规律。证明了大地球形说的正确性。促进了旧大陆与新大陆的联系。但他到死都坚信自己到达的新大陆是印度，并称当地人为印第安人。后来，一个叫阿美利哥的意大利学者，经过更多的考察，才知道哥伦布到达的这些地方不是印度，而是一个原来不为多数欧洲人知道的大陆。于是"新大陆"被命名为阿美利加洲，中文简称为美洲。

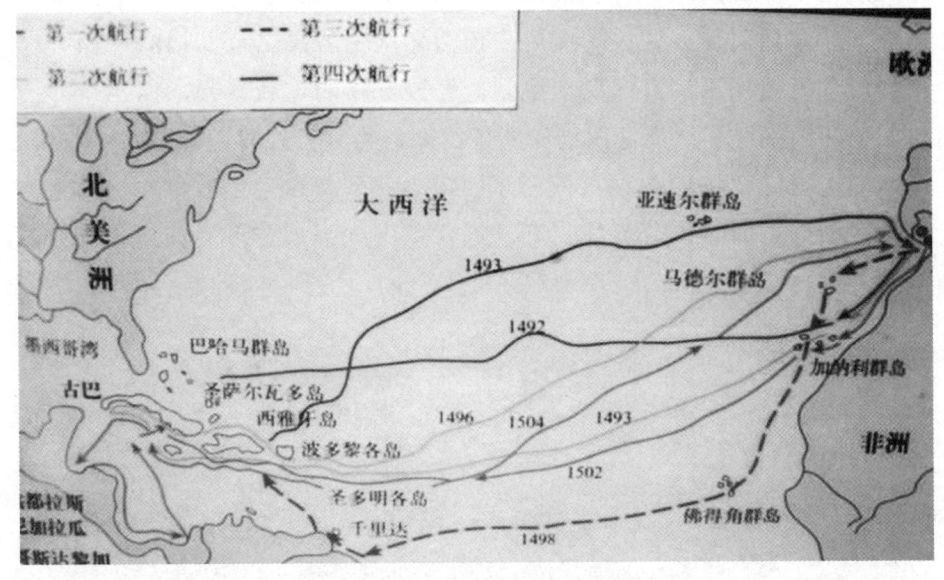

哥伦布四次航行美洲路线

三、对外政策

天主教双王执政时期外交的重点是邻国葡萄牙和法国，目的是为西班牙在欧洲和海外的扩张服务。

对葡萄牙，西班牙主要是通过联姻来加强双方友好关系。1490年，天主教双王的大女儿伊莎贝拉公主同葡萄牙王储阿方索成婚。阿方索死后，伊莎贝拉又与葡萄牙国王曼努埃尔一世结婚。伊莎贝拉病故后，曼努埃尔一世又同天主教双王的另一个女儿玛丽娅公主结婚。

密切的姻亲关系，使两国能通过和平谈判平静地解决海外扩张引发的矛盾。1493年5月4日经教皇亚历山大六世（1492—1503在位）调解和仲裁，西葡两国就海外扩张领地的划分范围达成协议：在大西洋中部亚速尔群岛和佛得角群岛以西100里格（league，1里格合3海里，约为5.5千米）的地方，从北极到南极划一条分界线，线西属于西班牙人的势力范围；线东则属于葡萄牙人的势力范围。这条分界线，史称教皇子午线。

据此规定，美洲及太平洋各岛属西半部，归西班牙；而亚洲、非洲则属东半部，归葡萄牙。协议达成后，葡萄牙国王若昂二世（1481—1495在位）对分配结果不满意，要求重划。经过一年的重新谈判，1494年6月7日西葡两国签订了《托德西利亚斯条约》，将分界线再向西移270里格，巴西即根据这个条约被划入葡萄牙的势力范围。这条由教皇作保规定，西葡两国同意而划的分界线，开了近代殖民列强瓜分世界、划分势力范围的先河。

签署《托德西利亚斯条约》

葡萄牙1994年发行的《托德西利亚斯条约》签署500周年纪念币

正面：条约签订双方，左边是卡斯蒂利亚王国国旗和天主教双王头像，右边是葡萄牙王国国旗和国王若昂二世头像，葡萄牙语边框意思是"托德西利亚斯条约"；背面：条约分界线穿过南美，下方一艘葡萄牙船向东航行，准备越过非洲南端。上方一艘西班牙海船正向西航行。边框葡萄牙语意为"葡萄牙共和国"。

第二章　民族国家的形成——阿拉伯人入侵和西班牙民族国家形成

与相对弱小的葡萄牙不同，法国作为欧洲强国，长期以来又存在与西班牙的领土争议，所以天主教双王一直对法国保持高度警惕，双方关系也因领土争端长期处于紧张状态，并一度发生战争。西法之间的领土争议主要是四块地方：罗塞永、塞尔达尼亚、纳瓦拉和意大利的那不勒斯。天主教双王通过和谈与战争并用的办法，最终取得胜利，收回了争议地方主权。

1493年经过长期的争执和谈判，在法国的查理八世作出妥协退让的情况下，西法两国签订了《巴塞罗那条约》。条约规定阿拉贡王国拥有罗塞永和塞尔达尼亚的主权；作为交换，西班牙除非教皇干预不得加入反法联盟。西班牙以机智的文字技巧，收回了两大块争议地区，而无须真正承担义务。因为意大利的那不勒斯是教皇辖地，法国只要军事介入该地事务，就无法阻止利益受损的教皇邀请其他势力帮助对抗法国。

1495年，查理八世率军攻入罗马和那不勒斯，斐迪南二世则乘机"应邀"与教皇国、被废的那不勒斯国王、米兰公爵和威尼斯王国组成抗击法国入侵的神圣同盟。为履行同盟义务，斐迪南二世派出年轻的将军冈萨雷斯·费尔南德斯·科尔多瓦率军进入那不勒斯，打退了法国的进攻。查理八世去世后，新任法国国王路易十二，仍然坚持留在意大利，西法之间的战斗仍不断发生，西班牙一直占有军事优势。1511年神圣同盟的军队终于把法国驱逐出意大利。战争的胜利使那不勒斯王国与西班牙的阿拉贡王国结成紧密同盟。1512年纳瓦拉国王胡安三世被阿拉贡国王费迪南二世打败，1515年纳瓦拉归入阿拉贡，重新回到西班牙国家行列。

对葡萄牙和法国外交的胜利，为西班牙赢得了安全的生存环境，使它能够无后顾之忧地放手进行海外殖民扩张。以1492—1502年哥伦布的四次远航为先导，西班牙最终成功地在美洲建立起自己的殖民帝国。

外交胜利和海外殖民事业的启动，

斐迪南二世

极大地激发了西班牙人的民族自豪感。对外交往时共同的利害关系,也使原来的卡斯蒂利亚人和阿拉贡人等西班牙各地族群成员,不断强化着"西班牙人"的共同身份认同,为统一的西班牙民族国家形成不断积累着条件。

四、经济政策

天主教双王在经济上坚持重商主义政策,把国库中金银储备的数量看作国家是否富强的标志,千方百计地增强金银储备和扩大对外贸易顺差。在天主教双王统治期间,由国家垄断了金矿和银矿的开发,严格管理金银矿的开采和运输。为防止走私,1501年颁布法令规定,在西班牙各港口停靠西班牙船只时,禁止外国货船停靠码头。1480年,天主教双王颁布法令,对擅自将金银支出卡斯蒂利亚王国的人判重罪,直至判处死刑,从而建立了禁止金银出口的制度。对外贸易方面,力求保持贸易顺差,至少要求达到进出口平衡。

1497年天主教双王颁布法令,在西班牙实行统一的货币制度,全国流通的货币分为金币、银币、铜币和布兰卡,货币由国家统一铸造和发行。统一货币有利于西班牙国内统一市场的发育和形成。

1480年天主教双王对国家税收制度进行了改革,成立了"皇家财政和财产总账统计局",加强了对国家税收的征收和监管。税制改革成效显著,国家收入从1470年的80万马拉维迪增加到1504年的2200万马拉维迪。

天主教双王的经济政策促进了西班牙全国经济的发展和统一国内市场的形成。这些经济措施,与启动海外殖民的政策相配合,扩大了西班牙经济发展的空间。使西班牙内部各地区之间的经济联系日趋紧

天主教双王铜币

密，经济生产方式和经济利益趋同，为西班牙民族国家的形成奠定了坚实的经济基础。

五、卡斯蒂利亚语成为西班牙全国通用语言

  罗马帝国时期，罗马帝国的官方语言拉丁语，逐步在西班牙各行省取代各地土著语言，成为通行语言。西哥特王国时期沿袭罗马帝国的语文政策，继续以拉丁语文为官方语文。哥特人的语言和拉丁语在口语中逐渐融合，形成人们日常使用的各地有所差别的各种通俗拉丁语方言。阿拉伯人入侵伊比利亚半岛后，半岛北方各天主教王国内人们以当地通行的通俗拉丁语进行日常交流，这些通俗拉丁语中就包括卡斯蒂利亚王国民众日常使用的卡斯蒂利亚语。

  12世纪卡斯蒂利亚王国出现了一部用拉丁字母书写记录的史诗《熙德之歌》，标志着卡斯蒂利亚语文字的初步形成并开始规范化。此后，随着卡斯蒂利亚王国在收复失地运动中的核心作用不断增强，王国控制的地域不断扩展，卡斯蒂利亚语的影响也日益扩大。

  收复失地运动胜利后，卡斯蒂利亚语使用地域也随之扩大到伊比利亚半岛最南端。天主教双王统治时期，随着国家政治和经济的统一，统一的国内市场基本形成，西班牙内部各地之间交流日益频繁，这种交流急需一种语言充当通用中介语。在收复失地运动中为大家所熟悉的卡斯蒂利亚语自然而然地承担起全国通用语的角色，成为今天人们所熟知的西班牙语。虽然各地语言或方言在本地区内部仍然通行，但仅承担本地文化传承和情感交流作用，相对于西班牙语，它们在人们生活中已处于次要地位，在政治、教育和跨区域交流等方面尤其如此。直到今天拉丁美洲各操西班牙语国家的人们，仍喜欢把自己所说的语言称作卡斯蒂利亚语（castellano），避免使用国家或政治意味更浓的名称"西班牙语"（Español）。

  统一通用语言的出现，为西班牙民族国家形成奠定了语言和文化基础。

六、统一的西班牙民族国家形成

天主教双王为西班牙的统一和发展建立了丰功伟绩，但他们的后代却很不幸，使卡斯蒂利亚王国的王位继承出现危机。

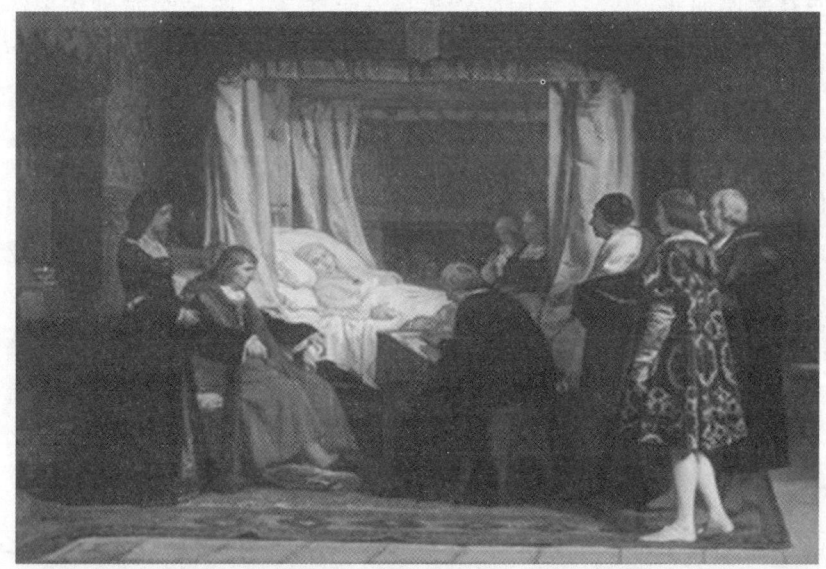

伊莎贝拉一世女王临终遗嘱情景（上）及遗嘱文件原文（下）

第二章　民族国家的形成——阿拉伯人入侵和西班牙民族国家形成

天主教双王唯一的儿子胡安亲王，1497年与神圣罗马帝国皇帝马克西米安一世的女儿马加丽达公主结婚，但婚后仅6个月就不幸早夭，没留下任何子女，使王储位置出现空缺。1498年，天主教双王的女儿伊莎贝拉公主与葡萄牙国王曼努埃尔二世生下儿子米格尔，但本人却在生育时死于难产。同年，米格尔被确定为卡斯蒂利亚、阿拉贡和葡萄牙三国的继承人。但1500年米格尔又不幸早逝，卡斯蒂利亚王储再次空缺。按照王位继承顺序，1502年卡斯蒂利亚和阿拉贡议会宣布天主教双王的次女胡安娜为两国王储。

胡安娜公主一生命运坎坷。1496年天主教双王所属的特拉斯玛拉家族为了保持与神圣罗马帝国的哈布斯堡家族联盟，把胡安娜嫁给了神圣罗马帝国皇帝马克西米安一世的儿子、受封在佛兰德尔的布拉班特公爵（1482—1506年在任）菲利普。胡安娜深爱着菲利普，1500年2月和菲利普生下了他们的儿子卡洛斯·根特。1502年胡安娜夫妇在卡斯蒂利亚和阿拉贡接受议会的效忠宣誓，菲利普也因是胡安娜的丈夫而和胡安娜一起成为两国共主。仪式完成后两人返回菲利普的

胡安娜和她的丈夫"美男子"菲利普

封地佛兰德尔，但胡安娜随后不久就发现自己的丈夫、人称"美男子"的菲利普，是个生性浪荡的花花公子，对婚姻很不忠诚，到处招蜂引蝶，在外面有很多情人。陷于绝望与嫉妒之中的胡安娜对此十分不满，经常和丈夫吵闹。难以安宁的菲利普于是宣称胡安娜疯了，然后操纵当地法庭认定胡安娜精神失常，将其囚禁。鉴于胡安娜已经精神失常，无

· 101 ·

奈之下，伊莎贝拉一世在去世前立下遗嘱，让自己的外孙卡洛斯·根特在成年后继任卡斯蒂利亚和阿拉贡的王位，外孙成年之前由斐迪南二世暂时代理摄政。1504年11月伊莎贝拉一世女王去世后，胡安娜成为丈夫和父亲争夺权力、获取卡斯蒂利亚联合王国的工具。听到伊莎贝拉一世去世的消息后，菲利普立刻带着胡安娜前往西班牙，希望能以其丈夫的身份获得卡斯蒂利亚的王位。途中，他们的船只在英格兰海岸沉没，但是夫妻二人幸免于难，并作为英王亨利七世的客人访问了温莎城堡。斐迪南二世也不愿放弃卡斯蒂利亚王国的摄政权力，1506年当卡斯蒂利亚议会宣布菲利普为卡斯蒂利亚共治国王菲利普一世后，费迪南二世大为震惊，在多次谈判阻挠未果之后，直接宣称菲利普绑架并监禁了自己的女儿卡斯蒂利亚女王胡安娜，所以应该由自己而不是菲利普来担任卡斯蒂利亚国王。菲利普针锋相对，于1506年4月28日带着大量的日耳曼佣兵前往西班牙。眼看战争一触即发，意外的是菲利普在进军到布尔戈斯时于9月25号突然死亡，据说是死于斑疹伤寒。菲利普的突然死亡，虽然使内战的危险消弭无形，但却使胡安娜彻底疯狂，人们几乎无法将她从丈夫的尸体边拖走。此后，斐迪南二世设法使胡安娜承认了他的共治权，然后把她囚禁在托尔德西利亚斯城堡之中。1516年，斐迪南二世去世，胡安娜之子卡洛斯又获得了共治权，继续把她囚禁在托尔德西里亚斯。1519年，西班牙爆发反对卡洛斯的城市公社暴动，起义者推举胡安娜为唯一的西班牙女王。但是随着暴动于1522年被镇压，胡安娜最终也未能成功登上西班牙的王座。在此之后，卡洛斯把胡安娜关押在一间没有窗户的房间里，直到1555年复活节的前夕去世。胡安娜是出身于西班牙本土王室的最后一任君主，之后所有的西班牙君主均带有国外王室血统。大部分历史学家认为胡安娜是精神分裂症患者。她的病症被她最亲近的三个人：父亲、丈夫、儿子无情地利用。她的一生中从没有朋友或者是可以信赖的人。她的亲人们对她并不诚实，将其拘禁在黑暗之中（无论是肉体还是精神），她只不过是亲人们争权夺利的一件道具。名义上，直到死去，她都是卡斯蒂利亚的女王，这使她所有的亲人都要利用她才能获得合法的统治权。胡安娜的墓位于格拉纳达的王家礼拜堂之中，和她的父母、丈夫以及外甥米格尔合葬在一起。胡安娜的形象长久以来一

第二章 民族国家的形成——阿拉伯人入侵和西班牙民族国家形成

直吸引着无数作家、音乐家和其他艺术家,尤其是浪漫主义艺术家。她不求回报的爱、绝望的嫉妒和永不磨灭的忠诚,都是永远令艺术家们着迷的题材。后世的许多艺术家都把胡安娜描写为一个痴情、忧郁而绝望的女人,他们更注重于描写她对丈夫的挚爱,而不是她的精神疾病。许多描绘她的作品在西班牙都十分出名,比如1845年尤赛比奥·阿斯奎利诺和乔治诺·罗梅罗创作的四幕话剧《美男子菲利普》,1855年努埃尔·塔马约·伊·巴乌斯创作的话剧《疯狂的爱》,19世纪晚期埃米拉奥·塞拉诺创作的歌剧《疯女胡安娜》,现藏于马德里普拉多博物馆、由弗朗西斯科·普拉蒂纳在1877年创作的绘画作品《疯女胡安娜》,以及2001年由文森特·阿兰达导演的电影《疯女胡安娜》(皮拉·洛佩兹·德·阿亚拉主演饰胡安娜,12项果雅奖提名,在美国上映时片名为《疯狂的爱》)。改编自曼努埃尔·塔马约·伊·巴乌斯的剧作《疯狂的爱》)等等。

1516年天主教双王的外孙卡洛斯一世登基,成为卡斯蒂利亚王国和

油画《疯女胡安娜》
(弗朗西斯科·普拉蒂纳的名作,描绘了在丈夫棺木边伤心欲绝的胡安娜女王。)

阿拉贡王国唯一的君主，西班牙以联邦制君合国的形式在事实上成为统一的民族国家。阿拉贡王国等王国或伯国，虽然仍保留着议会和王国（伯国）政府机构，但只是在中央统一领导下拥有一定的自治权，与独立国家有着本质的区别。

西班牙民族国家的形成是历史发展的必然，收复失地运动的胜利使西班牙完成了国土统一，为西班牙民族国家形成奠定了地理基础，使西班牙人有了共同的生存地域；天主教双王加强王权的努力使西班牙形成中央集权的绝对君主制，奠定了西班牙民族国家形成的政治基础和西班牙民族的凝聚核心；收复失地运动中不断强化的天主教信仰，在收复失地运动胜利后又被宗教裁判所进一步"纯化"和强化，促进了西班牙人共同心理认同的形成；天主教双王时海外殖民运动的启动和对外战争的胜利，激发了西班牙人强烈的民族自豪感，并因一致对外时的共同利益而强化了作为西班牙人的认同；重商主义经济政策的成功和国内统一市场的形成，为西班牙民族国家形成奠定了牢固的经济基础，使西班牙国内不同族群间的相互联系日益紧密；全国通用语言的形成使西班牙人之间的交流更趋便利，也使西班牙人在相互交流的基础上不断创造出共同的西班牙文化，而共同的西班牙文化反过来又不断强化着西班牙人的民族认同和民族自豪感。这样，到卡洛斯一世登基时，西班牙人已经具备了共同地域、共同语言、共同经济生活和共同文化心理，一个崭新的民族——西班牙民族，伴随着西班牙君合国这一民族国家的形成而登上世界历史舞台。

卡洛斯一世

第三章

帝国鼎盛时期
——哈布斯堡王朝的统治

天主教双王去世后，没有男性继承人。女儿胡安娜一世被认为是有精神疾病的"疯女"。西班牙的王权转移到天主教双王的外孙卡洛斯一世（1516—1556年在位）手中，卡洛斯一世是神圣罗马帝国哈布斯堡王室家族后裔。从卡洛斯一世开始，相继五位西班牙国王都是哈布斯堡家族成员，西班牙历史进入了哈布斯堡王朝统治时期。哈布斯堡王朝统治时期是西班牙民族国家最为强盛的时期。

第一节　海外殖民帝国的建立

一、麦哲伦环球航行

哥伦布之后，由西班牙支持进行的航海大探险活动中，最著名的是1519—1522年由麦哲伦领导进行的世界上第一次环球航海。

斐迪南·麦哲伦（Fernando de Magallanes，1480—1521年），1480年出生于葡萄牙北部波尔图的一个没落的骑士家庭。1496年，他被编入国家航海事务所，1505年参加了葡萄牙第一任驻印度总督阿尔梅达的远征队。先后跟随远征队到过东部非洲、印度和马六甲等地探险和进行殖民活动，这段经历使他

斐迪南·麦哲伦

积累了丰富的航海经验。33岁时，麦哲伦回到了家乡葡萄牙。他向葡萄牙国王曼努埃尔申请组织船队去探险，进行一次环球航行。可是国王没有答应，因为国王认为东方贸易已经得到有效的控制，没有必要再去开辟新航道了。1517年，他离开了葡萄牙，来到了西班牙塞维利亚，并又

一次提出环球航行的请求。塞维利亚的要塞司令非常欣赏他的才能和勇气，答应了他的请求，并把女儿也嫁给了他。1518年3月，西班牙国王卡洛斯一世接见了麦哲伦，麦哲伦再次提出了航海的请求，并献给了国王一个自制的精致的彩色地球仪。国王很快就答应了他。1519年9月20日，在国王的指令下，麦哲伦组织了一支五艘船组成的船队，以特里尼达号为旗舰，另外还有圣安东尼奥号、康塞普逊号、维多利亚号和圣地亚哥号，准备出航。但是，葡萄牙国王很快知道了这件事，他害怕麦哲伦的这次航行会帮助西班牙的势力超过葡萄牙。于是，他不但派人在塞维利亚不断制造谣言，还派了一些奸细打进麦哲伦的船队，并准备伺机破坏，暗杀麦哲伦。

　　1519年8月10日，麦哲伦率领五条船的船队出发了。船队在大西洋中航行了70天，11月29日到达巴西海岸。第二年1月10日，船队来到了一个无边无际的大海湾。船员们以为到了美洲的尽头，可以顺利进入新的大洋，但是经过实地调查，那只不过是一个河口——拉普拉塔河口。3月底，南美进入隆冬季节，于是麦哲伦率船队驶入圣胡安港准备过冬。由于天气寒冷，粮食短缺，船员情绪十分颓丧。船员内部发生叛乱，三个船长联合反对麦哲伦，不服从麦哲伦的指挥，责令麦哲伦去谈判。麦哲伦便派人假意去送一封同意谈判的信，并趁机刺杀了叛乱的船长官员。不久，麦哲伦在圣胡安港发现了大量的海鸟、鱼类和淡水，饮食问题终于得到解决。麦哲伦还发现附近有当地的原住居民，这些人体格高大，身披兽皮；他们的鞋子也很特别，他们把湿润的兽皮套在脚上，上至膝盖。雨雪天就在外面再套一双大皮靴。麦哲伦把他们称为"大脚人"，并以欺骗的方法逮捕了两个"大脚人"，戴上脚镣手铐关在船舱里，作为献给西班牙国王的礼物。1520年8月底，麦哲伦率领船队继续出发，此时他们只剩下四条船了。船队驶出圣胡安港，沿大西洋海岸继续南航，准备寻找通往"南海"的海峡。经过三天的航行，在南纬52°的地方，发现了一个海湾。麦哲伦派两艘船只前去探察，希望查明通向"南海"的水道。当夜遇到了一场风暴，狂飙呼啸，巨浪滔天，派往的船只随时都会有撞上悬崖峭壁和沉没的危险，如此紧急情况，竟持续了两天。说来也巧，就在这风云突变的时刻，他们找到了一条通往"南海"的峡道，即后人所称的麦哲伦海峡。

麦哲伦率领船队沿麦哲伦海峡航行。峡道弯弯曲曲，时宽时窄，两岸山峰耸立，奇幻莫测。海峡两岸的土著居民，欢喜燃烧篝火，白日蓝烟缕缕，夜晚一片通明，好像专门为麦哲伦的到来而安排的仪仗队。麦哲伦高兴极了，他在夜里见到陆地上火光点点，便把海峡南岸的这块陆地命名为"火地"，这就是今日智利的火地岛。经过20多天艰苦迂回的航行，终于到达海峡的西口，走出了麦哲伦海峡，眼前顿时呈现出一片风平浪静、浩瀚无际的"南海"。在"南海"海域历经100多天的航行，一直没有遭遇到狂风大浪，麦哲伦的心情从来没有这样轻松过，好像上帝帮了他大忙。他就给"南海"起了个吉祥的名字，叫"太平洋"。在这辽阔的太平洋上，看不见陆地，遇不到岛屿，食品成为最关键的难题，100多个日日夜夜里，他们没有吃到一点新鲜食物，只有面包干充饥。后来连面包干也吃完了，只能吃点生了虫的面包干碎屑，这种食物散发出像老鼠尿一样的臭气。船舱里的淡水也越来越少，最后只能喝带有臭味的浑浊黄水。为了活命，连盖在船桁上的牛皮也被充作食物，由于日晒、风吹、雨淋，牛皮硬得像石头一样，要放在海水里浸泡四五天，再放在炭火上烤好久才能食用。有时，他们还吃木头的锯末粉。1521年3月，船队终于到达三个有居民的海岛，这些小岛是马里亚纳群岛中的一些岛屿，岛上土著人皮肤黝黑，身材高大，他们赤身露体，然而却戴着棕榈叶编成的帽子。热心的岛民们给他们送来了粮食、水果和蔬菜。在惊奇之余，船员们对居民们的热情，无不感到由衷的感激。但由于土人们从未见到过如此壮观的船队，对船上的任何东西都表现出新奇感，于是从船上搬走了一些物品，船员们发觉后，便大声叫嚷起来，把他们当作强盗，还把这个岛屿改名为"强盗岛"。当这些岛民偷走系在船尾的一只救生小艇后，麦哲伦生气极了，他带领一队武装人员登上海岸，开枪打死了7个土著人，放火烧毁了几十间茅屋和几十条小船，在麦哲伦的航行日记上留下很不光彩的一页。船队再往西行，来到现今的菲律宾群岛。此时，麦哲伦和他的同伴们终于首次完成横渡太平洋的壮举，证实了美洲与亚洲之间存在着一片辽阔的水域。这个水域要比大西洋宽阔得多。哥伦布首次横渡大西洋只用了两个月零几天的时间，而麦哲伦在天气晴和、一路顺风的情况下，横渡太平洋却用了一百多天。麦哲伦首次横渡太平洋，在地理学和航海史上产生了一场革命，证明地球表面大部分地区不是陆地,而是海洋,世界各地的海洋不是相互隔离的,而是一个统一的完整水域。这样为后人的航海事业起到了开路先锋的作用。

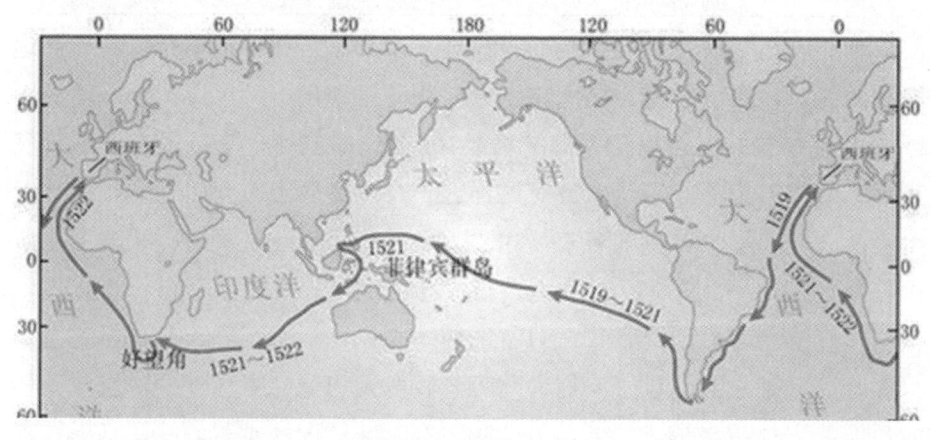

麦哲伦环球航行航线

一天,麦哲伦船队来到萨马岛附近一个无人居住的小岛上,在那里补充一些淡水,并让海员们休整一下。邻近小岛上的居民前来观看西班牙人,用椰子、棕榈酒等换取西班牙人的红帽子和一些小玩物。1521年3月17日,船队向西南航行,在棉兰老岛北面的小岛停泊下来。当地土著人的一只小船向"特立尼达"号船驶来,麦哲伦的一个奴仆恩里克用马来西亚语向小船的桨手们喊话,他们立刻听懂了恩里克的意思。恩里克生在苏门答腊岛,是12年前麦哲伦从马六甲带到欧洲去的。两个小时后,驶来了两只大船,船上坐满了人,当地的头人也来了。恩里克与他们自由地交谈。这时,麦哲伦才恍然大悟,原来船队已经来到了亚洲说马来语的地方,离"香料群岛"已经不远了,他们快要完成人类历史上首次环球航行了。岛上的头人来到麦哲伦的指挥船上,把船队带到菲律宾中部的宿务大港口。麦哲伦表示愿意与宿务岛的首领和好,如果他们承认自己是西班牙国王的属臣,还准备向他们提供军事援助。为了使首领信服西班牙人,麦哲伦在附近进行了一次军事演习。宿务岛的首领接受了这个建议,一星期后,他携带全家大小和数百名臣民作了洗礼,在短时期内,这个岛和附近岛上的一些居民也都接受了洗礼。麦哲伦成了

这些新天主教徒的靠山。为了推行殖民主义的统治，他插手附近小岛首领之间的内讧。1521年4月27日夜间，他带领60多人乘三只小船前往小岛，由于水中多礁石，船只不能靠岸，麦哲伦和船员50多人便涉水登陆。不料，反抗的岛民们早已严阵以待，麦哲伦命令火炮手和弓箭手向他们开火，可是攻不进去。接着，岛民向

奥特柳斯1590年绘《维多利亚号》

他们猛扑过来，船员们抵挡不住，边打边退，岛民们紧紧追赶。麦哲伦急于解围，下令烧毁这个村庄，以扰乱人心。岛民们见到自己的房子被烧，更加愤怒地追击他们，射来了密集的箭矢，掷来了无数的标枪和石块。当他们得知麦哲伦是船队司令时，攻击更加猛烈，许多人奋不顾身，纷纷向他投来了标枪，或用大斧砍来，麦哲伦就在这场战斗中被砍死了。

麦哲伦死后，他的同伴们继续航行。1521年11月8日，他们在马鲁古群岛的蒂多雷小岛一个香料市场抛锚停泊。在那里他们以廉价的物品换取了大批香料，丁香、豆蔻、肉桂等堆满了船舱。1522年5月20日"维多利亚"号船绕过非洲南端的好望角。在这段航程中，船员减少到只剩35人。后来到了非洲西海岸外面的佛得角群岛，他们把一包丁香带上岸去换取食物，被葡萄牙人发现，又捉去13人，只留下22人。1522年9月6日，"维多利亚"号在船长埃尔卡诺率领下返抵西班牙，终于完成了历史上首次环球航行。当"维多利亚"号船返回圣罗卡时，船上只剩下18人了。他们已经极度疲劳衰弱，就是原来认识他们的人也分辨不出来了。他们运回来数量十分可观的香料，一把新鲜的丁香可以换取一把金币，把香料换成金钱，不仅能弥补了探险队的全部耗费，而且还挣得一大笔利润。至此，人类历史上首次环球航海壮举胜利完成。麦哲伦环球

航行以实际行动证明了地圆学说,深化了人类的地理认识和航海知识,促进了全球化时代的到来。

二、西班牙人在美洲的殖民征服

西班牙在美洲建立殖民地是从伊斯帕尼奥拉岛(今海地岛)开始的。1492年12月5日,哥伦布首次踏足此岛,并以西班牙的国名命名其为伊斯帕尼奥拉岛,西班牙语意思就是"西班牙岛"。因为航行中有船只搁浅,不能把其他两艘船上的船员带回西班牙,因此在今天的海地角(Cap-Haitien)附近建立了圣诞节堡垒。1493年哥伦布返回时,发现堡内无一人存活。随后他在西班牙岛北海岸建立了伊莎贝拉殖民地,该岛的殖民统治就此开始。1502年,西班牙岛正式成为西班牙殖民地,被命名为"圣多明哥",首府为圣多明哥城。岛上土著的军事反抗被镇压。至16世纪,西班牙人已经在岛上建立了15座城市。

伊斯帕尼奥拉岛殖民地建立后,成为西班牙在美洲扩张的基地和中心,一批批西班牙冒险家从这里出发踏上了征服美洲的征程,在西班牙的历史上他们被称作"征服者"。邻近伊斯帕尼奥拉岛的波多黎各岛和古巴岛成为第一批征服对象。

哥伦布之后第一个成功的"征服者"是胡安·庞塞·德·莱昂(Juan Ponce de León,1460—1521年),他征服了波多黎各岛。胡安·庞塞·德·莱昂1460年出生在西班牙的一个小镇,贵族出身,当过阿拉贡王室的宫廷侍从,参加过对格拉纳达摩尔人的战斗,1493年跟随哥伦布航行到了美洲,这次航行改变了他的一生,庞塞·德·莱昂便将自己奉献给了海洋。1502年他在伊斯帕尼奥拉岛总督德奥万率领下达到西印度群岛。为奖赏他对印第安人的镇压,德奥万总督任命他为伊斯帕尼奥拉东部省长。波多黎各原为印第安人泰诺部落居住地。1493年11月克里斯托弗·哥伦布航行至此,并命名为圣胡安岛(San Juan),以纪念施洗圣约翰(John the Baptist)。听说波多黎各有金矿,胡安·庞塞·德·莱昂于1508年前往勘察，并在今圣胡安附近建立了最早的居民点卡帕拉，然后又回到伊斯帕尼奥拉。1509年他被西班牙政府任命为波多黎各总督，波多黎各岛沦为西班牙殖民地。因为政界的斗争，不久总督职务被替换。沦为殖民地后波多黎各岛上原有的土著印第安人成为奴隶，被驱赶到农场和金矿去做工。1509年，行政中心波多黎各建成，当地政府于1521年将岛名改为波多黎各，其首府则改名为圣胡安。

迭哥·贝拉斯克斯·德·奎利亚尔（Diego Velázquez de Cuéllar，1465—1524年）是又一个成功的"征服者"，他征服并建立了古巴殖民地。1492年，哥伦布第一次航行美洲时发现古巴岛。1511年，西班牙征服者迭哥·贝拉斯克斯·德·奎利亚尔率领300人的远征队占领古巴，先后建立圣地亚哥、哈瓦那城，古巴沦为西班牙的殖民地。在被征服过程中，印第安人惨遭杀戮，幸存者被赶到种植园劳动。到1537年，全岛印第安人只剩下5000人。为补充劳动力，16世纪开始从非洲大量输入黑奴，从事种植园劳动。1539年西班牙在古巴设立都督府，掌握行政、军事和宗教大权，任命德索托为第一任都督。

迭哥·贝拉斯克斯·德·奎利亚尔

1517年2月，冒险家科尔多巴（Francisco Hernandez de Cordoba）从古巴出发，为了抓印第安人做奴隶而远航，结果发现了墨西哥尤卡坦半岛。1518年格里哈尔瓦（Juan de Grijalva）按照同一条路线再次到达尤卡坦半岛。尤卡坦半岛的发现引起了古巴总督贝拉斯克斯的兴趣，于是他开始组织探险队向墨西哥一带开拓，埃尔南·科尔特斯（Hernán Cortés；1485—1547年）被任命为探险队长。科尔

埃尔南·科尔特斯

特斯出生于卡斯蒂利亚王国的小镇麦德林（今西班牙西部埃斯特雷马杜拉境内）的一个西班牙小贵族家庭。他曾在萨拉曼卡大学学习法律。他在17岁时弃学从军，在1504年来到新大陆的西班牙岛。科尔特斯曾经在岛上做过农民、公证员，后来成为当地乡绅。1511年，科尔特斯跟随贝拉斯克斯参加了征服古巴的战争。贝拉斯克斯被指派为古巴总督后，科尔特斯因功被任命为财政官。他后来还当选过古巴圣地亚哥的市长，与贝拉斯克斯的小姨结婚。被任命为去墨西哥的探险队长后，科尔特斯抵押了自己的家产筹集资金，很快招募到大批人员和装备。在他出发前往墨西哥前，贝拉斯克斯听信周围人的谗言，害怕科尔特斯的影响力超越自己，决定撤销他的领队职务。但科尔特斯对贝拉斯克斯的命令置之不理，率领约500名战士、100名水手、16匹马，乘坐着11艘船，毅然放弃官方支持，于1519年2月18日出航前往尤卡坦半岛。1519年4月科尔特斯在墨西哥东海岸的达韦拉克鲁斯北部登陆，并建立了维亚里卡城。1519年7月，科尔特斯通过把战利品全部上交给西班牙王室的手段，赢得了西班牙政府对他不服从总督命令行为的谅解。在此后的日子里，科尔特斯通过与当地反抗阿兹特克人的印第安部落结盟，组织起庞大的军事力量，最终在1521年8月13日消灭了当时天花肆虐的阿兹特克帝国，并杀死了坚决抵抗的阿兹特克末代皇帝库哈塔莫克二世，建立起了西班牙的殖民统治，将殖民地命名为新西班牙（Nueva España）。1522年科尔特斯征服了今天的洪都拉斯和危地马拉地区，他被任命为新西班牙总督。西班牙王室将他夺来的土地与印第安人统统赐给科尔特斯，并开始实行委托监护制，科尔特斯开始奴役印第安人挖掘贵金属，供应西班牙制造工业。1524年科尔特斯派阿尔瓦拉多率兵逐次征服玛雅各族，并成立西班牙殖民地"危地马拉王国"，首都建都于安地瓜，范围包括今日墨西哥南部与中美洲各国。1534年到1535年科尔特斯北上到北美洲西海岸，探索了今日的南加州部分，将其命名为"加利福尼亚"（California）。1540年回到西班牙后死于塞维利亚。

弗朗西斯科·皮萨罗（Francisco Pizarro，约1475—1541年）出生于西班牙的特鲁西里奥，是西班牙的文盲冒险家、秘鲁印加帝国的征服者。1502—1509年，皮萨罗生活在加勒比海的伊斯帕尼奥拉岛。1513

第三章 帝国鼎盛时期——哈布斯堡王朝的统治

年,皮萨罗参加巴尔沃亚领导的探险队。1519年他到巴拿马定居。1522年,47岁的皮萨罗从一位西班牙探险家安迭戈亚那里知道了印加帝国。受科尔特斯征服墨西哥事迹的鼓舞,皮萨罗决意征服印加帝国。随后,他联络上逃避凶杀罪名的强盗阿尔马格罗和恶棍神甫卢克,三个人结成探险同伙,在获得巴拿马督军佩德拉里亚斯的特许后,一起去探寻神秘的印加帝国。1524年,皮萨罗带领112个西班牙人和少量印第安人俘虏,对秘鲁进行了第一次探险,未获大的成绩,仅获得少量黄金,可以作为下次探险的基金。1526年,皮萨罗和阿尔马格罗重新组织了160人的探险队伍,进行第二次远征。他们在厄尔多瓜登陆后,与数不清的印第安人发生激战,阿尔马格罗因此瞎了一只眼睛。皮萨罗知道不得到巴拿马殖民者的援军,难以达到目的,便派阿尔马格罗回巴拿马求援。阿尔马格罗回到巴拿马后,巴拿马的督军已经换成了里奥斯。这位新的督军不信任皮萨罗的胆大计划,他扣留了阿尔马格罗,并派出使者,要召回皮萨罗,强令他放弃征服事业。皮萨罗在绝望之中,抽出腰间的宝剑,在海滩沙地上划了一条线,大声对同伴说:"朋友们!在那边是苦役、饥饿、赤身裸体、倾盆如注的暴雨、荒芜和死亡,在这边是安逸和欢乐;那边是秘鲁和它的财宝,在这边是巴拿马和它的穷困!选择吧,诸位!什么是最适合一个勇敢的卡斯蒂利亚人去做的!至于我的选择,我上南方去!"皮萨罗用宝剑向南方的秘鲁一指:"愿意去秘鲁发财

弗朗西斯科·皮萨罗

印加末代皇帝阿塔瓦尔帕

· 115 ·

的到这边来！"又向北方的巴拿马一指："愿意回巴拿马受穷的到那边去！"结果，有13个勇敢的人决定追随皮萨罗，一起去南方探险。在历史上，他们被称为"加略岛十三勇士"。1528年，他回到西班牙。由于好友科尔特斯帮助，1529年皮萨罗的殖民征服计划得到西班牙国王的鼎力支持。西班牙国王查理五世授权他去为西班牙征服秘鲁，并提供了足够的探险经费。皮萨罗被任命为瓜亚基尔湾以南殖民地的督军、行政长官和终身的阿德兰塔多，可以获得新殖民地4/5的财富。阿尔马格罗为秘鲁城市通贝斯城的司令，神甫卢克为通贝斯城的主教。当初跟随他的"加略岛十三勇士"，全部被授予世袭的骑士称号，每人分到1000个印第安人奴隶和大量的庄园土地。1531年，已经56岁的皮萨罗带领一支不足200人的队伍从巴拿马起航，去征服人口约为600万的印加帝国。皮萨罗用了一年时间到达秘鲁海岸。1532年9月，他带领177人和62匹马向内陆挺进。他的小股部队穿越安第斯山脉向卡哈马卡城进发。印加皇帝阿塔瓦尔帕在这里有一支约4万人的军队驻防。1532年11月15日，皮萨罗的部队到达卡哈马卡城。次日，他请求与皇帝谈判，并要求对方只能带5000名非武装的士兵。印加人长久以

囚禁阿塔瓦尔帕的小屋

来一直相信会有一尊白皮肤神将从西方回来拿回自己失去的一切，受到这一传说的影响，印加皇帝阿塔瓦尔帕认为皮萨罗就是那尊白神，无意抵抗皮萨罗的入侵，不但允许皮萨罗的军队毫无阻碍地抵达卡哈马卡，而且在面对皮萨罗时命令自己的部队放下武器。皮萨罗抓住时机，令部队袭击已放下武器的印加人。接下来的事情与其说是战斗，不如说是屠杀。在不到半小时内，西班牙人在没有损失一兵一卒的情况下，大败印加人，俘虏了印加皇帝阿塔瓦尔帕。印加帝国实行的是高度中央集权制度，所有权力集中于印加皇帝。皇帝是神的代表，民众只有服从，不会反抗。当印加皇帝成了战俘后，印加帝国随即陷于瘫痪而事实上瓦解。

为了获得自由，阿塔瓦尔帕被迫筹集巨量金银装满囚禁自己的小屋，送给皮萨罗作为赎金，赎金总价值约合约2800万美元。但收了赎金的皮萨罗几个月后仍然把阿塔瓦尔帕处死。1533年，皮萨罗的军队开进印加首都库斯科，完成了对秘鲁全境的征服，将从厄瓜多尔穿过安第斯山脉直到玻利维亚的大片疆土划归到了西班牙名下。1535年皮萨罗建立利马城，为作为秘鲁的新首都。此后因分赃不均，皮萨罗与部下矛盾日益加剧，1541年皮萨罗被部下杀死。

阿隆索·德·奥赫达（Alonso de Ojeda，1468－1515年），是最早向南美洲方向探险的西班牙人。他参加了哥伦布的第二次航行，并于1499年和1502年两次探访今委内瑞拉沿岸，并为委内瑞拉命名。1509－1510年在今哥伦比亚加勒比海沿岸探险航行，并在乌拉瓦湾的圣塞巴斯蒂安殖民所据点，被任命为加勒比哥伦比亚海岸地区的总督。但因残暴对待当地印第安土著居民，遭到强烈反击，殖民据点无法维持，奥赫达本人撤回了伊斯帕尼奥拉岛。1510年新任的加勒比哥伦比亚海岸地区总督马丁·费尔南德斯·德·恩希索也无力改变殖民据点形势，于是接受了因躲避债务而来到美洲的瓦斯科·努涅斯·德·巴尔沃亚（Vasco Núñez de Balboa，1475－1519年）的建议，放弃圣塞巴斯蒂安，在乌拉瓦湾西北岸，非常靠近巴拿马的地区另建新的殖民点圣玛利亚·安提瓜（Santa Marla Antigua del Darien）。不久巴尔沃亚排挤了恩希索，成为安提瓜殖民点领导人。1513年，为偿还债务，巴尔沃亚组织探险队向南探寻传说中的"黄金国"。1513年9月巴尔沃亚的探险队翻越达连山，发现了辽阔的太平洋，因巴拿马地峡地势呈东西走向，太平洋位于地峡南侧，巴尔沃亚把它

巴尔沃亚发现太平洋

命名为"大南海"。看到太平洋时，兴奋的巴尔沃亚全身披挂着盔甲迅速冲到太平洋岸边的水中，宣布整个太平洋是属于西班牙国王的。作为奖赏，巴尔沃亚随后被任命为巴拿马、科伊瓦和南海（太平洋）陆地行政长官，受达连行政长官佩德拉利亚斯管辖。发现太平洋后，巴尔沃亚又考察了太平洋海岸的圣米格尔海湾。1519年，佩德拉利亚妒忌巴尔沃亚的成功，设法逮捕了他，随后以叛国罪在巴拿马地峡北岸的阿克把他斩首处死。

佩德罗·德·巴尔迪维亚（Pedro de Valdivia，1498—1554年），西班牙征服者，驻智利总督，圣地亚哥和康塞普西翁两城市的创建人。曾在驻意大利佛兰德的西班牙军中服役，1534年被派往南美洲，1538年秘鲁内战中和弗朗西斯科·皮萨罗一起与迭戈·德·阿尔马格罗作战，1540年率领150名西班牙人和与其结盟的1000名印第安人远征智利。穿越智利北部的沿海阿塔卡马沙漠，在智利河谷击败人数众多的印第安人，1541年2月15日修建了圣地亚哥。六个月后，阿劳坎人发动反击，摧毁了该城。幸存的西班牙人逃到一个小岛上坚守待援，一直等到1543年秘鲁才派来救兵。1546年巴尔迪维亚将西班牙人的统治向南扩展到比奥比奥河，在秘鲁作战两年后，返回智利任总督，1550年开始征服智利比奥比奥河以南地区，在河口建立康普塞西翁。1554年在阿劳坎印第安人作战中被俘虏并被处死。

16世纪初，西班牙殖民者分两路进入阿根廷。一路从大西洋侵入拉普拉塔河地区。1527年由卡波特率领的西班牙考察队在巴拉那河罗萨里奥附近的圣斯皮里图斯建立第一个西班牙殖民据点。1536年2月，门多萨率领的另一支西班牙远征队到达拉普拉塔河地区，建立布宜诺斯艾利斯城，阿根廷遂沦为西班牙殖民地。1541年，布宜诺斯艾利斯城被奋起反抗的印第安人焚毁。1580年西班牙在亚松森的统治者胡安·德·加雷重建布宜诺斯艾利斯城，将该地划归亚松森管辖。另一路

布谊诺斯艾利斯城的缔造者胡安·德·加雷

从智利侵入阿根廷西北部地区,并将这部分土地划归智利都督区管辖。到16世纪末,西班牙殖民者已征服阿根廷中部、东北部和西北部地区。1776年,殖民者设置以布宜诺斯艾利斯为首府的拉普拉塔总督辖区。

这样,从1493年建立第一个殖民地起,西班牙人大约用了近一百年时间,建立起了北起北美大陆中部、南到南美大陆上的智利和阿根廷的超级殖民大帝国。

三、西班牙在拉美殖民地实施的统治制度

在西属美洲,1542年《新法律》颁布之前,是西班牙国王直接领导下的征服和殖民时期,王室通过先遣官制、委托监护制对征服和殖民活动加以控制。1542年以后,国王依靠自上而下的官僚机构对殖民地实行中央集权的君主专制统治,但殖民地时期政治制度的特点是中央集权专制和无政府状态并存。

阿德兰塔多制(adelantsado,意为"先遣官")。起源于中世纪西班牙反击摩尔人的收复失地运动中。先遣官是国王用来授予边境省份省督的头衔,他们拥有军事、行政、司法大权,是在不断扩张的边境进行殖民的推动者。在征服美洲期间,西班牙王室继续实行这一制度。通常由征服者个人同王室签订协议,王室授权他自费组织远征队从事探险和征服活动,并授其省督之职,允许其在征服地区行使政治、军事、司法大权,他可以在士兵和殖民者中任命市政和宗教官员,分配土地和水源,授予委托监护权。他本人可以从行省岁入中得到一笔特定免税的收入,并拥有大地产,俨然是称霸一方的封建领主。最早获此头衔的是哥伦布之弟巴托洛梅·哥伦布,皮萨罗和阿尔马格罗也都是阿德兰塔多。实行这一制度使征服和殖民活动变成了"私人经营"性质的事业,鼓励了个人冒险和利己主义。在菲利普二世时,这一制度被取消。

委托监护制。源于西班牙收复失地运动中奖赏军功的一种授地制

度，1503年女王伊沙贝拉一世授意伊斯帕尼奥拉省督奥万多将这一制度略加修改后移植到新大陆。依照规定：国王为了奖赏有功的殖民者，将某一地区一定数量的印第安人"委托"给他加以"监护"，受委托者称为"监护人"，他负有保护印第安人并使之皈依天主教的义务，同时拥有向印第安人征收贡赋和征用劳役的权利。但监护权本身不含有土地所有权、司法权，印第安人名义上仍是国王的自由臣民，土著村社拥有自己的土地，村社内部事务仍由卡西克（酋长）管理。监护主实行一种对印第安人的间接殖民统治。尽管如此，由于欧洲传统的庇护制和防御概念的影响，监护制又保留了监护主对印第安人进行宗教教化的义务和为保卫城市和殖民地而提供马匹、军队的义务，并且早期的监护主的确实施了对印第安人的统治权，因此，监护主在心理上仍感到自己就是欧洲式的领主，他们倾向于把受其监护的土著村庄看作一个采邑，经常非法地对它们行使管辖权。结果监护制成了变形的封建领主制，监护主也成了与国王分庭抗礼的封建主。1540年在新西班牙总督辖区和秘鲁总督辖区的监护主分别为600多人和500多人。1542年以后，国王逐渐剥夺了监护主无偿征用印第安人劳动的权利，并以地方长官（corregidor）取代了监护主对印第安人的间接行政统治。

中央集权的君主专制制度是西班牙管理拉美的基本政治制度，也是西班牙国内政治制度在新大陆的延伸。管理殖民地的官僚机构是由设在西班牙的代表国王处理美洲事务的"王家最高西印度事务委员会"和设在美洲的总督、检审庭、省长、市长、地方长官、卡西克（酋长）等组成的，形成了一个自上而下的权力金字塔。这个制度发展到鼎盛时期共有4个各自为政的总督辖区：新西班牙总督辖区（1535年设立），秘鲁总督辖区（1544年），新格拉纳达总督辖区（1718年），拉普拉塔总督辖区（1776年）。还有4个半自治的都督府，多设在边区，分别管辖危地马拉、委内瑞拉、古巴和智利。另外在重要的城市先后设立了17个检审庭，负责审理诉讼案件，并监督殖民政府，防止总督和都督有所谓叛逆行为。在施政方面，宗主国为了防止总督、都督相互勾结与国王为敌，规定他们各自为政，互不联系。

在当时自然经济处于支配地位的情况下，这种"纵向主义"的统治方法，无疑为以后西属美洲的政治统一设置了障碍。在殖民地，总督是西班牙君主的象征，其权力涉及国家生活的各个方面：军事、经济、财政、司法。国王依靠以总督为首的官僚机构行使职权，加强了中央集权的君主专制，避免了权力过分集中到"封建主"手中。但在实际的政治生活中，殖民地却又充满了无政府主义和分离主义倾向。具体表现在：一方面，吏制腐败，行政效率低下。贪污腐化在拉美一向存在，尤其是17和18世纪卖官鬻爵之风盛行后，更为变本加厉。当时的官俸不到买官花费的1/10，凡买官者都想在任内捞回投资，结果等于王室授权贪污。表面上王室的权力至高无上，王室颁布的大量的法律和法令，条文精细，无所不包，但到地方上之后，由于不同利益集团都在图谋私利，因此，敷衍塞责，办事拖拉，"我服从，但不执行"成为一种被普遍接受并且合法的策略。另一方面，从16世纪后期到17世纪，殖民地形成了大地产庄园制。尽管大地产庄园的行政和司法权力从未被国王从法律上认可，但现实中，这种权力作为一种传统和习惯一直在增长着，它主要不是来自对土地的垄断，而是来自大地产庄园主在地方市政和司法部门的任职。例如，在新西班牙，从南方，经过中部，到近北部，直到远北部，这种实际存在的大地产庄园主的权力可用一条上升的数学曲线来表明，即在一定的区域内，人口密度越小，行政和司法权力竞争的对手（王室官吏、教会、卡西克）越少，大地产庄园主的统治权就越大。17世纪北方的特殊环境曾使大地产庄园成为融经济、军事、宗教、行政为一体的社会单位，大地产庄园主也成了拥有军政和司法大权的地方寡头。市政会本来是殖民地的民主自治机构，是反封建的，但由于市政议员大多数都是任命或购买的，因此它很快就成为由大地产庄园主、矿业主、商人垄断的寡头统治集团。西班牙国王尽管建立了自上而下的官僚体制，却无力阻止一个新大陆的封建主阶级在实际上而不是名义上的形成。这样，在西属美洲殖民地，由于实际上不能有效实行专制统治，就形成了专制制度和无政府状态并存的局面。

战场上的殖民军

军队在殖民统治中扮演着重要角色。征服是在十字架协助下用剑完成的。由于远征美洲的最初50年间来到这里的主要是士兵和教士，因此，美洲后来的历史就带着军人和教会的双重标志。通常，总督在任职期间就担任了很高的军事职务，他们的军人经历增强了他们的统治权威。18世纪60年代卡洛斯三世改革，一方面向殖民地派遣军队，1771年西属美洲约有42995名西班牙官兵；另一方面，在殖民地建立了殖民地民团，民团由一部分西班牙军官担任领导职务，中下级军官主要由殖民地土生白人地主担任。1800年仅新西班牙总督辖区在美洲出生的殖民地民兵就达2.3万人。军队享有不受民事法庭管束的特权，具有凌驾于法律之上的传统。独立战争期间又造就了一批新的革命的非正规军队。战争不可避免地突出了军人的地位，使军人成为占压倒优势的角色。军队的作用和地位对独立后的政治产生了重要影响。

在对殖民地的经济掠夺过程中，西班牙统治者逐步形成了保障自己掠夺拉美资源和财富的三项殖民地经济制度：贸易垄断制度、大地产庄园制度和种植园黑人奴隶制度。

（一）贸易垄断制度。在征服美洲时期，欧洲正盛行重商主义的经济理论。该理论的早期表现形式是重金主义，即认为"财富就是货币",一国积累的金银等贵金属越多就越富有,为了获取更多的贵金属,国家应该禁止贵金属外流,实行奖出限入的贸易保护和贸易垄断政策,而殖民地必须为宗主国提供原料,并为宗主国的制成品提供市场。于是西班牙王室在这种理论的影响下对殖民地实行了日臻完善的贸易垄断制度。

塞维利亚港风光

典型的西班牙贸易垄断制度盛行于16世纪30年代至1778年,具体内容包括:(1)创设贸易署,专管宗主国和殖民地之间的贸易事宜。(2)确立特许港口。为了便于控制贸易和征得各种税收,国王把通商限制在西班牙的塞维利亚港(1717年改为加底斯港)和美洲的韦拉克鲁斯、卡塔赫纳、波托贝洛、哈瓦那等少数几个特许港口。(3)建立"双船队制",实行军事护航。即由指定的每年两支商船队负责对美洲的贸易,船队按规定时间和路线往返美洲,并有大型舰队护航。(4)禁止外商参与西属美洲贸易,严禁将非西班牙产品直接运进西属美洲。在西班牙王室颁布的《西印度法》中,禁止外国人参与殖民地贸易的法律条款就有37条之多，其中一条规定：凡与外国人通商的西班牙人一律判处死刑并没收其全部财产。（5）限制和禁止西属美洲各地区之间进行贸易。1580—1640年葡萄牙与西班牙合并期间，西班牙的贸易垄断制度也推广至葡属巴西。葡萄牙脱离西班牙后，仍继续奉行贸易垄断政策。

这种制度的实施实际上等于西、葡王室建立了一个垄断公司，在垄断公司控制下，拉美在经济上只是宗主国的附庸，处于次要地位，殖民地为母国提供必要的矿产品和其他原料，却不能根据自己的需要发展经济和开发资源。在西属美洲，西班牙王室官员于16世纪中叶在墨西哥和秘鲁建立起了巨大的白银采矿业，从而使所有其他经济活动都从属于矿业中心。为了满足矿业和城市中心的需求，农业和畜牧业也随之发展起来，到17世纪，大地产庄园就作为农业地区的主要经济形式出现了。由于制造业的发展意味着与有势力的商业垄断者发生竞争，因此，拉美建立制造业的尝试受到商人和殖民当局的严格限制。虽然18世纪波旁王朝的贸易改革，特别是1778年《自由贸易法》颁布之后，对殖民地经济发展的限制有所放松，但殖民地从根本上说并没有摆脱为出口贵金属服务的单一的农矿业经济结构。垄断贸易制度促使西属拉美殖民地形成了单一产品制和对西班牙的经济依附。殖民者通过各种强制性劳动制度剥削和压榨印第安人和黑人，发展了采矿业以及为采矿业服务的农牧业，并聚敛了大量的财富。这些财富最终以贵金属的形式通过贸易和各种税收源源不断地输入宗主国。据统计，在300多年的殖民地统治期间，总计约有259万公斤的黄金、1亿公斤的白银被输入到宗主国，但殖民地本身的经济却未得到有效的发展。

（二）大地产庄园制度。16世纪中期以后，在西属美洲，一方面矿业经济发展和西班牙人口增多，对欧式农牧业产品需求日益增长；另一方面印第安人口大量死亡而腾出大片可耕地，于是大地产庄园制便逐渐发展了起来。西班牙大地产主所拥有的地产一般来源于：土地赐予（如王室恩赐的"骑兵份地"、牧场），廉价购买，不平等交换（用次地换好地），蚕食侵占相邻印第安人的土地，通过与印第安人结婚而得到，利用种种欺骗手段得到，印第安人自愿捐献等，但这些土地大部分是非法占有的。1591年到17世纪末，陷于财政困境的西班牙国王为增加财政收入下令对殖民地的土地所有权进行全面审查,凡持有土地者必须交纳一笔费用方可获得土地所有权。大地产主便乘机通过这种法律程序使所侵占土地的权利合法化。

拉美大地产庄园的田园风景

大地产庄园的劳动力最初有两类:一是长期居住劳力,主要是管理人员,其上层是地产主收留的亲戚、同乡、朋友,其下层来源于征服前依附于土著贵族的仆役(在阿兹特克叫仆役,在印加叫农奴)和黑奴;二是短期从事非熟练劳动的劳力,这部分劳力先是由委托监护制提供,1549年法律废除了委托监护制下使用印第安人的劳役,禁止以劳役代替贡税后,又依靠殖民当局建立的劳役摊派制提供。与监护制相比,劳役摊派制不再是一种无偿的、构成半封建特权的私人劳役,而是一种略有报酬的、官方认可的有利于本地公众利益的强制性的公共或私人劳役,它把使用土著劳役的范围由少数监护主扩大至所有西班牙人。但由于16世纪末印第安人口死亡得太多,通过劳役摊派制获取劳力越来越困难,大地产庄园主不得不转向通过私人雇佣的方式解决劳力问题,他们往往以较为优厚的待遇吸引印第安劳力,许多印第安人为摆脱日益繁苛的村社义务也纷纷逃往大地产庄园。1632年农业中的劳役摊派制被取消,取而代之的是债役农制,这是一种以代为交纳人头税、预付工资(多为实物)、出让小块土地的使用权等方式将劳动者束缚于大地产庄园的制度。

到18世纪末,在原来土著人口密集的新西班牙和秘鲁总督辖区,大地产庄园制已在土地制度中占据支配地位。拉美的大地产庄园制已经不同于中世纪的欧洲封建庄园,它通过为城市和矿区生产而间接地为资本主义世界市场服务,它的兴盛和萧条以及对劳动者的剥削强度在很大程度上取决于市场供给和需求,庄园劳动力中也有了微弱的雇佣劳动的成分。但是,从大地产庄园主占据土地和不完全占有劳动力的角度看,大地产庄园的封建性仍是明显的。因此,拉美殖民时期的大地产庄园制应定位于半封建制。作为经济单位,大地产庄园的生产效率很低。大地产庄园主占据大片土地的目的既是为了满足"贵族"心理欲望,又是为了消除竞争者和获得印第安人劳力,但他却不能充分与合理地利用土地,对土地的投资很少,技术也比较落后,导致大片土地荒芜或粗放耕作,再加上劳动者缺乏生产积极性,农业产量不能提高。农村广大无地者的生活则极其贫困,形成严重的两极分化。作为社会单位,大地产庄园内部是一个微型的等级社会。大地产庄园里的成员,总管、牧师、管家、商店经理、会计处于上层;监工、计时员、学校教师、收租人和部分技术性较强的劳力(工匠、牛仔、牧羊人等)处于中层;而债役农、佃农、短工、奴隶则处于下层。大地产庄园主处于最顶端,他对庄园成员实行"恩威并重"的父权主义统治,不仅有义务"照料"和"保护"他们,使他们成为基督徒,同时对他们拥有绝对的权威。这不仅是一种上下隶属关系,而且是一种亲族式的伦理关系。作为行政单位,大地产庄园是地方政治权力的中心。大地产庄园具有一个独立社会所通有的附属物,不仅有庄园主的大宅院,还有村落、作坊、商店、教堂、学校、医院、邮局和坟地,自成一体。大地产庄园没有欧洲采邑那样的自治法律地位,西班牙国王从未从法律上认可大地产庄园主的政治和司法权力,但在实际中,这种权力是存在的,它主要来源于大地产庄园主对土地的垄断和在地方市政及司法部门的任职。大地产庄园主凭借自己的权势,控制周围地区的小庄园和市镇,有的大地产庄园甚至拥有私人武装和监狱。拉美殖民地独立后,大地产庄园在19世纪一度成为产生考迪罗独裁者的温床,是拉美寡头政治的基础。

(三)种植园黑人奴隶制度。这是殖民地时期盛行于西属加勒比群岛的重要经济制度。自从1502年第一批黑人奴隶到达美洲后，大约300年时间里，被出售到西属美洲的黑奴达300万，其中约2/3被用于各类种植园。种植园黑人奴隶制与大地产庄园制具有同等重要的地位。作为经济单位，它直接为世界市场生产单一的农业原料（蔗糖、咖啡、棉花、烟草），它的生产是建立在开发大片富饶肥沃的土地和对黑人奴隶进行残酷剥削的基础之上的。作为社会单位，种植园内部是一个等级社会，这种等级制度主要按自由民和奴隶在法律地位上的差别划分，附之以职业上的差别。在巴西甘蔗种植园，拥有糖坊的种植园主居首位，甘蔗农场主次之，然后是管理人员和少数自由雇工，黑奴处于最底层。作为行政单位，种植园主大多在当地市政机构或民团中担任职务，并通过同王室官员联姻、教父教母情谊结成了亲属关系网，从而成为殖民地政治的基础，左右当局的决策。种植园黑人奴隶制一方面造成了西属加勒比群岛的单一产品经济，另一方面形成贻害至今的种族歧视。

种植园里劳动的黑人

　　长期的殖民统治使西属拉美殖民地形成了种族等级制度。殖民地时期拉丁美洲社会等级的划分严格遵循着种族界限，甚至创造出一种肤色制度，或者说是根据肤色划分社会等级的制度。在西属美洲，各种族在特定的历史条件下逐渐混血，到17世纪末形成了一个社会金字塔。位于塔顶的是"半岛人"，即来自宗主国的西班牙人，他们是殖民地的高级官吏和高级神职人员；第二等级是"克里奥尔人"，即在美洲出生的西班牙人，他们大多为殖民地的低级官吏和神职人员，许多人是大地产主，构成殖民地社会的权势集团；第三等级是"梅斯提索人"，即西班牙人同印第安人混血的后代，他们多为小商贩、工匠，或农牧业与采矿业中的自由劳动者；第四等级是印第安人，他们在矿山、农村和城市里从事体力劳动，在法律上是自由人，到殖民后期，他们构成金字塔中人数最多的层次，约占总人口的45%；第五等级是获得自由的黑人奴隶和黑奴与其他种族混血的后裔，后者包括"穆拉托人"（黑白混血）、"夸尔特隆人"（白人与黑白混血人的后裔）、"桑博人"（黑人与印第安人的后裔），处在金字塔最底层的是黑人奴隶。据统计，在殖民地时期的170名总督中，只有4名是克里奥尔人，他们都是西班牙官员的后代。602名西属美洲的都督、省长和地方行政长官只有14名是克里奥尔人。606名主教和大主教中，只有105名出生在新大陆。这种不公平的分工及其明显的经济后果是克里奥尔人通过独立战争取代半岛人的重要原因。种族等级制度造成了延续到今天的西属拉美印第安人问题。印第安人问题的实质是社会经济问题，主要是土地问题。征服前，在人口稠密的墨西哥和安第斯地区就存在印第安人的村社集体土地所有制，土地归集体所有，其中一部分划为份地，供各家维持生计；一部分为公地，集体耕种，收成归村社；再有一部分为公共林场、草场。殖民者到来后，对印第安人实行的是间接统治，保留了原来的村社。当印第安人大量死亡后，16世纪后期西班牙国王下令建立印第安人"归化村"，印第安人除依靠在村社土地上的劳

拉美的印第安人

动维持生计外，还要为殖民者提供劳役。尽管西班牙的印第安人政策比英国殖民者对美洲印第安人的政策宽容，但这种种族政策的发展方向并不是种族一体化，而是种族压迫和种族分裂，殖民地时期实际上存在着一种印第安人和西班牙人的二元社会。

四、西班牙在菲律宾确立殖民统治

1521年4月7日，奉西班牙皇帝之命进行环球探险的葡萄牙航海家费迪南·麦哲伦率领西班牙船队来到菲律宾的宿务岛，成功诱使岛上首领胡马旁改信天主教。接着，麦哲伦又用武力胁迫邻近地区各首领，要他们都承认胡马旁为王，遭到马克坦岛首领拉普-拉普的拒绝。4月27日，麦哲伦率领西班牙人60名和胡马旁部下约1000人乘船来到马克坦岛，拉普-拉普率领部众迎击登岸来犯的西班牙人。当时正当退潮，西班牙船只不能近岸，船上火器效率大为减弱。麦哲伦受到马克坦人

菲律宾民族英雄拉普-拉普的雕像

的集中攻击，受伤而死。战斗中，西班牙人被打死8名，伤者众多，马克坦人阵亡15名。在侵犯马克坦岛失败后，西班牙船队不久被迫逃离宿务。这是西班牙人殖民菲律宾群岛的开端。

1543年，西班牙航海家R.洛佩斯·德·维拉洛博斯率领的西班牙探险队到达菲律宾的萨马岛和雷伊特岛，并以西班牙皇储菲利普之名命名其抵达的岛屿为菲律宾群岛，后来随着西班牙人控制岛屿的增多，"菲律宾"逐步演变成西班牙在这一地区控制的群岛殖民地的统称。

1565年，西班牙帝国派遣黎牙实比率军占领了宿务岛，建立了第一个西班牙人殖民定居点，开始了对整个群岛的殖民占领过程。此后，西班牙人以此为中心，不断在群岛扩张领地。

1570年菲利普二世颁布一系列法令，确立了西班牙在菲律宾的殖民管理制度。1571年，西班牙人占领马尼拉，并把殖民政权的中心设在此地。

西班牙的驻菲律宾总督独揽行政、司法和军事大权，通过推行赐封

制度，笼络土著上层分子，对当地人横征暴敛。天主教会则占据着大量的肥沃土地，把持着教育文化事业，成为西班牙殖民统治的支柱。

在经济上，殖民者实行闭锁和垄断政策，签订《马尼拉—阿卡普尔科贸易协定》，使菲律宾成为西班牙—墨西哥殖民地下属的原材料供应市场。由此逐步形成了以菲律宾为中心，把中国—菲律宾—墨西哥联为一体的"大帆船贸易"，使中国传统的"海上丝绸之路"的贸易范围扩展到太平洋两岸，有力地推动了世界经济向一体化方向发展。

第二节 西班牙的"日不落"帝国时代

一、卡斯蒂利亚城市公社起义

卡洛斯一世即位后，本人仍居留在佛兰德地区，迟迟不到西班牙来主政，在王室和上层贵族中引起了普遍不满。卡洛斯一世为加强王权，取消了各个城市的选举权，削弱了贵族的权力，引起了地方贵族和议会的不满。卡洛斯一世醉心于"帝国"梦想，执政后以哈布斯堡帝国利益为中心，把西班牙的财富用于帝国扩张，损害了以卡斯蒂利亚为首西班牙各邦国利益，激化了与西班牙本地统治阶层的矛盾。由于卡洛斯一世本人不懂西班牙语，难以与西班牙本地官员和贵族沟通交流，执政后大量使用佛兰德人担任官员，佛兰德官员的专断与腐败激发了西班牙城市平民和贵族的普遍不满。卡洛斯为构建帝

骑马的卡洛斯一世

国，发动对法国的战争，增收赋税，加重了西班牙民众的负担。上述各种因素的叠加积累，使西班牙社会上下对卡洛斯的不满在1520年达到了爆发的临界点。

1520年卡洛斯无视西班牙各地市议会、贵族和大臣们要求他专注西班牙本土事务、不要离开西班牙的强烈意愿，固执地离开了西班牙前往亚琛加冕神圣罗马帝国皇帝。卡洛斯一世的这一决定极大地刺伤了西班牙全国上下贵族和平民的感情，他们认为成为神圣罗马帝国查理五世皇帝的卡洛斯一世不是卡斯蒂利亚自己的国王。于是卡斯蒂利亚各个城市相继爆发了公社起义反对卡洛斯一世继续执政。起义者义愤填膺，马德里、托莱多、萨拉曼卡等城市居民组织起来冲进软禁"疯女"胡安娜的托尔德西利亚斯，起义代表胡安·德帕迪利亚拜见了胡安娜，并向她介绍

"疯女"胡安娜

了外部情况，胡安娜此时才知道自己的父亲斐迪南二世已经去世。胡安·德帕迪利亚要求胡安娜复出主政，杜绝佛兰德人的渎职和腐败，得到了胡安娜的支持。各起义城市先后成立了特别市政府洪达，得到胡安娜支持后洪达总部迁到了托尔德西利亚斯。9月底，公社起义规模进一步扩大，卡斯蒂利亚18个城市中14个参加了洪达，在议会中拥有发言权和表决权。从此，洪达以胡安娜的名义行使王国政府和代表大会职能，公社起义的力量不断壮大。接着议会提出了更为激进的要求：议会代表应由地区选派，反对国王贿买；议会三年召集一次；王室不得征收额外捐税；贵族土地不得免税；贵族不得担任城市官职。

公社起义提出的激进主张引起了教会、廷臣和贵族的恐慌，他们的立场开始转向支持卡洛斯一世。这时，卡洛斯一世为了安抚廷臣、贵族和教会，同意任命军队中的两名将领参与理政。这一举措得到了大贵族和温和派的支持，布尔戈斯城宣布退出洪达。1520年12月5日卡洛斯一世的皇家军队把起义队伍赶出了托尔德西利亚斯，洪达失去了代表性。此后，公社起义走向极端，直接把封建贵族势力作为斗争对象。1521年

起义队伍占领托雷洛巴通城堡。但由于各地起义队伍各自为战,没有明确的共同奋斗目标,难以形成合力,军事上的胜利只是昙花一现。1521年4月卡洛斯一世的军队发动了全面反攻,在比利亚拉尔消灭了起义军主力,胡安·德帕迪利亚、布拉沃和马尔多纳多三位起义首领被处死。托莱多的起义军团在胡安·德帕迪利亚遗孀玛丽亚·帕切科的领导下坚持抵抗到1522年2月才最后投降。至此,卡斯蒂利亚城市公社起义失败。

1522年7月,卡洛斯一世回到西班牙,下令处决了几名在押的起义领袖,然后赦免了除300名起义骨干外的所有起义参加者,西班牙局势恢复平静。卡斯蒂利亚城市公社起义的失败,使西班牙各地议会进一步成为摆设,卡洛斯的王权进一步加强。

二、"日不落帝国"的形成

由于祖先的联姻关系,卡洛斯一世的身世十分复杂。他是哈布斯堡家族的菲利普一世与卡斯蒂利亚的女王胡安娜(疯女胡安娜)之子,阿拉贡的斐迪南二世与卡斯蒂利亚的伊莎贝拉一世的外孙,神圣罗马帝国皇帝马克西米连一世和勃艮第女公爵玛丽的孙子,生于根特,在低地国家被抚养长大。他童年时的教师是乌得勒支的艾德里安(即日后的教皇哈德良六世)。他的具体国籍很难说明。从父方来看,他是奥地利哈布斯堡王朝的一员,但他不是纯粹的德国血统。他的母亲是西班牙人,西班牙也是他的帝国的核心,但他在西班牙却经常感到自己是个外来者。他的母语是法语,那是他长大的地方"低地国家"(当时称作佛兰德或尼德兰,包括今天的比利时、卢森堡、荷兰和法国的北部—加来海峡大区)的贵族们通用的语言,然而法国正是他终生的敌人。卡洛斯一世自己对身份归属也说不明白,他自嘲说:"我和上帝说西班牙语,和女人说意大利语,和男人说法语,和我的马说德语。"

复杂的身份使卡洛斯一世通过继承获得了众多尊号,他是西班牙国王卡洛斯一世(1516—1556年在位),神圣罗马帝国皇帝查理五世

（1519—1556年在位），罗马人民的国王卡尔五世（1520—1530年在位），卡斯蒂利亚和莱昂国王卡洛斯一世（1516—1556年在位），阿拉贡国王卡洛斯一世（1516—1556年在位），西西里国王卡洛二世（1516—1556年在位），那不勒斯国王卡洛四世（1516—1556年在位），低地国家至高无上的君主。

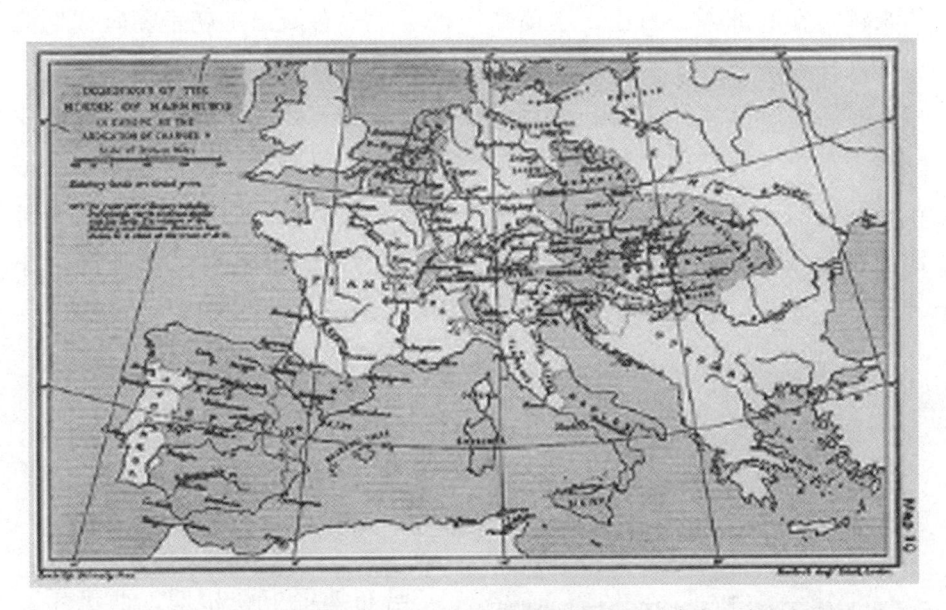

西班牙哈布斯堡帝国1547年在欧洲的领土（深色部分）

卡洛斯一世于1506年（他的父亲死于那一年）继承了低地国家和弗朗什孔泰。当他强悍的外祖父斐迪南二世在1516年去世后，他成为一片巨大领地的拥有者，这片领地包括名义上归属他母亲胡安娜的领地卡斯蒂利亚、格拉纳达、北非领地和整个西属美洲，以及外祖父斐迪南二世统治下的阿拉贡、纳瓦拉、加泰罗尼亚、巴伦西亚、巴利阿里、那不勒斯、西西里和撒丁。1519年1月12日，卡洛斯一世的祖父神圣罗马帝国皇帝马克西米连一世去世，卡洛斯一世通过向各选帝侯[①]贿选，击败了几个劲敌，当选为德意志国王，1520年加冕为神圣罗马帝国皇帝，即神圣罗

[①] 德国历史上的一种特殊现象。这个词指那些拥有选举罗马人民的国王和神圣罗马帝国皇帝的权利的诸侯。此制度严重削弱了皇权，加深了德意志的政治分裂。

马帝国皇帝查理五世。于是卡洛斯一世的领地又增加了德意志邦国和奥地利。在卡洛斯一世统治时期，西班牙在美洲的殖民地由于征服墨西哥和秘鲁又扩大了好几倍。到16世纪中期，西班牙不仅在欧洲确立了霸主地位，还在全球范围拥有辽阔的疆土，卡洛斯一世自豪地夸耀说："在我的领土上，太阳永不落下。"他的这一说法成为"日不落帝国"一词的来源。在欧洲人心目中，卡洛斯一世是"哈布斯堡王朝争霸时代"的主角，开启西班牙日不落帝国的时代。

卡洛斯一世的儿子菲利普二世虽然因没继承神圣罗马帝国皇位而使版图少了德意志邦国和奥地利，但由于合并了葡萄牙，使葡萄牙在欧美亚非各地的殖民地全部并入西班牙，疆域急骤膨胀。菲利普二世统治时期也因而成为西班牙领土最为辽阔的鼎盛时期。菲利普二世使西班牙"日不落帝国"地位不可动摇地稳固下来，余威一直持续到19世纪末。

三、西法争霸

法国国王弗朗索瓦一世

哈布斯堡王朝初期，西班牙、法国两国因为领土纠纷和欧洲霸权的争夺，持续发生战争，双方征战的主战场是意大利半岛。

第一次西法战争（1521－1525年）首先在纳瓦拉爆发。1521年5月，法国的弗朗索瓦一世乘卡斯蒂利亚发生城市公社起义之机派兵入侵纳瓦拉，在几乎没有抵抗的情况下占领了纳瓦拉首府潘普洛纳城，接着又攻占了埃斯特利亚。西班牙军队在洛戈罗尼构筑防御工事奋起反击。6月30日，法国将领莱斯帕雷指挥的军队在潘普洛纳附近的基罗斯被打败。10月，法国军队占领了冯特拉比亚，但1524年西班牙又收复了该城。双方在纳瓦拉交战的同时，还在意大利半岛鏖战。1525年2月的帕维亚战役是第一次西法战争的决定性战役，战役的结果是卡洛斯一世大败法军，俘虏了弗朗索瓦一世，并把他押送到马德里。帕维亚战役标志着西班牙已取代法国成为欧洲大陆第一强国。1526年1月14日弗朗索瓦被迫签署《马德里和约》，答应把勃艮第公爵领地交给卡洛斯一世，法国从米兰撤军，并放弃那不勒斯。但弗朗索瓦在获释回国后并没有兑现承诺，而是辩称自己签字是被迫的，不算数。

弗朗索瓦一世回国立刻着手寻找对抗卡洛斯一世的盟友，准备复仇。1526年他与威尼斯、教皇克莱门特七世、佛罗伦萨、米兰结成同盟，与在尼德兰与卡洛斯一世为敌的新教诸侯士马尔卡登联盟，并联络上了异教徒国家土耳其，声势大涨。1526年6月，第二次西法战争（1526－1529年）爆发。战场上，双方互有胜负。1527年卡洛斯一世军队袭击罗马，入城后进行了空前的杀戮和抢劫。这时候，欧洲宗教改革运动风起云涌，两个国家不得不把视线和精力集中到平息内部政治动乱上。1529年6月，两国休战，签订了相互妥协的《康布雷条约》，规定卡洛斯一世放弃勃艮第，弗

帕维亚战役

朗索瓦一世放弃米兰。1530年卡洛斯一世在波洛尼亚加冕意大利王，随后又从克莱门特七世手中接过了罗马帝国王冠。

米兰公爵佛萨死后，西法两国为米兰公爵的继承问题再动干戈，爆发了第三次西法战争（1535－1538年）。西班牙虽然在战场处于主动地位，但因国内财政问题难以继续战争。1538年两国在教皇保罗三世调停下休战和谈，签订了《尼扎和约》，规定两国休战10年，成立反土耳其同盟，共同打击新教为首的宗教改革运动，召开主教会议等。和谈时卡洛斯一世与弗朗索瓦一世拒绝坐在一起，显示双方敌意深厚，和解妥协只是暂时的。

第四次西法战争（1542－1544年）中，法国与土耳其结盟，西班牙与英国结盟，双方捉对厮杀。西班牙和英国的同盟稳占上风。但这时德国宗教改革风暴蔓延，卡洛斯一世害怕动摇自己的统治，决定与法国和谈。1544年9月西法签订《克雷皮和约》，暂时休战。

1547年亨利二世（1547－1559年在位）继承法国王位，通过经济和司法改革使法国实力有所恢复。遂于1551年再次发动战争争夺意大利半岛的领土，第五次西法战争（1551－1559年）爆发。1557年8月10日的圣金廷战役是这次西法战争的转折点，圣金廷战役中西班牙新任国王菲利普二世亲自指挥，大败法军。战役结束后，教皇保罗四世被迫接受和约，与法国的结盟破裂。1559年西法签订《布托－坎布雷齐和约》，法国最终放弃了对意大利的领土要求，并把在佛兰德所占领土归还西班牙。和约的签订结束了法国对意大利的扩张，巩固了西班牙在米兰公国、那不勒斯王国、西西里岛和撒丁岛的统治地位，并使意大利仍处于政治上分裂的局面。

西法战争西班牙的胜利，巩固了西班牙在欧洲的霸主地位。为庆祝圣金廷战役的胜利，菲利普二世下令在马德里郊区的埃斯克里亚尔小镇大兴土木，兴建了修道院、皇宫和皇陵三位一体的皇家花园，成为这一时期西班牙建筑艺术的经典典范。

法国国王亨利二世

马德里郊区的埃斯克里亚尔皇家花园

四、德意志地区的宗教战争

1516年卡洛斯一世即位后，为巩固统治，实施信仰统一的宗教政策，企图建立一个"世界天主教帝国"。当时在西班牙哈布斯堡王朝统治下的德意志地区，马丁·路德于1517年开始了宗教改革运动。马丁·路德的新教学说彻底否定了旧的天主教圣礼制度和教会法规，提出以自律宗教代替旧的封建礼教。对卡洛斯一世的宗教政策提出了严峻挑战。1521年卡洛斯一世召开沃尔姆斯宗教会议，强烈谴责马丁·路德的新教理论，并宣布马丁·路德及其追随者为非法。

德意志信仰马丁·路德派新教的邦国为反抗卡洛斯一世的宗教压迫，1531年在黑森菲利普一世和萨克森选帝侯约翰·弗里德里希一世的领导下，组成了新教诸侯的军事防御联盟——"士马尔卡登联盟"。士马尔卡登联盟拥有一支由一万步兵和两千骑士组成的武装力量，并于1532年和1538年分别同法国及丹麦结盟，成为一支支持宗教改革的强大力量。他们虽然没有和卡洛斯一世的哈布斯堡王朝公开宣战，但全力支持马丁·路德的宗教改革。他们没收天主教会霸占的土地和财产，驱逐主教和天主教诸侯，对卡洛斯一世的统治权威形成了巨大挑战。联盟成立后的最初15年，卡洛斯一世忙于和法国的作战，无力顾及。新教势力乘机壮大。1544年卡洛斯一世与法国休战并结盟后，腾出了手脚，开始着手镇压士马尔卡登联盟为代表的新教运动。从1546年至1547年，在镇压新教势力的士马尔卡登战争中，卡洛斯一世及其盟友的军队同士马尔卡登联盟的新教诸侯军队在萨克森的领土上交战。虽然联盟在军力上占优，但其领袖却缺乏能力，且无法在战争计划上达成一致。在1547年4月24日，卡洛斯一世的帝国军队在米赫尔贝格战役中击溃联盟军，并俘获了诸多联盟领袖，包括约翰·弗里德里希。菲利普一世试图进行谈判，但被卡洛斯一世拒绝，于是他也于5月投降。这一战役基本上奠定了卡洛斯一世在这一战争中的胜局，只有两座城市仍然在进行抵抗。许多诸侯和改革者则逃到了英格兰，并直接对英格兰宗教改革产生了影响。乘战胜之威，卡洛斯一世于1550年更进一步颁布了所谓"血腥敕令"，宣布禁止出版发行马丁·路德等宗教改革领袖的著作，对散布异教学说的人一律处以极刑，藏匿和帮助异端的人与异端同罪。米赫尔贝格战役后，从表面上看30个城市重新回归天主教，但事实上并非如此，新教势力只

油画《马丁·路德（中右）在沃尔姆斯宗教会议上受审》
（Anton von Werner绘于1877年）

《卡洛斯一世凌驾于他的敌人之上》

朱利奥·克洛维奥于16世纪中期绘。图中居中的是卡洛斯一世，其他人物从左起依次为苏莱曼一世、克莱门特七世、弗朗索瓦一世、克莱费伯爵、黑森伯爵、萨克森公爵。

是潜伏起来等待新的反抗时机。

1551年第五次西法战争，新教势力等待的时机到来，他们与法国结盟对卡洛斯一世展开进攻，1552年与卡洛斯一世结盟的新任萨克森公爵莫里茨出乎意料地背叛了他，并向卡洛斯一世发起进攻，新教势力因此取得小胜，迫使卡洛斯一世逃离蒂罗尔。1555年卡洛斯一世被迫与新教势力缔结《奥格斯堡和约》，承认德意志诸侯有权决定自己的宗教信仰，凡在1552年之前被新教没收和占有的土地和财产仍归新教所有。但根据卡洛斯一世的敕令，主教和僧侣改宗新教后就不再享有旧职和薪俸。《奥格斯堡和约》签署标志德意志人民的宗教改革斗争取得了局部胜利。此后，许多诸侯纷纷改宗新教，但哈布斯堡王朝迫害异教徒的信仰统一宗教政策并未发生根本改变，在西班牙本土尤其如此。

哈布斯堡王朝在西班牙推行的迫害异教徒的宗教政策，引起了犹太教徒和伊斯兰教徒的激烈反抗。1502年和1568年格拉纳达地区的摩尔人两次发动起义,被镇压后,8万多摩尔人离开了西班牙。1568—1570年西班牙全国各地又先后爆发了摩里斯克人起义。这些起义被镇压后,安达卢西亚大部分土地荒芜,农业遭到了严重破坏。

五、尼德兰革命

尼德兰是个地名,意思是"低洼的地方",泛指欧洲莱茵河、缪斯河、斯海尔德河下游及北海沿岸一带地区。相当于今天的荷兰、比利时、卢森堡和法国东北地区。16世纪初,这里是西班牙哈布斯堡王朝的领地。1566年,尼德兰爆发了反对西班牙统治的人民起义,历史上称作尼德兰革命。

尼德兰革命是由于资本主义经济的发展和西班牙封建专制的压迫而引起来的。早在14世纪时,尼德兰就出现了资本主义生产关系,16世纪的尼德兰是西欧经济很发达的地区。它拥有300万人口,17个省区中有300多个城市,南方安特卫普是国际贸易的中心,北方的经济中心是阿姆斯特丹。尼德兰的经济发展引起了阶级关系的变化。资产阶级要求推翻专制统治,建立独立国家,发展资本主义,他们在宗教上接受了加尔文教派。

西班牙的封建专制统治,阻碍了尼德兰资本主义的发展。卡洛斯一世时,西班牙国库年收入的一半以上来自尼德兰,被宗教裁判所处死的新教徒达5万人之多。菲利普二世继位后,变本加厉地迫害尼德兰人民。他拒绝偿还国债,使尼德兰的银行家遭受巨大损失。他提高西班牙收购羊毛的价格,使输入尼德兰的羊毛减少,导致许多手工工场倒闭,成千上万的工人因此失业。他还禁止尼德兰商人同西班牙殖民地直接贸易,加强宗教裁判所对新教徒的迫害。西班牙的专制统治引起尼德兰社会各阶层的普遍不满。

1566年4月的一天,几个身穿乞丐服、系着乞食袋的人出现在布鲁塞尔城总督府门前。他们奇异的装扮引起人们的注意,原来他们是大贵族

第三章 帝国鼎盛时期——哈布斯堡王朝的统治

威廉·奥兰治、厄格蒙特伯爵和荷恩大将。他们是代表尼德兰的"贵族同盟"向西班牙驻尼德兰总督请愿来了。

西班牙驻尼德兰总督是个女公爵，叫玛格丽特。奥兰治亲王将请愿书递交给总督，要求废除迫害新教徒的法令，召开三级会议，撤退西班牙驻军。总督不仅拒绝了这些要求，而且还大骂这些富贵的乞丐，下令将他们赶出了总督府。贵族们原打算让西班牙统治者做些让步，所以，他们在请愿书中还表示效忠西班牙国王，但他们的愿望落空了。正当他们商量新的对策时，人民群众已掀起了革命的风暴。

威廉·奥兰治

愤怒的群众冲向天主教堂和修道院，将神龛里的圣母像掀倒在地，捣毁教堂内部的装饰物，爆发了大规模的破坏圣像运动，参加者达数万人之多。尼德兰革命由此拉开了序幕。玛格丽特迫于群众的压力，宣布停止宗教裁判所的活动，赦免了贵族同盟的成员。与此同时，西班牙国王菲利普二世却暗中调兵遣将，派阿尔发公爵镇压尼德兰革命。

1567年8月，阿尔发率领1.8万人到达尼德兰，立即成立了"除暴委员会"，以血腥手段镇压革命，被处死的起义者达8000多人，贵族厄格蒙特伯爵、荷恩大将都被处死。资产阶级首脑安特卫普的市长也被送上了绞刑架。阿尔发还制定新的税制，一切动产和不动产都要征收财产税，所有的商品都要征收交易税，企图从经济上扼杀尼德兰革命。他恶狠狠地说："宁留一个贫穷的尼德兰给上帝，也不留一个富裕的尼德兰给魔鬼。"

在一片腥风血雨中，有钱的尼德兰人纷纷逃往外国。奥兰治亲王逃到德国拿骚。在那里，他继续策划反西班牙统治的斗争，并希望得到德国新教诸侯和法国胡格诺教徒的援助。他多次组织军队进攻尼德兰，但都没有成功。

广大的尼德兰人民积极地展开了游击战，在北方，渔民、水手和码头工人组成了一支支称为"海上乞丐"的游击队。他们驾着轻便小船，沿海岸游弋，出其不意地袭击西班牙运输船。一次，一支由24只小船组成的游击队，还攻占了西兰岛的布里尔，将阿尔发的军队打得纷纷落水。这一仗使海上游击队终于在尼德兰本土建立了第一据点，促使了革命高潮的到来。1573年底，北方各省基本上都从西班牙占领下解放出来，宣布独立。在北方各省联席会议上，奥兰治亲王被推为总督。北方各省事实上已成为一个独立的国家。

在南方，阿尔发的日子也不好过。尼德兰人民在密林中组成"森林乞丐"游击队，不断袭击小股西班牙军，惩罚西班牙人的爪牙，打得阿尔发晕头转向。起先，他全力对付奥兰治亲王的进攻，继而又分兵对各省起义的城市进行猛烈的攻击。他对许多城市实行野蛮的洗劫，也不能挽救西班牙在北方各省的失败。菲利普二世只得把他回召西班牙，改派一个叫列揆生的人为尼德兰总督。

新任总督的日子更不好过。1574年5月，他率大军包围了北方荷兰省的海滨城市莱顿，莱顿坚持抵抗了三个月。莱顿距海六英里，地势低于海平面。8月的一天，守城战士突然打开水闸，莱顿城外顿时成为一片泽国，围城的西班牙军全都陷入海水中，损失惨重，狼狈地撤走了。莱顿战役的胜利，巩固了北方革命的胜利，也推动了南方各省的斗争。1576年9月4日，布鲁塞尔爆发起义，起义者占领了总督府，西班牙在尼德兰的统治机关被推翻了。从此，革命的中心转移到了南方。

这一年的10月，全尼德兰的三级会议在根特城召开，签订了《根特协定》，宣布废除阿尔发颁布的一切法令，重申各城市原有的权利，南北联合抗击西班牙。

1579年，南方的封建贵族害怕日益高涨的革命影响他们的利益，组成阿拉斯联盟，承认菲利普二世为国君，企图联合西班牙军向北方进攻。阿拉斯联盟破坏了《根特协定》，于是北方各省成立了乌特勒支同盟，以对抗南方贵族。第二年，菲利普二世宣布奥兰治亲王为罪犯，乌特勒支同盟针锋相对，宣布废黜菲利普二世，成立联省共和国。联省共和国各省中，荷兰地域最大，经济也最发达，是共和国的政治中心，所

第三章 帝国鼎盛时期——哈布斯堡王朝的统治

以又称联省共和国为荷兰共和国。从此，尼德兰分裂为两部分，北部形成独立的国家，南部仍然处在西班牙统治之下。

菲利普二世当然不能容忍荷兰共和国的存在，但此时这位强悍的国王已无力与新生的共和国较量了。1588年，西班牙无敌舰队在英吉利海峡被英国海军击溃，从此失去海上优势。第二年，菲利普二世在爱斯库里亚尔行宫中死去。1609年，新继位的腓力三世和荷兰共和国签订《十二年休战协定》，事实上承认了共和国的独立。尼德兰革命在北方获得完全的胜利。1648年，荷兰为欧洲各国正式承认。

莱顿大捷（1474年）

六、西土战争

15世纪中后期，西班牙完成统一，在大国之路上以不可阻挡的势头长驱直进；奥斯曼土耳其则在穆罕默德二世苏丹去世后，进入到一段经济文化飞速发展的强盛时期。信仰天主教的西班牙崛起后与信仰伊斯兰教的奥斯曼土耳其在宗教、领土、贸易等多方面发生碰撞，地中海地区成为双方扩张的共同目标，两强迎面相撞使西土战争的爆发成为历史发展的必然。西土战争分为多个阶段，断断续续地在海陆两线交叉展开，进行了半个多世纪，对当时的欧洲格局造成巨大的影响，也促进了火器在欧洲的普及。

战争第一阶段（1526－1527年）围绕匈牙利王位的争夺展开。1526年以扎波良公爵为首的匈牙利贵族集团利用新教的起义，打败了匈牙利拉约什二世，扎波良趁机自立为匈牙利国王。拉约什二世逃到奥地利向斐迪南求助，在斐迪南支持下回到匈牙利争夺王位，但苏莱曼一世恰在此时发动西征，亲率大军进入匈牙利，并很快和扎波良达成同盟协议，于是拉约什二世不可避免地对上了苏莱曼一世。1526年8月29日，双方在摩哈赤首度交战，拉约什二世的26000余名骑兵对奥斯曼军的方阵发起冲锋，但在对方大炮和火枪的激射下，不到二小时就全军覆没，拉约什二世也在逃离战场的过程中，跌入附近的河中淹死。战后扎波良宣布匈牙利成为奥斯曼的附庸。1527年，卡洛斯一世支持哈布斯堡东部的贵族们进攻匈牙利，于托卡伊彻底击败扎波良，斐迪南加冕为匈牙利国王。在这一阶段的战争中，虽然西班牙方面没有直接出兵，卡洛斯一世也未直接参与战争的指挥，但却成功地影响了战争的结果，通过斐迪南取得了对匈牙利的直接控制权。

战争第二阶段（1529－1532年）的中心是协助奥地利反击土耳其入侵。1529年9月初，苏莱曼一世率奥斯曼大军攻破匈牙利首都布达，扎波良再次被扶植为匈牙利的统治者。随后苏莱曼一世大军继续西进，于29

日包围维也纳，一连攻城十多天，没有取得任何有决定意义的胜利，10月15日卡洛斯一世的兵团抵达维也纳，加之天气即将变冷，苏莱曼一世只得放弃作战，退回伊斯坦布尔。1532年，苏莱曼一世再次率军入侵奥地利，卡洛斯一世则组织欧洲天主教国家成立神圣同盟，在维也纳坚守。见到天主教阵营防守严密，奥斯曼军队随即放弃了进攻维也纳的计划，转而攻打防御薄弱的斯底亚里，在那里大肆抢劫金银财富后退后。

战争第三阶段（1532－1538年）主要是奥斯曼帝国与西班牙支持的热那亚在地中海展开的海上较量。1532年，奥斯曼海军从地中海西入

1529年维也纳之围

侵热那亚，但被热那亚统治者安德烈亚·多里亚击败。在西班牙支持下，安德烈亚·多里亚趁势反击，挥军进攻东地中海，在希腊沿岸大肆洗劫，而后又强占了勒班多和科龙。这两个港口异常重要，被西班牙控制，意味着西班牙的势力已经从地中海插进了奥斯曼的心腹，苏莱曼为此彻夜难眠。1533年，苏莱曼在前所未有的危机下，任命阿尔及尔总督巴巴罗萨·海雷丁为奥斯曼的海军上将，展开对安德烈亚·多里亚的反击。1534年，巴巴罗萨·海雷丁夺回了勒班多和科龙，接着洗劫了意大利沿岸，然后南下进驻突尼斯。1535年，巴巴罗萨·海雷丁率领主力北出伊奥尼亚海，进攻意大利，安德烈亚·多里亚则率军巧妙地绕到他背后，围魏救赵攻占了突尼斯，巴巴罗萨·海雷丁被迫退兵。不久，西班牙强迫突尼斯苏丹退位，哈夫斯王朝覆灭，突尼斯成为西班牙属地。1538年巴巴罗萨·海雷丁率领舰队攻打威尼斯，在取得几次大胜后驻扎于普雷韦扎。此时安德烈亚·多里亚作出惊人的决定，他进行了一次海

上长途奔袭，孤军深入巴巴罗萨·海雷丁的势力范围，对其发动了一次强有力的突袭，但是巴巴罗萨·海雷丁处变不惊，成功地让大部分士兵和战舰撤出了普雷韦扎。这时热那亚军官和威尼斯军官发生了内讧，安德烈亚·多里亚无奈放弃了进一步作战，回军休整。

巴巴罗萨·海雷丁

战争第四阶段（1541—1542年）是围绕匈牙利归属的再次争夺。1541年，匈牙利国王扎波良去世，他还在襁褓中的儿子继位，波兰国王西吉斯孟德是新任匈牙利婴儿国王的外祖父，控制了匈牙利的实际权力，这不仅引起了奥地利国王斐迪南的愤怒，土耳其素丹苏莱曼一世和西班牙国王卡洛斯一世也大为不满。同年，斐迪南出兵进入匈牙利，扫除了扎波良和西吉斯孟德的势力，匈牙利眼见已是他的囊中之物。这时苏莱曼一世再度出兵西征匈牙利，斐迪南很快大败，退回了奥地利。随后苏莱曼一世把扎波良的儿子送回了波兰，在匈牙利设立了行省，正式宣布这块土地成为奥斯曼的领土。1542年，卡洛斯一世组织天主教联军讨伐匈牙利，奥斯曼败走，匈牙利再次掌控在了哈布斯堡家族手中。

战争第五阶段（1569—1571年）围绕地中海海上霸权展开。1569年，奥斯曼接到错误的情报，认为威尼斯的战船全部损毁于一次工厂爆炸中。于是趁势讹诈，要求其割让塞浦路斯，威尼斯拒绝，并联同教皇，号召天主教诸国参战。菲利普二世深思后，答应出兵，并成了联军主力。此时由于参战国的增多，战争目的已不再是塞浦路斯，而是整个地中海的控制权。1571年，双方海军舰队在勒班多海峡展开大战，天主教联军获得大胜。勒班多大海战中，天主教联军共13000名水手，28000名海军士兵，其中西班牙10000人，德意志7000人，意大利诸城邦11000人。意大利诸城邦中出兵最多的是威尼斯，派出了5000人。奥斯曼帝国出动了13000名水手，34000名海军士兵。天主教联军有战船218艘，大都为排桨帆船。奥斯曼土耳其278艘，全是排桨帆船，其中巨型排船222

艘，小型排船56艘。天主教联军的统帅为菲利普二世之弟唐·胡安，奥斯曼帝国的统帅是阿里·巴夏。当双方都进入勒班多海峡后，大雾锁海，天主教联军与奥斯曼都找不到对方，只能进行搜索。然而遭遇比双方所想要来得快，当双方相见，都惊讶于这么容易就找到了对方。战斗即时打响。双方都把军队分成了三组，分别接战。在北线，天主教联军的左翼炮舰首先攻击，本来尚未完成部署的奥斯曼右翼顿时大乱。不过这样的混乱迅速被制止，并迂回到了联军的左翼后方，用弓箭射击，联军左翼指挥官阵亡，左翼近乎瘫痪，不过副指挥官迅速接过将权，重新协调，最终稳住了阵脚，并意外地在反击中击杀了奥斯曼的右翼指挥官，获得了胜利。在南线，奥斯曼左翼的指挥官是巴巴罗萨·海雷丁的学生乌尔齐，他成功击溃了联军右翼。此时，双方两翼一胜一负。同日稍晚时候，双方主力中军接战，联军一开始就占据了主动，奥斯曼总指挥巴夏又意外中弹身亡，其头颅被联军挂在船桅上，奥斯曼军因此大乱，联军趁势掩杀，大获全胜。乌尔齐知难以力挽狂澜，率军撤退，奥斯曼彻底失败。这一战奥斯曼参战的战船最终全身而退的不到100艘，而天主教联军仅仅损失12艘。士兵方面，奥斯曼土耳其被歼20000余人，天主教联军损失8000人。奥斯曼的海军遭到重创，暂时失去了对地中海的控制权。

此后，西土两国之间的小规模冲突仍时有发生，但都未能动摇西班

勒班多大海战

牙称霸地中海的基本格局。1574年土耳其占领了突尼斯和格莱塔，西班牙在北非的势力范围基本丧失。但在地中海海上的冲突中奥斯曼帝国的力量始终处于劣势，无力与西班牙抗衡。西班牙"无敌舰队"的威名远扬，确立不容置疑的地中海霸权地位。

七、西英关系：从联姻到争霸

玛丽女王和她的丈夫菲利普

16世纪50年代之前，西英两国关系密切。1501年西班牙公主凯瑟琳同英国亨利七世的长子亚瑟结婚。1554年西班牙菲利普王子又与英国女王玛丽结婚。这两次王室联姻使西班牙哈布斯堡王朝与英国都铎王朝关系进入蜜月期。

1558年玛丽女王去世，伊丽莎白一世（1558－1603年在位）继任成为英国国王，西英关系开始发生变化。

作为一位狂热的罗马天主教会拥护者，1560年代，菲利普二世基于宗教与利益因素，决议侵扰带有新教色彩的英国皇室政权。天主教会拒绝承认信奉新教的伊丽莎白一世为合法的英国君权，而伊丽莎白也以出席英国国教会宗教仪式作为对天主教会的反击，并下令禁止进行弥撒或诵其经文。英国同时着手于扶持新教在荷兰的势力，此举更使西班牙政权对英的敌意日益加深。

伊丽莎白的侄女苏格兰女王玛丽一世因信仰天主教，被菲利普二世与天主教会认定是正统英国女王。1567年，玛丽因贵族叛变而遭到囚禁，并被迫将苏格兰王位让给她的幼子詹姆斯。惊险逃脱后，她迅速逃往英格兰，却又被伊丽莎白囚禁。此后直至玛丽过世的20年间，伊丽莎白与詹姆斯的敌对者仍然不停地筹划将玛丽推上英苏二国的宝座。

英国在西班牙美洲大陆及大西洋的私掠行为（西班牙视其为海盗）

严重影响西班牙王室的收入。英国的跨大西洋奴隶贸易——由约翰·霍金斯爵士于1562年发起——获得伊丽莎白的支持,无视西班牙政府指责的霍金斯在加勒比地区西属殖民地的贸易实已构成走私的控诉。

1568年9月,一支由霍金斯与法兰西斯·德雷克爵士领导的奴隶买卖远征队遭到西班牙袭击,造成数艘船舰在墨西哥韦拉克鲁斯沉船,此即圣胡安战役。这场交战使英西二国关系迅速恶化,翌年英国便扣押了数艘西班牙派遣至荷兰支援军队的宝藏舰队。德雷克与霍金斯则加强私掠以突破西班牙在大西洋贸易的垄断。

为达成宣扬新教的人生宗旨,伊丽莎白提供法国宗教战争与荷兰革命的新教势力援助以对抗西班牙政权。与此同时,菲利普二世大力压制新教的传播,资助法国战争的天主教联盟、支持爱尔兰的第二次德斯蒙德战争(1579年-1583年),支持爱尔兰天主教徒反抗伊丽莎白。

1585年,伊丽莎白与荷兰签订楠萨奇条约,同意向荷兰提供人力、马匹与津贴。菲利普二世将此视为伊丽莎白对西班牙政府宣战。战争于是在1585年爆发。西英开战之后,英国命德雷克组织海盗驶往西印度群岛,在圣多明哥、卡塔赫纳、佛罗里达州的圣奥古斯丁进行劫掠。菲利普二世决定入侵英国,但1587年4月德雷克炸毁37艘在加的斯港口的西班牙船舰,使入侵计划受阻。同年2月8日英国处决了苏格兰女王玛丽,触怒了欧洲的天主教徒,7月29日菲利普二世推翻伊丽莎白的计划获得了教皇的支持认同,庇护五世宣布将伊丽莎白逐出教会,支持英国安排任意人选接替伊丽莎白一世执掌英国王权。

1588年5月,拥有130多艘战舰、3万多人、1124门火炮的"无敌舰队"由没有海战经验的西多尼亚公爵统帅出航,7月到达英吉利海峡。英国舰队尾随前进,不断以分队骚扰,逐渐耗尽了西班牙军舰的弹药。英舰经过重新补给后于7月28日夜用火船偷袭了在敦刻尔克附近驻泊的"无敌舰队",西班牙舰队大乱,英舰队全速追击,第二天上午9时双方交火,英舰以纵队靠近西班牙舰队,利用侧舷炮密集射击,"无敌舰队"混乱不堪,弹药耗尽,无法组织有效的抵抗,被彻底击溃。击败"无敌舰队"后的一年间英国成为战争主动方,西班牙独霸大西洋的格局被打破。

1589年科伦纳—里斯本海战后,西班牙重获大西洋霸权,英格兰舰队则逐渐失去了主动权，西英战争形势开始逆转。不列塔尼和爱尔兰战役后战争陷入僵局，双方都无法压服对方。1604年西班牙新任国王菲利普三世与英格兰新任国王詹姆斯一世签订了《伦敦条约》，依约西班牙停止了对爱尔兰的干涉，英国则停止了对西属荷兰的军事介入和在公海上的劫掠行为。缔约两方都实现了自己的部分战争目标，西英战争结束。西英战争打破了西班牙在大西洋上的独霸地位，是西班牙开始走向衰落的重要标志。战后英国开始成为西班牙在海洋上的强大竞争对手。

西班牙"无敌舰队"与英国舰队交战

八、西葡关系：从联姻到合并

卡洛斯一世在位时葡萄牙执政的国王是若昂三世，两位君主之间互相支持，关系友好密切。君主之间的友好关系，也推动西葡两国关系在他们执政期间平稳发展。西葡两国的友好关系，为后来两国实现合并创造了有利条件。1520年卡洛斯一世在镇压卡斯蒂利亚城市公社起义时得到了葡萄牙的军事和财政支持。1526年3月卡洛斯一世与葡萄牙国王若昂三世的妹妹伊莎贝尔结婚，进一步巩固两国的友好关系。

1529年西班牙和葡萄牙签订了《萨拉戈萨条约》，以东经142度为界，划分了西葡两国在亚洲和太平洋地区的殖民势力范围，该线以东归西班牙，以西归葡萄牙。通过《萨拉戈萨条约》与1494年签订的《托德西利亚斯条约》，西班牙和葡萄牙完成对全球殖民势力范围的划分，在一段时间内缓和了双方因争夺殖民地而产生的矛盾。

第三章 帝国鼎盛时期——哈布斯堡王朝的统治

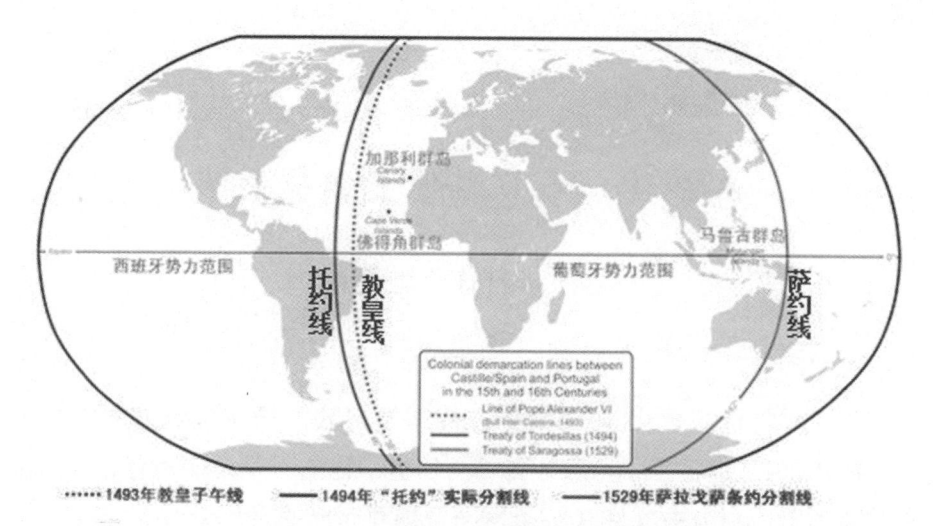

······1493年教皇子午线　——1494年"托约"实际分割线　——1529年萨拉戈萨条约分割线

西班牙和葡萄牙划分全球殖民势力范围形势

1580年1月葡萄牙国王恩里克一世驾崩，菲利普二世作为葡萄牙前国王曼努埃尔一世的外孙，成为葡萄牙王位最有竞争力的继承人。菲利普二世抓住这一有利时机，命令圣克鲁斯侯爵阿尔瓦罗·德巴桑率军进入葡萄牙，打败了另一位王位继承人安东尼奥的势力和支持他的法国海军。1581年4月，葡萄牙议会在托马尔召开会议，王公大臣宣誓拥戴菲利普二世为葡萄牙国王，王号为菲利普一世。同年7月，菲利普二世抵达里斯本，西葡两国在哈布斯堡王朝的旗帜下实现了合并，葡萄牙直属于卡斯蒂利亚王国。

菲利普二世画像

西葡合并使西班牙的疆域达到一个空前规模，西班牙帝国达到鼎盛期。

第三节 哈布斯堡王朝的衰落

一、菲利普三世惰政

菲利普三世（1598－1621年在位）是尚武的国王菲利普二世的儿子，1578年4月14日生于西班牙首都马德里。他的母亲是菲利普二世的第四个妻子奥地利公主安娜（神圣罗马帝国皇帝马克西米连二世之女）。菲利普三世继承了他父亲对天主教的坚定信仰，却没有继承他的惊人才干和勤劳。

菲利普二世执政后期，作为王位继承人的菲利普三世虽然已经成年，却很少关心政治或参与政务，丝毫没有执政实习的自觉。菲利普二世对此十分失望和伤心，曾无限悲伤地叹息："上帝赐给我那么多王国，但却拒绝给我一个有能力的儿子来治理这些国家！"

马背上的西班牙国王菲利普三世

事实也确实如此，在父亲去世后，即位的菲利普三世不理朝政，虚度年华，喜欢打猎、跳舞和歌剧，整日沉浸在歌舞、宴会、斗牛的闹剧之中，把一切大权都交给了他最宠爱的大臣莱尔马公爵，甚至让他替自己掌管国王的印章。莱尔马公爵独揽大权20多年。为便于专权营私，他劝说菲利普三世把王宫迁到巴利阿多里德。莱尔马公爵执政时，利用手中的权力大肆捞取钱财，腰缠万贯，引起大臣的普遍非议。为解决国家财政困难，莱尔马公爵公开卖官鬻爵，转让皇家司法裁判权，推行货币贬值政策，导致恶性通货膨胀，国家经济秩序混乱。马加丽塔王后对莱尔马公爵和罗德里戈·德卡尔德龙的倒行逆施和贪得无厌十分反感，忍无可忍之下，命令对他们的巨额财产来源进行调查。两人的贪腐问题大白天下，罗德里戈·德卡尔德龙被判处死刑，莱尔马公爵因有红衣主教，免于一死，但彻底失宠。但菲利普三世并没有从事件中反省，行为依然如故，不久莱尔马的儿子乌塞达公爵又成了他的新宠臣。在菲利普三世统治之下，西班牙国家日益贫困化，国力每况愈下。

西班牙的经济在菲利普三世执政时期经历了严重的衰退，海军也失去了以往不可战胜的威力。这时西班牙在欧洲和美洲都面临着新兴的海上强国英国的挑战，而喜好玩乐的国王菲利普三世既无能力也无兴趣与之展开霸权竞争。在爱尔兰人掀起独立运动的时候，菲利普三世对他们施以支持，希冀以此来削弱英国，但成效不大。1604年菲利普三世与新任英格兰国王詹姆斯一世签订《伦敦条约》，结束了英西战争。依据双方达成的协议，英西两国分别停止对爱尔兰与西属尼德兰的军事介入，且英国放弃它在公海上的劫掠行为。1609年，在扑灭尼德兰新教政权的努力宣告失败后，菲利普三世默许尼德兰的西班牙代理人奥地利大公阿尔布雷希特七世与联省共和国缔结了《十二年停战协定》。这两项由前代遗留下来的战事和平解决之后，西班牙帝国迎来了难得的短暂和平。

菲利普三世在宗教信仰上表现出真正的虔诚。为了纯化信仰，1609－1614年菲利普三世掀起了一个驱逐摩尔人的浪潮。驱逐行动首先从巴伦西亚开始，当局下令摩尔人必须在一天之内到达指定港口离境。此后，其他各地区也相继开始了大规模驱逐行动。总计约有30万摩尔人在这次驱逐浪潮中离开西班牙。驱逐摩尔人行动虽然使西班牙"纯化"为单一天主教信仰的国家，但严重打击了西班牙工商业的发展，造成一些地区田地荒芜，使西班牙经济陷于萧条之中，也在一定程度上拉开了西班牙与其他西欧国家发展的差距。

总的来说，菲利普三世缺乏管理他父亲留下来的巨大遗产的才智，甚至有些昏庸。在他统治下，西班牙开始呈现出衰弱态势。1621年3月31日，菲利普三世在马德里去世，把一个虚弱的西班牙留给了他的继承人。

二、加斯帕尔改革

菲利普四世（1621—1665年在位）登基后，长期任用奥利瓦雷斯伯公爵加斯帕尔·德·古兹曼（Gaspar de Guzmán, count-duke of Olivares）担任西班牙帝国首相（1621—1643年在职）。加斯帕尔勤于政务，执政后推行了一系列改革，力图加强中央集权，但却引起暴乱，最终去职。加斯帕尔的急躁改革是造成加泰罗尼亚和葡萄牙暴乱的主要因素。

加斯帕尔·德·古兹曼

内政方面，加斯帕尔改革行政管理机制，陆续成立了许多专业的咨询委员会，为王国政府制定政策提供建议。这些咨询委员会涉及的领域十分广泛，涵盖了军事、矿业、森林、公共工程、卫生、人口管理、税务和军事法庭等等。其中税务委员会的作用尤为突出。行政管理改革，提高了决策效率，使国家权力集中到国王和大臣手中，强化了王权。

经济方面，加斯帕尔的改革措施主要有：限制国王的赏赐；限制国王和权贵购买奢侈品和豪华服饰，提倡节俭；重新铸造铜合金硬币，发行纸币；复兴王国的工商业；提高航运公司商船的竞争能力；统一全国税收制度并加强税收征管，等等。这些改革在一定程度上减少了官员的贪污腐败，使国家财政有所改善。但他限制国王和权贵奢侈消费的政策引起了国王和大臣的不满，税收征管制度的改革加深了中央与各个原本有很大自治权力的地方之间的矛盾，为他执政后期出现大量地方反抗暴乱埋下了伏笔。

外交政策方面，他致力于实现让奥地利哈布斯堡皇朝和西班牙哈布斯堡王朝联合称霸欧洲的梦想，使西班牙深深陷入三十年战争，受挫于法国。

军事方面，加斯帕尔要求统一整编全国军队，军队编制依各地方人口和财政确定，各王国不得拥有自己的武装力量，阿拉贡和葡萄牙也不例外。这等于剥夺了自治地方原有的权力，激化了中央与地方的矛盾，是导致加泰罗尼亚和葡萄牙爆发反西班牙暴乱的重要因素之一。

1643年，由于王后带头策动宫廷政变，菲利普四世将加斯帕尔免职，加斯帕尔主导推行的各项改革最终失败。加斯帕尔改革的主观意愿是好的，加强中央集权和国家统一的方向也没错，但他政策的推行过于专横强暴，也很急躁，没有考虑到西班牙各个地方的具体差异和历史上形成的自治传统，没有如何应对旧有权力格局变革引发矛盾的可行方案，加上三十战争对财政和军事统一的急迫要求，促使他以简单粗暴的方式迅速推行了本应精心设计通盘考虑的大幅度改革，最终激化了各种矛盾使改革失败。去职之后，虽然国王一度有意把他召回，但由于别的公爵长期以来嫉妒他的权势，终于使他被流放到托罗（Toro）城。1644年12月宗教裁判所审查了他的罪行，翌年逝世。

三、三十年战争

三十年战争（1618－1648年），是由神圣罗马帝国的内战演变而成的全欧洲参与的一次大规模国际战争。这场战争是欧洲各国争夺利益、树立霸权以及宗教纠纷戏剧化的产物，战争以波希米亚人民反抗奥地利哈布斯堡皇室统治肇始，最后以哈布斯堡皇室战败并签订《威斯特法伦和约》而告结束。这场战争使日耳曼各邦国大约被消灭了60%的人口，波美拉尼亚被消灭了65%的人口，西里西亚被消灭了1/4的人口，其中男性更有将近一半死亡，十分惨烈。战争的发展进程大体可以分为四个阶段。

自1526年开始，因联姻关系，波希米亚国王由哈布斯堡家族神圣罗马帝国皇帝兼任。1583年帝国皇帝兼波希米亚国王鲁道夫二世将宫廷搬到波希

三十年战争的导火索——"抛窗事件"

米亚的布拉格，并对那里的新教徒采取宽容态度。1611年鲁道夫二世的弟弟马提亚斯继位，1617年他安排堂兄斐迪南二世担任波希米亚国王。斐迪南二世残酷地禁止和迫害新教。1618年5月23日，布拉格的新教徒发动起义，人们在图恩伯爵的率领下冲进王宫，将斐迪南二世派来的两名钦差从窗口投入壕沟，并成立临时政府，由30位成员组成，宣布波希米亚独立。这一事件史称"抛窗事件"，成为三十年战争爆发的导火索。

1619年3月马提亚斯在维也纳病死，斐迪南二世继承帝位。同年6月波希米亚起义军进入奥地利王国境内，兵临维也纳城下。斐迪南二世迫于形势，在表面上假意答允进行谈判，实际上在暗地里向天主教同盟求助，并答允将来把普法尔茨选帝侯的爵位转让给巴伐利亚公爵马克西米连一世，以换取天主教同盟出兵相助。不久，天主教同盟出兵25 000人，并赞助神圣罗马帝国皇帝大量金钱。起义者被迫于该年8月退回波希米亚，而波希米亚议会亦于该月选出信奉新教的普法尔茨选帝侯腓特烈五世为波希米亚国王。作为神圣罗马帝国皇帝，斐迪南当然不能容忍波希米亚人自行选出国王，于是在解除维也纳之围后随即出兵反攻，而天主教同盟之一的西班牙亦出兵进攻普法尔茨。1620年11月8日，波希米亚和普法尔茨联军在白山战役与蒂利伯爵所统率的天主教同盟军决战，联军虽占有地利，但因装备落后，终为天主教同盟军所败，腓特烈五世被迫逃亡荷兰，而波希米亚则重新纳入神圣罗马帝国的版图。波希米亚约有四分之三的地主的土地落入神圣罗马帝国的地主之手。而神圣罗马帝国皇帝更强迫波希米亚的百姓改信天主教，并焚毁波希米亚的书籍，并宣布德语为波希米亚的官方语言。1621—1623年，蒂利再度击败普法尔茨的新教诸侯军队。至此战争的第一阶段（波希米亚阶段）以哈布斯堡皇室为代表的天主教同盟军获胜为结束。战争的第一阶段，西班牙没有直接参战，但利用战乱大捞便宜。1619年波希米亚国会推举腓特烈一世为国王时，西班牙借混乱之机占领了巴拉丁，从而成为没有参战的受益者。奥地利哈布斯堡皇室的胜利，壮大了哈布斯堡家族的声

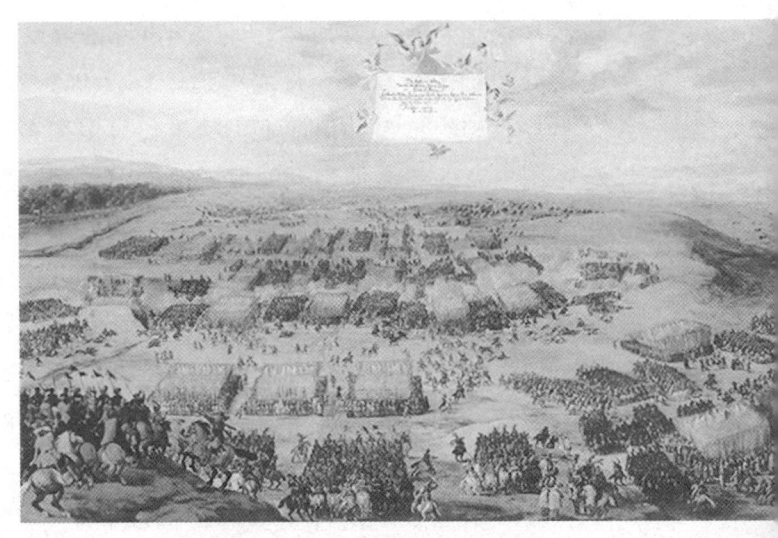

白山战役

势，也使同属哈布斯堡家族控制的西班牙间接受益，扩大了影响。

波希米亚阶段的战事虽然告终，但法国并不能容忍卡洛斯一世时期的哈布斯堡帝国复活；而荷兰则于1621年与西班牙开战，至此仍未结束。英王詹姆士一世则担心其女婿普法尔茨选帝侯腓特烈五世的命运；丹麦和瑞典则不愿看到神圣罗马帝国皇帝再度在全国实施有效的统治。因此，本来只是波希米亚人民反对神圣罗马帝国欺压的起义战演变为广泛的国际战争。1625年，法国枢机主教黎塞留提议英国、荷兰与丹麦结成反哈布斯堡联盟，丹麦负责出兵，而英国与荷兰则在幕后支持，由此战争的第二阶段（丹麦阶段）正式展开。1625年信奉新教的丹麦王克里斯蒂安四世在英、法、荷三国的支持下与新教联盟共同向神圣罗马帝国皇帝发动进攻，很快便占领日耳曼的西北部，与此同时，由曼斯菲尔德率领的英军则占领波希米亚西部。这次新教联军可说是节节获胜。但1628年，神圣罗马帝国皇帝雇用声名显赫的波希米亚贵族华伦斯坦的雇佣

神圣罗马帝国统帅华伦斯坦

军，华伦斯坦不负其所望，于该年4月击败曼斯菲尔德，其后再击败丹麦，并控制了萨克森。丹麦被迫于1629年5月与神圣罗马帝国皇帝签订《吕贝克和约》，并保证不再插手日耳曼事务。战争第二阶段以神圣罗马帝国皇帝的势力伸延到波罗的海告终。战争第二阶段，西班牙因与荷兰战争的关系开始参战，但由于这一阶段战争的中心在德意志北部，西班牙与荷兰的交战对战局影响有限。在卷入三十年战争的问题上加斯帕尔有直接责任，1621年菲利普三世与荷兰签订的《十二年停战协定》到期，由于加斯帕尔希望联合奥地利哈布斯堡王朝共建哈布斯堡家族在欧洲的霸权，反对休战延期，使双方延长休战期的谈判破裂。1626年西班牙军队占领布雷达城的战役是这一阶段西班牙进行的重要战役。

战争第二阶段由神圣罗马帝国获胜后，华伦斯坦便计划在波罗的海建立一支强大的舰队，瑞典国王害怕神圣罗马帝国会从此超越瑞典，取得在波罗的海的优势地位。因此瑞典在法国的资金援助下，于1630年7月出兵，在波美拉尼亚登陆，从而开始了战争的第三阶段（瑞典阶段）。瑞典军队由国王古斯塔夫二世·阿道夫率领，与勃兰登堡和萨克森选帝侯联合，1631年9月17日，于布赖滕费尔德会战打败了神圣罗马帝国的军队，占领了波美拉尼亚。1632年初，神圣罗马帝国军的统帅蒂利伯爵在莱希河战败身亡，瑞典军占领美因茨，4月又攻陷奥格斯堡和慕尼黑。神圣罗马帝国皇帝在这危急存亡之际，再度起用原被贬斥的华伦斯坦为统帅，在该年11月与瑞典军进行吕岑会战，可是瑞典再度获胜，但同时瑞典军的主帅古斯塔夫二世国王亦阵亡，从此瑞典军丧失进攻能力，而华伦斯坦则退回波希米亚，后来因为被神圣罗马帝国皇帝所猜妒，遭其派刺客暗杀。神圣罗马帝国皇帝借此机会联合西班牙盟军，在1634年9月于纳德林根会战大败瑞典军，逼使瑞典军撤回波罗的海沿岸。萨克森与勃兰登堡则于1635年5月与神圣罗马帝国皇帝签订《布拉格和约》。战争第三阶段以哈布斯堡皇帝获胜而告结束。西班牙作为主要力量参加纳德林根会战，表明已经全面卷入三十年战争。全面参战加重了西班牙国内的财政和兵员负担，促成加斯帕尔加速推行税收和军队改革，这又使西班牙中央与地方的矛盾日益尖锐，最终造成了国内许多地方暴乱的发生。

第三章　帝国鼎盛时期——哈布斯堡王朝的统治

瑞典国王古斯塔夫二世在吕岑会战中阵亡

　　哈布斯堡皇室再次获胜使法国大为震惊，此前，法国因为自身是天主教国家，一直只是假手他国以削弱哈布斯堡皇室的实力，但当丹麦、瑞典与神圣罗马帝国的新教诸侯均告失败后，法国终于直接出兵，与瑞典联合对哈布斯堡王朝作战。从此战争进入第四阶段（法国—瑞典阶段）。1636－1637年，西班牙出兵法国，与神圣罗马帝国由南北两路夹攻，一度进逼至法国首都巴黎，但最后为法军所败。1638年8月法国海军打败举世闻名的西班牙海军，1639年10月西班牙海军的主力竟被原来籍籍无名的荷兰海军歼灭。1643年5月，第四代孔代亲王与蒂雷纳子爵在罗克鲁瓦战役中共同击溃西班牙陆军的主力。1642年11月，瑞典军于布赖滕费尔德再度击败神圣罗马帝国军，但此时丹麦王却嫉妒瑞典军的成果，并恐惧瑞典强大后，丹麦受其所制，因此乘瑞典军进攻日耳曼南方之际，向瑞典宣战。丹麦曾于1644年击败瑞典与荷兰的联合舰队，但其后丹麦海军却被重新组建的瑞荷联合舰队全歼。经过三年（1643－1645年）战争后，瑞典军成功从水陆两路进逼丹麦，逼使丹麦停战求和。1645年3月，瑞典军在波希米亚大败神圣罗马帝国军，而该年8月法军又于纳林根会战击溃神圣罗马帝国军，神圣罗马帝国皇帝的日耳曼领土大部分被占领。1648年，法瑞两国联军在楚斯马斯豪森会战及朗斯会战完胜神圣罗马帝国军。但战至此时，双方都已元气大伤，遂于该年10月达成和解协议，依次缔结了两个和约——《奥斯纳布吕克条约》与《明斯特和约》，合称《威斯特伐利亚和约》，至此三十年战争完全结束。

1648年5月15日，西班牙与荷兰在威斯特伐利亚地区的明斯特市签署了《明斯特和约》，结束了西班牙与荷兰之间持续了80年的战争，承认尼德兰地区北部的荷兰独立，西班牙仍然保留对尼德兰南部的管辖。至此，荷兰的独立地位得到了包括西班牙在内的所有欧洲国家的确认。但由于法国的要价太高，西班牙难以接受，所以在与荷兰签订和约之后，西班牙退出了结束三十年战争的谈判。这使西法之间的战争在三十年战争结束后继续进行，与西班牙国内名为"收割者战争"的内战交织在一起，一直持续到1659年。西班牙在战争中不论陆战还是海战均告失利，并从此失去了欧洲一等强国的地位。

朗斯会战（1648年）

四、加泰罗尼亚"收割者战争"

在如火如荼的欧洲三十年战争期间，为了增加财政收入和支援战争，西班牙收回了加泰罗尼亚的征税权，肆意榨取当地资源并对农民课以重税，引起了加泰罗尼亚人民广泛的愤恨。1640年，不堪压迫的加泰罗尼亚农民手持镰刀袭击卡斯蒂利亚驻军，"收割者战争"爆发。7月7日起义队伍乔装打扮，里应外合，在巴塞罗那发起了声势浩大的起义，杀死了总督达尔毛·德克拉尔特。达尔毛死后，菲利普四世任命卡多纳公爵为新总督，起义者针锋相对地组成36人洪达，负责领导加泰罗尼亚公国。1641年，兼任巴塞罗那伯爵的法国国王路易十三介入战争，1月17日在法国保护下加泰罗尼亚宣布成为共和国。1月26日加泰罗尼亚和法国联军在蒙特惠克之战取得重要的军事胜利。此后十年时间里，加泰罗尼亚在法国的保护下脱离了西班牙。

蒙特惠克之战

　　1648年5月西班牙退出结束三十年战争的和谈后，8月西法两国军队在朗斯发生激战，西班牙军队败北。此后，法国国内爆发了福隆德运动，政局动荡，西班牙得到了喘息机会。1650—1654年加泰罗尼亚地区发生瘟疫，极大削弱了加泰罗尼亚的力量。西班牙趁机进攻，1652年西班牙攻占巴塞罗那。1657年法国同英国结成了反西班牙同盟。这时，西班牙已经难以承受连年战争的巨大消耗，1658年的第二次杜纳战争后，被迫与法国举行和谈。1659年11月7日，西班牙首相路易斯·德阿罗同法国首相马扎利诺在两国边境城市费桑内斯举行谈判，签订了《比利牛斯条约》，规定西班牙将罗塞永、塞尔达尼亚的一部分、阿图瓦、孔夫伦特、瓦耶斯皮尔割让给法国；西班牙承认法国在阿尔萨斯的存在；菲利普四世的女儿、奥地利公主玛丽亚·特雷莎嫁给法王路易十四，嫁妆为50万埃斯库多黄金。至此，"收割者战争"结束。《比利牛斯条约》签订后，西法的现代边界基本确定，比利牛斯山脉成为两国界山。条约规定促成的联姻，后来成为1701年西班牙王位继承战争的导引。

"收割者战争"使加泰罗尼亚失去了几乎1/5的人口和土地，由战争衍生而来的《收割者》一歌后来被定为加泰罗尼亚的"国歌"。"收割者战争"还鼓舞了西班牙其他地区反抗西班牙中央的斗争：1640年底葡萄牙独立运动爆发；1648年阿拉贡的伊哈尔公爵发动了争取阿拉贡独立的叛乱；1647－1652年，安达卢西亚地区多次发生了贵族和平民广泛参加的武装暴乱，暴乱波及卢塞纳、阿尔达莱斯、罗哈、科尔多瓦、塞维利亚、奥苏纳、布哈兰等众多城市，影响巨大。这些反抗虽然最终都被镇压下去，但却沉重地打击了西班牙哈布斯堡王朝的统治，削弱了哈布斯堡王朝的权威，使哈布斯堡王朝进一步衰弱下去。

葡萄牙复国者广场中央的方尖碑

五、葡萄牙独立

西葡合并之后，葡萄牙保留有自己独立的政府和议会机构，拥有自己的军队，并控制了大量海外殖民地，是西班牙管理之下自治权力最大的地方。加斯帕尔的税收和军事改革极大地损害了葡萄牙旧有的权益，他加强中央权力，推行使全国各地卡斯蒂利亚化的行政改革计划，更引起葡萄牙贵族、议会和政府的恐慌。葡萄牙害怕加斯帕尔的改革使葡萄牙完全成为与卡斯蒂利亚一样的一个普通行政区域，没有自己的权力和特性。加斯帕尔执政使葡萄牙上层因恐慌丧失权力而不满，下层因反对加重税赋和征收

"血税"（征兵参加与自己利益无关的三十年战争）而激烈抗争。随着时间的推移，西班牙中央和葡萄牙的矛盾日益激化，波尔图（1628年）、圣塔伦（1629年）和埃武拉（1637年）等葡萄牙城市先后发生了武装起义。

西班牙对葡萄牙海外殖民地和商人利益持漠不关心的态度，加深了葡萄牙上层的不满与愤怒。在巴西，1630－1635年荷兰人先后占领了葡萄牙人控制的奥林达和累西腓，那里葡萄牙人的财富大量被荷兰人掠夺。加斯帕尔政府对此事袖手旁观，不作任何反应，使葡萄牙人感到西班牙不是自己的政府。以布拉干萨伯爵为首的葡萄牙贵族开始酝酿旨在摆脱西班牙统治的政变。"收割者战争"加泰罗尼亚的独立，极大地鼓舞了葡萄牙人，使他们感到通过武装斗争获得独立很有希望。

1640年12月1日，葡萄牙贵族在人民群众反抗斗争的推动下宣布独立，拥戴布拉干萨伯爵为国王，王号为若昂四世。葡萄牙议会立即表示承认，宣布若昂四世是葡萄牙合法国王。接着，除休达以外，葡萄牙管辖的海外各殖民地也纷纷承认独立并拥戴若昂四世。

菲利普四世不甘心葡萄牙就此独立分离，派军前往葡萄牙镇压独立运动，葡萄牙人在若昂四世领导下奋起反击，捍卫独立成果，葡萄牙"王政复古战争"爆发。葡萄牙国王领导的抗击入侵和捍卫独立的战争，得到葡萄牙人民上下一致支持，人民群众把这一正义的反侵略战争亲切地称作"喝彩战争"。若昂四世的军队在各地群众的配合下，奋勇抗击入侵，多次打败西班牙军队，挫败了西班牙迅速平定"叛乱"的企图。

若昂四世继位

葡萄牙宣布独立时，正值三十年战争打得如火如荼之际。忽闻葡萄牙独立，西班牙后院起火，反哈布斯堡各国欣喜若狂，迅速反应，积极为葡萄牙的独立运动提供支持。1641年，法国给予葡萄牙外交承认，并答应提供支持和援助。同年，葡萄牙同尼德兰停战媾和。1642年，葡萄牙与英国结成联盟。1661年英国国王查理二世同葡萄牙公主卡塔利娜结婚，英葡联盟更加巩固。

1656年若昂四世去世，年仅13岁的阿方索六世继位，继续领导葡萄牙争取独立的斗争。1659年1月葡萄牙军队在埃尔瓦大败西班牙首相路易斯·德阿罗亲自率领的军队，极大地振奋了葡萄牙人的士气。战后，路易斯·德阿罗总结失败原因时无奈地承认了葡萄牙人上下一心争取独立的事实："葡萄牙士兵在战斗中表现的坚毅勇敢精神，说明他们每一个人都清楚是在为捍卫自己的事业而战。"1665年比利亚维西奥萨战役是奠定葡萄牙独立地位的重要一战，西班牙军队在七个小时之内被打得溃不成军，4000人丧命，6000人受伤，葡萄牙方面仅伤亡700人。这次战役使菲利普四世丧失了继续镇压葡萄牙独立运动的信心，认为葡萄牙的独立已是无法挽回的事实。1665年带着无法维护西葡统一的遗憾，当政44年的西班牙君主菲利普四世离开了人世。

葡萄牙国王阿方索六世

1668年2月13日，西葡两国在里斯本签订了《里斯本条约》，条约规定：西班牙承认葡萄牙独立，两国终止敌对状态，建立永久和平；休达交给西班牙；双方在战争时期所占对方领土和财产归还对方；两国实现通商自由；释放战犯；葡萄牙有同任何国家结盟的权利。至此，葡萄牙的独立地位得到最终确立。

六、哈布斯堡王朝绝嗣灭亡

卡洛斯二世（1665—1700年在位），绰号"中魔者"（El Hechizado），是西班牙哈布斯堡王朝的最后一位国王。由于近亲结婚的缘故，卡洛斯二世身患多种遗传病以及智障和癫痫，体质虚弱得随时可能死亡，无法承受一位君主应该受到的教育。他是哈布斯堡家族的家族症下腭前凸病患中最严重的，下腭由于过于巨大而使他无法咀嚼。他的舌头也大得使他讲话无人能听懂。卡洛斯二世于5岁断奶，由于跛足，到10岁才学会走路。总之，几代的王室近亲联姻使卡洛斯二世在心理和生理都极不正常，甚至就相貌而言，他根本不能被称为人类。唯一能显示出男子气概的是他对打猎的兴趣，为此他偶尔也沉迷于埃斯科里亚尔修道院的散养动物园中。

1665年，菲利普四世去世，年仅4岁的卡洛斯二世继承王位，他的母亲奥地利的玛利亚·安娜作为摄政王统治西班牙。她统治时期的西班牙经济停滞、国力迅速衰落、国际威望下降，她的无能成为宫廷阴谋的温床。在葡萄牙独立后的第29年，即1668年，西班牙与葡萄牙签署和约，完全承认葡萄牙的独立，最终在法律上结束了西班牙对葡萄牙统治。1677年，奥地利的玛利亚·安娜被菲利普四世的私生子奥地利的堂·璜·何塞放逐，奥地利的堂·璜·何塞成了西班牙的实际国王，直到他1679年去世。此后，奥地利的玛利亚·安娜太后重新摄政。

卡洛斯二世

卡洛斯二世于1679年11月19日娶法王路易十四的侄女奥尔良郡主玛

利·路易丝为妻。新婚丈夫被诊断为阳痿而无法产生后代。玛利·路易丝极度失望，1689年结婚十年年仅27岁就匆匆离世。对男嗣的需求使卡洛斯二世续娶了普法尔茨—诺伊堡的玛利亚·安娜。然而，这次婚姻和上次一样仍然没有任何结果。在卡洛斯二世生命的最后几年，他显得更加精神过敏、举止怪异。他曾来到埃斯科里亚尔修道院的先贤祠，要求把家属的棺材打开，站在第一任妻子玛利·路易丝腐烂的尸体前时，十分激动，想要拥抱她，但被人拦住了。这时的他已彻底残废，头发全部掉光，耳聋，眼睛几乎看不见，牙齿所剩无几，并且患有严重的癫痫。他的种种怪异举动被外国的密探称为"着魔"，他于是有了个"中魔者"的绰号。

卡洛斯二世的两位妻子路易丝（左）和安娜（右）

由于卡洛斯二世很早就被诊断为不育，不可能有子嗣，谁来继承西班牙殖民帝国就成为西班牙乃至全欧洲的重要问题。有权继承西班牙王位的有三位王子，分别是法国安茹公爵菲利普（法王路易十四的次孙）、巴伐利亚的约瑟夫·斐迪南亲王（皇帝利奥波德一世外孙）和奥地利的卡尔大公（皇帝利奥波德一世次子）。他们的继承权都是建立在与西班牙国王菲利普三世的关系上的。路易十四的母亲安娜·玛利亚是西班牙国王菲利普二世的长女，他娶了西班牙国王菲利普三世的长女玛利亚·特丽萨。皇帝利奥波德一世的母亲玛利亚·安娜是西班牙国王菲利普二世的次女，他娶了西班牙国王菲利普四世的次女玛格丽塔。而玛格丽塔和卡洛斯二世是同母所生。利奥波德一世与玛格丽塔只有一个女儿：玛利亚·安东妮娅，她就是巴伐利亚的约瑟夫·斐迪南亲王之母。奥地利的卡尔大公并不是玛格丽塔所生。虽然路易十四的母亲和妻子都比利奥波德的母亲妻子年长，但路易十四的妻子玛利亚·特丽萨嫁到法国时已经明确放弃了对西班牙王位的继承权。由于法国、奥地利两强国争执不下，不得不找出折中的方法。1698年10月11日，法国、英国、荷兰在海牙签订条约，承认巴伐利亚的约瑟夫·斐迪南亲王为西班牙王位和除意大利以外西班牙领土的继承人；法国得到西西里和那不勒斯，奥地利得到米兰。但利奥波德立即拒绝了此条约，继续支持次子卡尔大公的继承权。次年初，卡洛斯二世立下遗嘱，将西班牙的所有领土全部留给巴伐利亚的约瑟夫·斐迪南亲王。但是这一年的2月6日，巴伐利亚的约瑟夫·斐迪南亲王去世了。法国、英国、荷兰签订了第二份条约：承认卡尔大公为西班牙王位和除意大利以外西班牙领土的继承人；法国得到西班牙在意大利的领土。利奥波德再一次拒绝了该条约。全欧洲都在等待卡洛斯二世的答复。西班牙的贵族阶级由于希望保持西班牙殖民帝国的完整，支持安茹公爵菲利普为继承人，前提是他放弃法国王位的继承权。最终卡洛斯二世在他们的坚持下立嘱指定菲利普为继承人。当人们再次宣读他的遗嘱时他哭了，他悲叹道："这是上帝给予又夺走的帝国。"人们还多次听他低声说道："朕已经一文不值了。"

西班牙使臣跪迎安茹公爵菲利普去西班牙继承王位

1700年11月1日，卡洛斯二世去世，终年38岁。西班牙哈布斯堡王朝终结。法国的安茹公爵菲利普登基成为国王菲利普五世，他是延续至今的西班牙波旁王朝的第一位君主。由于奥地利对西班牙王位的要求，以及英国、荷兰在法国对西班牙关系上的不满，爆发了一场卷入欧洲大部分国家和邦国的西班牙王位继承战争。

第四节 16-17世纪西班牙社会经济和文学艺术

一、大地产制

西班牙的贵族一般可划分为三个阶层。上层是豪门大贵族，由大公、公爵、侯爵和伯爵组成。16世纪初大体上有30个这样的豪门家族，到16世纪末增加到60多个，如恩里克、贝拉斯科、门多萨、古斯曼、皮门特尔、阿尔瓦雷斯、德托莱多等家族。中层是骑士阶层，包括绅士团成员、城市寡头和封建领主。下层是绅士，他们没有贵族和骑士头衔。贵族拥有大片土地和庄园，经济收入丰厚，社会地位很高，是西班牙的

庄园城堡外劳动的农民

统治阶级。1505年颁布的托罗法确定了世袭制，贵族长子对财产和土地拥有继承权，从而使贵族在西班牙的社会地位得到了进一步巩固。

在当时的西班牙社会，由于贵族拥有包括免税权在内的许多特权，经济收入丰厚，而且官职与爵位挂钩，许多高官都被国王加封爵位，而

大贵族则肯定能接任政府要职，获得爵位往往意味着获得官职和权力，所以获得一个贵族爵位成为西班牙社会各阶层梦寐以求的追求目标，有钱人更是以金钱贿赂开路，用尽各种手段来实现这种梦想。哈布斯堡王朝频繁的战争耗空了国库，为弥补国家财政亏空，国王开始卖官鬻爵，后来逐渐成为公开合法的制度。为增加财政收入，国王还把不属于王室、教会和骑士团的土地和森林拍卖。卖官鬻爵和土地拍卖，促进了大地产制在西班牙的形成。因为拥有土地越多，获得爵位的机会就越大，所以16世纪西班牙社会掀起了一股土地抢购风潮，也使西班牙社会上的贵族和绅士人数成倍增长。

据统计，16世纪的贵族和绅士，在布尔戈斯占人口的四分之一；在萨莫拉占七分之一；在巴利阿多里德占八分之一；在托罗、阿维拉、索里亚占十分之一；在格拉纳达、塞维利亚、科尔多瓦、哈恩、萨拉曼卡、昆卡、瓜达拉哈拉、马德里和托莱多占十二分之一；在木尔西亚和塞戈维亚占十四分之一。16世纪末全国拥有免税权的贵族和绅士占全国人口的十分之一。这些贵族拥有大量土地，使西班牙的土地集中成为大地产庄园。大地产庄园的广泛出现使西班牙社会两极分化十分明显，在贵族庄园劳作的农民和城市平民是国家税收的承担者，从而导致了全国人口的贫困化。

由于西班牙本土地域狭小和对大地产占有的强烈欲望，也导致一些有钱人和贫困的冒险家远赴美洲"创业"，从而促成西班牙美洲更大规模的大地产制形成。

二、价格革命和漏斗经济

16世纪的西班牙，由于在美洲殖民地的开拓掠夺，大量廉价的美洲黄金白银输入西班牙。据统计，从1502年到1660年，西班牙从美洲得到18600吨注册白银和200吨注册黄金，到16世纪末，世界金银总产量中有83%被西班牙占有。黄金白银输入的同时，西班牙国内物资生产却没有大的变化，这造成货币迅速贬值，物价飞涨。这一时期由于气候变冷，西班牙粮食产量骤减；同一时期西班牙人口数量却大幅增长，到16世纪中后期西班牙人口比世纪初增长了40%，卡斯蒂利亚和安达卢西亚地区在60年内人口增长了一倍。据统计，卡斯蒂利亚地区1530－1540年人口平均每年增长6.5万；1540－1595年每年增长4万。加泰罗尼亚地区人口快速增长的时期比上述区域稍晚一些，但也达到了年增长4万的规模。1600年西班牙各地人口统计数据是：卡斯蒂利亚830.4万人，阿拉贡135.8万人，纳瓦拉18.5万人，葡萄牙150万人，全国总计有1134万人。人口的大量增加使人均粮食占有量进一步减少。粮食减产和人均粮食占有量的不足造成粮价持续暴涨，粮价的持续上涨又推动其他商品价格上涨，恶性循环，使西班牙的物价形势雪上加霜。后两个因素与美洲白银大量急骤涌入的因素叠加，使西班牙物价在一个世纪内持续暴涨，17世纪初物

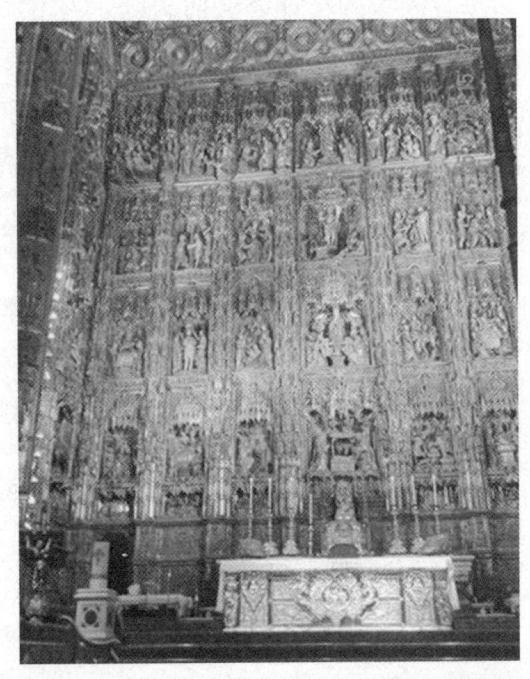

塞维利亚卡泰多拉尔大教堂全球最大的黄金祭

价水平较16世纪初增长了4倍之多。这一物价持续增长的情况也涉及欧洲其他国家，在经济史上被称作"价格革命"。

价格革命对西班牙经济发展产生了很大影响，形成了所谓"漏斗经济"模式。16世纪前期，西班牙国内社会经济虽一度呈现出繁荣局面，工商业中的资本主义关系也有所滋长，但封建结构仍相当顽强。面对农产品的价格猛涨，封建贵族只是一味加强封建剥削，城市中的行会继续控制着手工业生产。这就造成西班牙国内工农业生产难以发展，所产粮食不足以养活本国居民，所产羊毛仍然大量输往尼德兰和意大利，工农业产品的价格更加高于英国、法国、尼德兰的同类产品，在市场上失去了竞争力。加之西班牙哈布斯堡王朝推行称霸欧洲的政策，将巨额财富用于军事和政治活动；西班牙贵族为了

追求奢侈生活，大肆挥霍，这都造成从美洲殖民地运回的金银很快就转到其他国家的供货者和债权人手中的局面。因此，西班牙进行的殖民活动，在很大程度上只是为他人作嫁衣裳。它所开辟的殖民地市场，很快被英法等国的商品占领；它从殖民地掠夺的财富，并未被自己国内的工农商业所吸收，而是辗转流入英法等国后才转化为资本。据统计，1492—1595年，西班牙从美洲运回金银共约价值40亿比塞塔，留在国内的最多只有2亿比塞塔，仅占5%。漏斗经济模式的形成，使西班牙工商业发展停滞不前，远远落后于西欧其他国家，并且差距在持续增大。工商业的落后，造成西班牙经济发展缓慢，极大地阻碍了西班牙社会的进步，最终使盛极一时的西班牙走向衰落，逐渐被后起的荷兰、法国、英国等国超越，成为欧洲的二流国家。

三、文学的繁荣

16—17世纪西班牙国力的强大，促进了西班牙民族文学的发展，涌现了一大批著名的作家和作品。

《托梅斯河上的小拉撒路》（Lazarillo de Tormes，又译作《小癞子》）是一部西班牙流浪汉小说，也是欧洲近代文学史上第一部流浪汉小说。作者和创作时间无可考察，已知的最早版本并非最早的版本，而是1554年的再版本。小说以第一人称讲述一个出生在托格斯河畔的穷苦孩子拉撒路，10岁离开母亲，靠给一个个主人当奴仆，四处流浪为生，小小年纪便饱尝人间痛苦的故事。小拉撒路给瞎子领过路，给教士、乡绅当过奴仆，他挨饿受冻、受骗、遭毒打，为了生活不得不一再忍受着过痛苦屈辱的日子。生活让小拉撒路尝尽了苦头，但也教会了他以机智来对付一个又一个主人。他狠狠地报复了虐待他的老瞎子，他偷吃主人的面包，而以幽默调侃的口吻揭穿主人的装腔作势等等，这些细节都令读者捧腹大笑。小说的语言幽默、风趣、生动、简洁、流畅，展现了16世纪西班牙社会各个阶层各种人物的风貌。作为欧洲流浪汉小说的开山之作，它对以后欧洲各国的文学都产生了巨大的影响。

米格尔·德·塞万提斯·萨维德拉（Miguel de Cervantes Saavedra，1547年9月29日－1616年4月23日），西班牙小说家、剧作家、诗人。出生于马德里附近的埃纳雷斯堡，他被誉为西班牙文学世界里最伟大的作家。其作品《唐·吉诃德》达到了西班牙古典艺术的高峰，标志着欧洲近代现实主义小说的创作进入了一个新的阶段。评论家称他的小说《唐·吉诃德》是文学史上的第一部现代小说，同时也是世界文学的瑰宝之一。塞万提斯对于世界文学影响巨大，甚至连西班牙语都因此被称为"塞万提斯的语言"。《唐·吉诃德》（中文又译作《堂吉诃德》《堂·吉诃德》等）是塞万提斯于1605年和1615年分两部分出版的反骑士小说。故事发生时，骑士早已绝迹一个多世纪，但主角阿隆索·吉哈诺（唐·吉诃德原名）却因为沉迷于骑士小说，时常幻想自己是个中世纪骑士，进而自封为"唐·吉诃德·德·拉曼恰"（德·拉曼恰地区的守护者），拉着邻居桑丘·潘沙做自己的仆人，"行侠仗义"、游走天下，做出了种种与时代相悖、令人匪夷所思的行径，结果四处碰壁。但最终从梦幻中苏醒过来。回到家乡后死去。塞万提斯笔下的西班牙语也被认为是最典范的西班牙语，今天西班牙向世界推广西班牙语言文化的组织就称作"塞万提斯学院"，塞万提斯也因而成为世界各国人民了解认识西班牙语言文化的一张最为璀璨的名片。

塞万提斯·萨维德拉

《唐·吉诃德》首版书影

费利克斯·洛佩·德·维加·伊·卡尔皮奥（Félix Lope de Vega y Carpio，1562年11月25日—1635年8月27号）出生于马德里，是西班牙文学中"黄金世纪"时期最著名的戏剧作家、小说家和诗人。他的作品体现了文艺复兴时期人文主义思想的特点：自然、绚丽、明朗、通俗，与法国的伏尔泰和科莱特一起并称为"世界文坛三大怪杰"。洛佩一生创作了1500部戏剧作品，其中有300多部喜剧。洛佩的代表剧作《羊泉镇》取材于15五世纪中叶一个真实故事。羊泉镇的农民淳朴、善良，希望过幸福生活。但驻扎在镇上的骑士团却倚仗权势胡作非为，他们对外扩张势力范围，反对国家统一；对内欺压百姓，横行霸道，扰乱居民的正常生活。骑士团主管军事的队长戈麦斯几次企图诱奸镇长的女儿劳伦西娅未遂，便恼羞成怒，在劳伦西娅的新婚之夜，将劳伦西娅和她的新郎一同抓走。此事激起了全镇居民的极大愤慨，大家纷纷拿起武器，冲进城堡，将骑士团的这个队长和他的下属全部杀死。国王派法官前去审问，法官对居民们严刑拷打，逼问是谁杀死了队长，居民们的回答只有一句话："是羊泉镇杀的。"最后，国王亲自审问，他为居民们的英雄气概所感动，赦免了全体居民，并将羊泉镇置于王室管辖之下。剧作家把反对封建压迫的农民起义与阻挠国家统一的封建贵族叛乱这两个历史事件熔铸在剧情之中，进而扩大了剧本的社会政治意义，深化了剧本的主题思想。剧本的主要特点在于，剧作家不是把农民写成愚昧的群氓，而是把他们塑造成一个英雄的集体。这在17世纪的欧洲文学中是不多见的。

人们惊讶于他那些赞美平民的高贵品质的戏剧作品，而他的作品同时也反映了西班牙帝国盛极一时的景象以及后来的衰落。洛佩的巨大文学艺术成就为他赢得了"西班牙民族戏剧之父""天才中的凤凰"以及"大自然中的魔鬼"（塞万提斯语）等美称。他革新了西班牙戏剧的模式，促使戏剧开始成为当时一种大众化的文化现象。直到今天，他的作品也一直在被搬上舞台，这些作品代表了西班牙文学和艺术的最高峰之一。

洛佩·德·维加

四、绘画艺术

17世纪上半期西班牙出现了一个艺术上的"黄金时期"。17世纪正值欧洲风行巴洛克美术的时代,在美术史上常常把17世纪西班牙美术归于巴洛克美术。同时,由于委拉斯贵支在绘画上的卓著成就,人们也将17世纪西班牙美术称之为"委拉斯贵支时代"。

迭哥·委拉斯贵支(Diego Velázquez),1599年6月6日生于塞维利亚,1660年8月6日卒于马德里。早年在老埃连拉画室学画,后拜在画家F.帕里切科门下。早期绘画《卖水人》《煎鸡蛋的老妇》形象真实,有浓郁的生活气息。1623年进入马德里宫廷为国王服务,但受到原在宫廷服务的保守派画家的排斥和贬低。1627年他和保守派画家按同一命题作画,进行了一场艺术竞赛,结果大获全胜,巩固了他在宫廷的地位。两年后完成的油画《酒神巴库斯》(又名《醉汉们》),表明他将泥土的芳香终于带进了宫廷。1629年他获得机会出访意大利,在威尼斯、罗马、那不勒斯等地看到了文艺复兴诸大师的绘画原作,特别着重研究了威尼斯画派的色彩与用光,回国后创作的作品色调更加柔和、晶莹,形象塑造更加生动、细腻。这期间最杰出的作品是《布列达的投降》,它是一幅大型历史画,作者以公正不阿的态度描绘了西班牙和荷兰战争中双方人物的复杂心理状态:西班牙虽是胜利者,但凶狠、傲慢,给人一种不快之感;荷兰人失败了,但没有失去尊严。他的大量肖像画

委拉斯贵支作品:《纺织女》

都坚持写实原则，并且注重刻画人物的精神面貌。对统治阶级的代表人物如《腓力四世像》，重在表现其虚伪、冷漠和浅薄，决不阿谀奉承。对于朋友和处在社会底层的劳动者，如《拿扇子的妇人》《矮子安东尼奥》，则被描绘得平易近人，有的还具有社会批判色彩。1651—1660年是他生活的最后10年，由于当局在对他授勋问题上有争论，使他情绪极不愉快，但仍创作了不少好作品。代表作《宫娥》和《纺织女》，被认为是17世纪欧洲少见的现实主义代表作，也证明他虽然长期担任宫廷画家，但始终未失去平民的本色。

第四章

帝国的衰落

——18世纪到20世纪20年代的西班牙

第四章　帝国的衰落——18世纪到20世纪20年代的西班牙

　　1700年2月17日，法国安茹公爵菲利普来到马德里继承西班牙王位，登基后确定王号为菲利普五世（1700—1746年在位），从此西班牙进入了波旁王朝统治时期。此后一直到1931年第二共和国建立的230年，在西班牙历史上习惯被看作一个整体，是西班牙从"中兴"逐渐走向衰落的近代后期。西班牙逐渐衰落的过程同时又是通过不断革命和改良，积极探索适合本国特点的现代化道路的过程，为世人留下了十分宝贵的经验教训。

第一节　短暂的中兴

一、西班牙王位继承战争

　　西班牙王位继承战争（1702—1714年）是因为西班牙哈布斯堡王朝绝嗣，法兰西王国的波旁王室与奥地利的哈布斯堡王室为争夺西班牙帝国王位，而引发的一场欧洲大部分君主制国家参与的大战。

　　1700年法国安茹公爵菲利普即位成为西班牙国王菲利普五世，引起了奥地利哈布斯堡王室的强烈不满。他们认为，卡洛斯二世死前遭群臣挟制，在遗嘱中宣明传位甥孙安茹公爵菲利普是非法的，西班牙的王位应该由同是哈布斯堡王室的奥地利大公卡洛斯继承，因此积极寻找同盟，企望通过对法战争夺回西班牙的王位。

菲利普五世

　　1701年9月7日神圣罗马帝国（当时为奥地利哈布斯堡王室所控制）则与英国、荷兰、丹麦、勃兰登堡、汉诺威以及数个德意志小邦国及大部分意大利城邦签订《海牙条约》，组成新的反法"大同盟"。法国则与西班牙、巴伐利亚、科隆及数个德意志邦国、萨伏依、葡萄牙[①]组成同盟。1702年5月大同盟正式对法国宣战，9月12日卡洛斯大公在维也纳被推举为西班牙"合法国王"。最初战争在法国与大同盟诸国的边界和意大利进行，后来蔓延到西班牙境内，演变成了西班牙的一场内战。

早在1701年，法国军队与奥地利军队在未宣战时已在意大利的亚平宁半岛上部署。1702年5月反法同盟正式对法国宣战后，两方部队正式开战。1702—1704年，双方在意大利、西班牙和海面上不断发生战事。当时在这场战争保持中立的欧洲人，都看好法国将获得胜利，因为法国占明显的优势，法国的盟友较多、军力较强，与西班牙联合的领土与人口也超过敌方。

西班牙与法国舰队在维哥湾海战被英荷联合舰队击败

1702年夏季，法军曾进逼莱茵河，但却几乎被约翰·丘吉尔所统率

[①]1703年萨伏依、葡萄牙倒戈加入反法同盟。

第四章　帝国的衰落——18世纪到20世纪20年代的西班牙

的英荷联军包抄，只得撤退。该年9月，法国与巴伐利亚盟军再攻莱茵河，成功突破防线，进逼奥地利。但是在1702年10月23日，法国与西班牙舰队在维哥湾海战中被英荷联合舰队歼灭，这使高度依赖海洋贸易的萨伏依、葡萄牙两国，在1703年倒戈加入反法同盟，从此战局逐渐朝对法国不利的方向发展。

为了增强军事实力，1704年6月24日菲利普五世颁布敕令，成立皇家卫队，但西班牙官兵人数只占卫队总人数的一半。1705年又在女强人乌尔西诺公主安娜·玛丽亚·德特雷莫列的主持下，进行了内政和军事改革，撤换了一批官员，任用了一批亲信，组织了一个强有力的班子，使西班牙政府完全被法国所控制；军事方面，把军队的高级将领全部换成法国人，改组了西班牙军队，配备了先进的武器装备；引进法国等外国军工生产专家，组织军工生产，使西班牙的纺织业和军火生产迅速发展；财政方面，加强管理，向各地方增加税收。通过这些改革，开始了外国人在西班牙军队服役和指挥的时代，刺激了西班牙与军工相关的工商业生产，短期内提升了西班牙的军事力量。但增税改革引起了地方的不满，不少地方开始对卡洛斯表示同情，一些地方，如阿拉贡、加泰罗尼亚等，甚至公开支持他做西班牙国王。

在1704年8月4日，英国海军在罗凯司令指挥下攻占了西班牙南面的直布罗陀，西班牙本土受到威胁。8月13日，奥英盟军在萨伏依的欧根亲王与约翰·丘吉尔统率下，集中兵力，在豪什塔特附近的布伦海姆战役中打败法国和巴伐利亚联军，由于防线崩溃，巴伐利亚退出战争。布伦海姆战役打破1643年以来法军的"不败神话"，后来温斯顿·丘吉尔评述这一战役时说："路易十四不能理解，他的优良军队不但战败，而且灭亡了，从此，他考虑的已经不是怎样称霸欧洲，而是如何体面地结束这场由他挑起的战争。"1706年9月17日，由萨伏依的欧根亲王再度统领的奥军在意大利的都灵近郊大败法军，法军只得退回本国。这一年，法军在南尼德兰的拉米利地区又被反法同盟所败，弗兰伦德地区被反法同盟所夺。战事发展至此，形势对法国极为不利。

战事进行至1706年，法军几乎陷入绝境，反法同盟在西班牙发动进攻，成功迫使菲利普五世退出西班牙首都马德里，并让卡洛斯大公在

1706年7月2日登上马德里的王位。正当反法同盟以为胜券在握之时,形势发生逆转,法军于1707年4月25日在西班牙的阿尔曼萨击败加尔韦伯爵马絮所部,并乘胜进占西班牙王国的大部分地区,菲利普五世在西班牙的地位得到巩固。1707年7月,法军于土伦大败欧根亲王。但在1708年7月,由约翰·丘吉尔与欧根亲王指挥的联军在奥德纳尔德战役再度击溃法军,使战事开始僵持。1709年7月11日双方部队在荷兰的马尔普拉凯近郊决战,维拉尔元帅领导的法军战败撤退,但反法同盟亦受到重创,维拉尔元帅可说是获得了重要的战略胜利。战事自此进入完全胶着状态,在随后五年里(1710—1714),双方都只打消耗战而避免再度决战。

马尔普拉凯之战

　　战事进行至1710年,反法盟军虽然有着兵力上的优势(盟军共有16万人,法军只有7.5万人),但却不再主动进攻法国。这是因为反法同盟的主力英国鉴在俄国于同期的大北方战争(1700—1721)中获胜,为防俄国从此称霸北欧,必须赶快对法停战,以抽身制衡俄国。因此英国开始独自与法国进行和谈,停止对法的战事。而由于英国态度的转变,反法同盟各国都停止了主动进攻,逐渐与法国停战;对西班牙有利的是,1710年在旺多姆元帅领导下,法西联军逼退西班牙本土的英奥联军,夺回首都马德里。

第四章 帝国的衰落——18世纪到20世纪20年代的西班牙

1711年，神圣罗马帝国国王约瑟夫一世去世，卡洛斯大公即位，成为神圣罗马帝国国王查理六世，这使卡洛斯对西班牙王位要求的合理性降低；同时德意志联军在1712年的德南战役失利，维拉尔元帅再度领军，击溃欧根亲王重要的分支部队。因此，在1713年4月11日，法国与除奥地利外的反法同盟各国，即英国、荷兰、勃兰登堡、萨伏依和葡萄牙，签订了《乌得勒支和约》，规定各国承认法王路易十四的孙子菲利普五世为西班牙国王，条件是法国王位与西班牙王位永远不能由同一个人继承。西班牙的欧洲属地被瓜分，萨伏依获得西西里和部分米兰公国的土地；神圣罗马帝国国王查理六世获得西属尼德兰、那不勒斯王国、撒丁尼亚和米兰公国的剩余部分。此外，西班牙割让直布罗陀和米诺卡岛给英国，并给予英国奴隶专营权。1714年，法国再与奥地利签订《拉什塔特和约》。西班牙方面，则于1713年7月，与英国签订《英西条约》及《西班牙—萨伏依条约》；1714年6月，与荷兰签订《西荷条约》；1715年2月，与葡萄牙签订《西葡条约》。通过这些条约，菲利普五世成为国际承认的西班牙合法国王，西班牙王位继承战争至此正式结束。

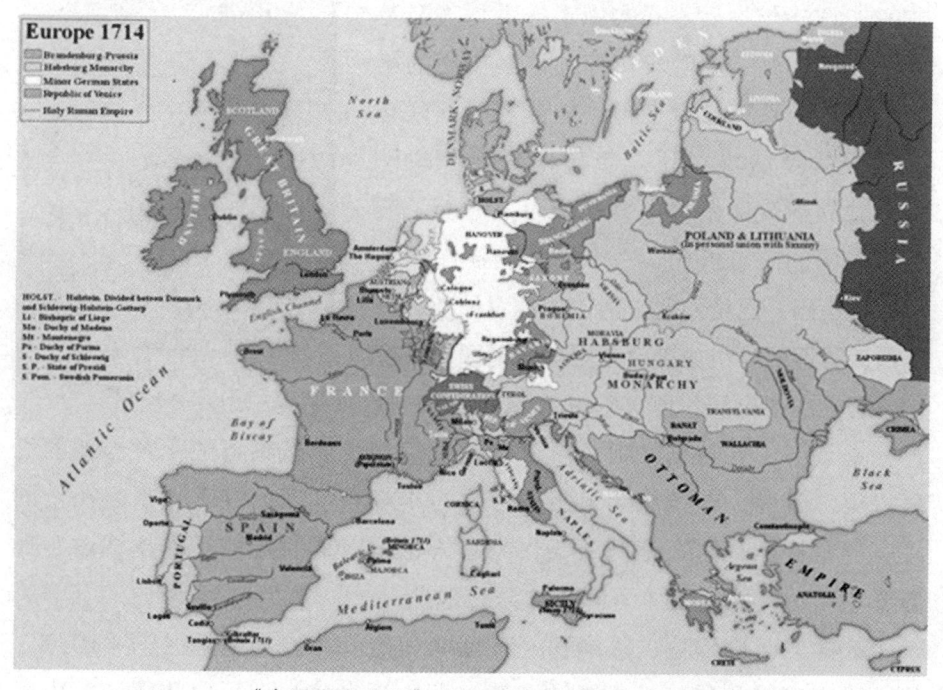

《乌得勒支和约》签订后的1714年欧洲地图

西班牙王位继承战争使衰落中的西班牙帝国，丧失了本土以外的所有欧洲领土。同时因为战场发生在西班牙本土，造成人民的劫难，几乎每个城市都经历过你来我往的战斗。但是，本土虽然在战争中遭受极大的破坏，外敌的侵犯却团结了国民；原本折磨了西班牙上百年的地方分离势力此后被破坏殆尽，加泰罗尼亚和巴伦西亚这些阿拉贡王国的离心省份，其自治特权被极大地削弱，中央集权的政策因此能顺利推行。出身波旁家族的菲利普五世国王也从法国带来了更为先进的集权理念与技术，使西班牙波旁王朝更加专制集权。

二、中央集权改革：从君合国到统一王国的转变

18世纪初，在结束西班牙王位战争后，西班牙波旁王朝为进一步强化中央集权，在1707—1716年先后颁布实施了一系列《新基本法案》，分三个阶段实施。法案实施的第一阶段，废除阿拉贡王国、加泰罗尼亚联合王爵国的立法权、独立起兵权、独立司法权、独立行政体系等。第二阶段，整合了所有组成国的政府机构，在卡斯蒂利亚王国、阿拉贡王国、巴伦西亚王国、加泰罗尼亚联合王爵国等西班牙组成国设立由马德里中央政府统一管理的中央按察司（Real Audiencia）管

针对加泰罗尼亚的《新基本法案》

理当地事务，并特别在阿拉贡王国设立萨拉戈萨按察司强化对当地的管理。第三阶段，在西班牙各组成国推行卡斯蒂利亚的行政体系，在全国政府各机构推行卡斯蒂利亚语作为官方语言，同时废除了阿拉贡语、加泰罗尼亚语、巴伦西亚语的官方语言地位。

这样，西班牙境内除纳瓦拉王国等少数几个巴斯克地区的"国家"外，所有王国和伯国机构都被取消，西班牙彻底实现了内政统一，由联

邦制君合国变成了西班牙王国。至此，从实质到形式，西班牙彻底完成了统一，成为不折不扣的近代民族国家，西班牙民族也因之凝聚成一个不可分割的共同体。

三、恋家的"勇士"菲利普五世

菲利普五世热衷战争和争霸，一生积极追求重现哈布斯堡王朝初期西班牙帝国的辉煌，为此他不断参加欧洲的战争，并亲自上阵指挥。战场上的英勇和不懈的战斗意志为他赢得了"勇士"的称号。对外战争中菲利普五世是个不折不扣的男子汉形象。

由于热衷征战，菲利普五世对处理国家内部政务缺乏兴趣，把处理内政的事交给了身边的人，特别是他的两任王后。菲利普五世是虔诚的天主教徒，恪守天主教的家庭道德要求，对妻子十分

玛利亚·路易莎王后

忠诚，爱情专一，不像其他欧洲君主处处留情，喜欢与妻子共同生活和工作，一直与妻子使用同一间起居室，并经常在起居室当着家人的面处理政务。在个人生活上的表现显示他是一位十分恋家的好男人。

菲利普五世的第一任王后是萨伏伊公主玛利亚·路易莎。在祖父法国国王路易十四的安排下，菲利普于1701年迎娶了表妹萨伏伊公爵维托里奥·阿梅迪奥二世之女玛利亚·路易莎，二人都是法国国王亨利四世的玄孙。结婚时玛利亚·路易莎年仅13岁，婚后不久，西班牙王位继承战争爆发，菲利普五世经常在外指挥军队作战，国内政务交给了年轻的王后。玛利亚·路易莎在使女乌尔西诺公主安娜·玛丽亚·德特雷莫列协助下，把内政处理得井井有条，使菲利普五世有了稳定的后院，能够

安心在前线作战。虽然后来西班牙国有人诟病玛利亚·路易莎主政使法国人把持了西班牙朝政，但在当时确实紧张的战时为西班牙打赢王位继承战争提供了坚实的后勤保障。1707年玛利亚·路易莎为菲利普五世生下了长子路易斯，使菲利普五世王位后继有人，在当时起到了巩固菲利普五世王位的重要作用。1713年玛利亚·路易莎又为菲利普五世添了一位王子斐迪南。由于长期战乱的影响，玛利亚·路易莎王后的身体健康状况不佳，1714年2月26日英年早逝，年仅26岁。玛利亚·路易莎王后协助菲利普五世捍卫波旁王朝的权力，赢得了西班牙人的普遍尊敬。

菲利普五世的第二任王后是帕尔马公主伊丽莎白·法尔内塞。1714年9月16日与菲利普五世成婚，当时21岁。菲利普五世对她十分宠爱和信任，把国内事务完全交给她，自己仍专注于复兴的战争大事。这样伊丽莎白·法尔内塞王后就成了1714—1746年菲利普五世统治后期西班牙的实际统治者。她辅佐菲利普五世基本恢复了《乌得勒支和约》签订后西班牙失去的领地，初步实现了中兴。

菲利普五世也很爱自己的孩子，积极为每个孩子谋取好的出路。1724年1月他将王位禅让给长子路易斯，王号路易斯一世。但路易斯一世不幸感染天花，在位仅7个月就去世了。菲利普五世又不得不再次登基执

菲利普五世一家画像（约绘于1723年）

政。菲利普五世去世后,他的次子斐迪南登基为国王斐迪南六世。菲利普与伊丽莎白·法尔内塞的孩子们后来出路也很好。王子卡洛斯后来成为西班牙国王卡洛斯三世。公主玛莉安娜·维多利亚后来嫁给了葡萄牙国王若泽一世,当了葡萄牙王后。王子菲利普成为帕尔马公爵菲利普一世,创建了波旁—帕尔马王朝。公主玛丽亚·特蕾莎·拉法埃拉成为法国王太子路易的第一任妻子。王子路易斯自1735年起为天主教托莱多总教区大主教及枢机,1754年宣布放弃所有教会头衔,并成为钦琼伯爵。公主玛丽亚·安东妮娅·斐迪南妲嫁给了萨丁尼亚国王维托里奥·阿梅迪奥三世。

路易斯一世

四、四国同盟战争

西班牙王位继承战争之后,菲利普五世一方面仍对继承法国王位不死心,另一方面对失去欧洲领土不甘心。为了维护《乌得勒支和约》确定的国际秩序,1717年1月,英国、荷兰和法国为反对西班牙帝国结成了三国同盟。1718年8月2日,奥地利加入反西同盟,三国同盟遂成为四国同盟。四国里面英国、荷兰和奥地利是长期盟友,法国是因为摄政王奥尔良公爵菲利普二世害怕同族的菲利普五世干涉影响到他在法国的权力。一心想夺得法国王位的西班牙国王菲利普五世,在首相阿尔韦罗尼枢机主教支持和第二任王后伊丽莎白·法尔内塞怂恿下于1717年出兵占领撒丁,1718年7月占领西西里。四国同盟要求西班牙从撒丁和西西里撤军,但遭菲利普五世拒绝,战争爆发。

一支英国舰队随即将奥地利军队运至西西里。8月11日,海军将领乔治·宾(George Bying)指挥的英国舰队,在西西里岛帕塞罗角(Cape

Passaro）附近水域摧毁了一支西班牙舰队。1719年3月，一支西班牙远征军试图向苏格兰的詹姆斯党人运送援兵和给养，但在苏格兰沿海一带遭风暴袭击而未得逞。同年4月，法国军队3万人攻入西班牙北部的巴斯克地区，并对该地和加泰罗尼亚进行大肆劫掠。后因气候恶劣和疾病流行，法军于1719年11月底返回本国。同年10月，奥地利军队在英国舰队支持下，攻占西西里的墨西拿。与此同时，一支英国两栖部队袭击并占领了大西洋沿岸的西班牙港口维哥和蓬特韦德拉

伊丽莎白·法尔内塞

（Pontevedra）。由于西军连遭挫败，菲利普五世认为这是阿尔韦罗尼对外政策造成的恶果，遂于1719年12月将他流放国外，并开始进行和谈。

1720年2月17日交战各方签订《海牙条约》，规定西班牙撤出西西里和撒丁；萨伏依的维托里奥·阿梅迪奥二世收回撒丁；西西里让给奥地利哈布斯堡家族的查理六世；菲利普五世放弃其对意大利的领土要求，作为交换条件，奥地利同意在帕尔马、皮亚琴察（Piacenza）和托斯卡纳（Tuscany）三个公爵领地在公爵绝嗣时，由菲利普五世和伊丽莎白·法尔内塞的长子卡洛斯继承。四国同盟战争结束。战争结局表明西班牙尚未从长期战乱中得到恢复。

五、波兰王位继承战争

1733年2月1日，波兰国王奥古斯特二世逝世，王位空悬，由大主教泰奥多·波托基率领的波兰与立陶宛贵族，聚集起来以推举下一任国王。俄国和奥地利支持奥古斯特二世的儿子萨克森选侯奥古斯特成为波兰国王。虽然

第四章 帝国的衰落——18世纪到20世纪20年代的西班牙

俄国和奥地利动员军队包围波兰国会,强迫议员选择奥古斯特,但国会仍推举莱什琴斯基为波兰国王。于是,由陆军元帅彼得·彼得罗维奇·拉西率领的俄军进入波兰领土以声援奥古斯特。由米哈乌·塞尔瓦齐·维希尼奥韦斯基公爵(由奥古斯特二世委任的前任立陶宛首相)率领的一部分贵族,当中大部分是立陶宛贵族,离开选举地点并加入俄军。这班贵族推举了奥古斯特为波兰国王,是为奥古斯特三世。尽管这班贵族只是波兰国内少数会支持奥古斯特三世的人,但俄国和奥地利仍靠他们以确立奥古斯特三世的继承权,并以此在波兰国内维持影响力。俄军由博克哈德·克里斯托弗·冯·慕尼黑率领,迅速夺取了华沙,扶植奥古斯特三世登上波兰王位。这逼使莱什琴斯基逃亡到格但斯克,但又被俄国—萨克森联军围困。1734年6月格但斯克陷落,莱什琴斯基流亡到法国,投靠女婿路易十五。

尽管俄国在波兰速胜,但战事尚未完结。法国的首席大臣弗勒里,看到了这场战争是将奥地利的势力逐出西欧的大好时机,因为保护法国国王的岳父莱什琴斯基,正好提供了一个能让法国参与这次战争的好借口,更妙的是法国不必以侵略者的身份作战。他希望利用此战羞辱奥地利,加上洛林公爵弗朗茨·史蒂芬即将迎娶查理六世的女儿玛丽娅·特蕾西娅,这样会令奥地利的势力直接伸延到法国边界,严重威胁法国。所以他亦希望法国在这场战争中得到渴望已久的洛林公国,阻止奥地利的势力扩张。西班牙国王菲利普五世亦加入了路易十五的阵营。他希望能为他第二次婚姻与帕尔马公国的伊丽莎白·法尔内塞所生的儿子得到奥地利在意大利的领地;他特别希望为己身为帕尔马公爵的长子卡洛斯得到曼切华公国,有可能更希望能得到托斯卡纳大公国;亦希望次子菲利普能取得那不勒斯和西西里这两个王国。萨伏依的卡洛·埃马努埃莱三世亦加入法、西这两个波旁王朝统治国家的阵

莱什琴斯基

营，希望得到奥地利的米兰公国。虽然奥地利希望得到大不列颠和荷兰共和国的支持，但是结果却是失望的，由于两国政府都受英国首相罗伯特·沃波尔的影响，他们决定采取中立的政策。虽然如此，法国仍然不想招惹他们，所以并不会在奥属尼德兰与奥地利开战。两国中立的政策亦令奥地利没有一个得力的盟友——俄国和萨克森仍然忙于应付波兰的战事，查理六世又不信任可能会给予支持的普鲁士国王腓特烈·威廉一世，导致腓特烈·威廉一世只给予名义上的支持，如巴伐利亚和其他德意志的中型邦国都因与法国结盟而维持中立，所以只剩下一些小型的邦国和汉诺威——乔治二世为了维持自己汉诺威选侯的身份，决定支持查理六世。这场战争证明了是奥地利的一次灾难。由于尼德兰保持中立，这场战争主要集中于两个战场——莱茵河和意大利境内。法军在莱茵河战场取得大胜，他们占领了洛林公国和莱茵河右岸菲利普斯堡的要塞。在意大利北部战场上，奥地利军队在1734年6月29日取得了比亚切奥战役的胜利，但在1734年9月19日的瓜斯达拉战役中输给了法国及其盟军。在意大利南部战场上，西班牙军队轻易在比当度战役击败了奥军，1734年5月征服了那不勒斯和西西里两个王国。

由于战争的形势对奥地利极为不利，根本没有可能继续作战，加上法军得知俄军有可能增援奥军，所以两方很快进行和平谈判。1735年10月双方初步达成和平协议，并在1738年11月签订的《维也纳条约》得到落实。奥古斯特三世确认成为波兰国王，莱什琴斯基得到洛林公国作为补偿（他死后，公国透过他女儿而并入法国），而前洛林公爵弗朗茨·史蒂芬，成了托斯卡纳大公国的继承人，他于1737年继承公国。卡洛斯被迫放弃争夺托斯卡纳的权利和现时的领地帕尔马公国，帕尔马公国由奥地利直接统治，但卡洛斯却可得到那不勒斯和西西里两个王国，成为两国的国王。

通过参加波兰王位战争，西班牙重新夺回了在意大利的部分领地，成为最大的赢家。

六、奥地利王位继承战争

奥地利王位继承战争是欧洲两大联盟为争夺奥属领地,因奥地利王位继承权问题而引起的,它于1740—1748年以中欧为主要战场展开。奥皇查理六世于1740年10月20日死后无嗣,其长女玛利亚·特蕾西亚承袭父位。查理六世死后,普鲁士、法国、巴伐利亚、萨克森、西班牙、皮埃蒙特、撒丁王国、那不勒斯王国拒绝承认玛利亚·特蕾西亚的继承权,而奥地利、英国、捷克、匈牙利、荷兰、西里西亚、俄国从其各自的既得利益

玛利亚·特蕾西亚

出发,则全力支持玛利亚·特蕾西亚的继承权。由此而爆发了长达8年之久的由两次西里西亚战争构成的奥地利王位继承战争。

1740—1742年第一次西里西亚战争,奥地利战败,被迫于1742年7月与普鲁士签订了《柏林和约》。奥地利对自己在第一次西里西亚战争中的失败很不甘心,在战后与英国、汉诺威、荷兰等联合,主动向除普鲁士以外的其他反奥国家开战,最终引发了第二次西里西亚战争。在意大利半岛上,西班牙军队积极作战,到1746年,除米兰外,意大利其他领地均落到伊丽莎白·法尔内塞王后家族手里。《乌特勒支条约》签署后,西班牙在意大利失去的领地眼看就要被菲利普五世全部收复。在多年梦想即将变成现实之际,菲利普五世于1746年7月9日不幸死于中风,形势发生逆转。

斐迪南六世登基后,对这场领土之争不感兴趣,不愿因异母兄弟之间的领地之争使国家陷入常年的战争。1748年10月18日《亚琛条约》

签订,奥地利王位继承战争结束。《亚琛条约》有条件地承认弗莱茨一世的奥地利王位和神圣罗马帝国皇位,王后玛利亚·特蕾西亚及其后裔对哈布斯堡家族领地的继承权最终得到了英国、法国和西班牙等国的承认;卡洛斯成为那不勒斯国王,西班牙得到帕尔马、瓜斯塔拉和普拉森西亚公国。西班牙通过参战基本恢复了哈布斯堡王朝时期在意大利半岛上的势力范围。

七、詹金斯的耳朵战争

詹金斯的耳朵战争是1739—1748年发生在西班牙与英国之间为争夺大西洋贸易和美洲殖民地的一场战争,自1742年起它成为奥地利王位继承战争的一部分。

根据1729年订立的《塞维尔条约》,英方曾同意不与西班牙的殖民地进行贸易。为了确保条约有效落实,西班牙被允许在其领海范围内登上英国船只进行巡检。可是在1731年,英国商船"丽贝卡号"(Rebecca)船长罗伯特·詹金斯报称在加勒比海的西班牙海域遭到西班牙当局的人员登船搜掠,而且还将他的一只耳朵割下。詹金斯船长返回英国后曾向英皇申冤,而加勒比海的英军总司令亦曾就事件撰写报告,不过事件最初没有成为舆论焦点。但到1738年,詹金斯再度公开讲述其遭遇,而且还戏剧性地在下议院一个听证会上展示"相信是"自己被割下的耳朵。这次事件引起舆论广泛关注,下院更有言论认为詹金斯耳朵被割,是当众受辱,牵涉国体荣辱。本来,英国国内已有声音希望能够在商业上和军事上主导大西洋海盆地带,詹金斯耳朵事件以后,要求对西班牙开战之声更不绝于耳。尽管当时内阁无意开战,但备受压力下,首相罗伯特·沃波尔爵士最终在1739年10月23日对西班牙宣战。

1739年11月22日,英国率先攻占新格拉纳达总督辖区(Viceroyalty of New Granada,今巴拿马沿岸)内一个叫贝约港(今波特贝洛)的小型银矿出口城镇,意图以此打击西班牙的财政收入。由于西军守备不

第四章　帝国的衰落——18世纪到20世纪20年代的西班牙

足，英军的舰队司令爱德华·弗农（Edward Vernon）只消派出六艘军舰就轻易攻陷该港。贝约港失陷以后，当地经济大受破坏，直到后来巴拿马运河动土兴建后，经济才渐有起色。西班牙方面被迫放弃了过去以大型珍宝船队在单一港口进行贸易的方式，改用小船只在不同口岸贸易，以分散风险。英军在贝约港大捷的消息在1740年传回英国后，英国全国自发组织了不少庆祝活动，在伦敦一个庆祝弗农报捷的晚会上，《天佑我皇》一曲首次在公众场合奏起，后来成为英国国歌；伦敦的街道波特贝洛道也是为纪念英军大捷而命名的。这一战役后，西班牙帝国在美

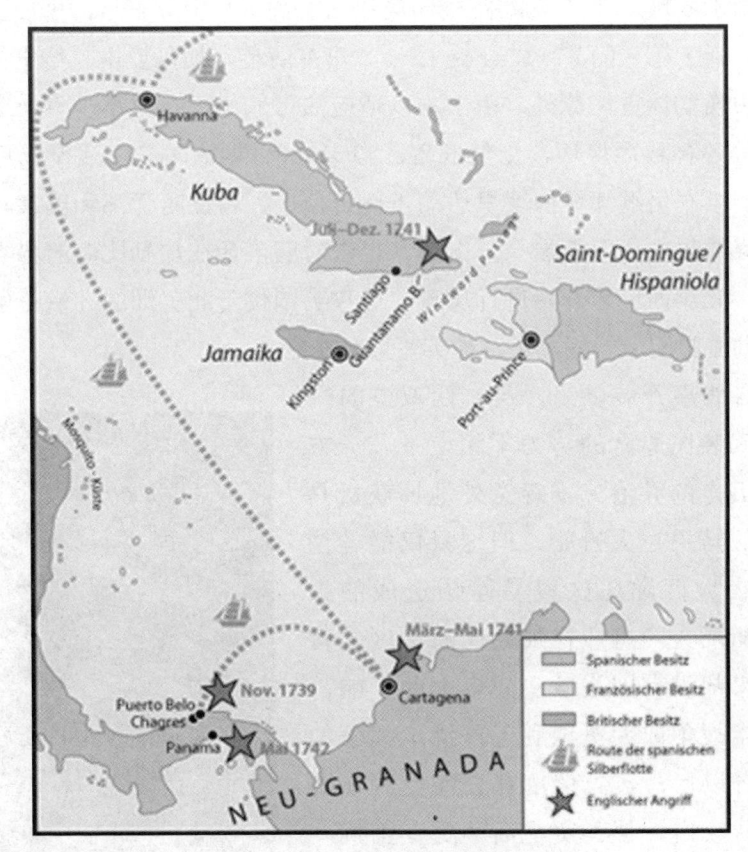

詹金斯的耳朵战争示意图

点线为西班牙珍宝船队的航行路线；图中包括今巴拿马在内的南美洲地区、古巴岛和今天多米尼加共和国所在地属于西班牙，今天海地所在地属于法国，其余地区属于英国；五角星为英军进击的地点。

· 193 ·

洲的影响力大降，曾一度被英国视为已是无法影响现实的过去历史。此后，英军乘胜追击，在1740年遣派海军准将乔治·安森（Commodore George Anson）领导分遣舰队前往太平洋，企图进一步打击西班牙在菲律宾等地的势力，但是这些行动大多无功而返。

海军上将爱德华·弗农在1741年3月，对加勒比海的西班牙主要黄金贸易港卡塔赫纳-德印第亚（今哥伦比亚卡塔赫纳）发动海陆攻击，这次攻击是詹金斯的耳朵战争中最主要的战事。不过，由于缺乏完善计划、海陆部队各自为政，再加上战区太远，补给困难，使英军的远征处处受限。相反，由于西班牙在卡塔赫纳-德印第亚的防御工事十分充足，再加上其总司令布拉斯·德·勒苏（Blas de Lezo）早有防范，加以反击，结果使英方在战事中伤亡惨重。此外，由于难以适应热带气候，英方不少将士染上如黄热病等各种致命疾病，士气低落。自卡塔赫纳-德印第亚战役以后，军力薄弱的英军仍继续在佛罗里达的圣奥古斯丁、古巴哈瓦那和巴拿马等地发动类似的攻击，但都被一一击退，也未对西班牙在加勒比海的势力构成威胁。1742年西班牙开始进行反攻，进攻英国位于北美洲的乔治亚殖民地，并发动血腥沼泽之战，不过被英军成功击退。

自战事开展以来，英、西双方的海军和武装民船队的势力不相上下。一方面，英方的乔治·安森意外地掳获极具价值的马尼拉大帆船，但这仅仅能补偿英国在大西洋地区贸易停顿造成的损失。相反，西班牙在加勒比海地区的贸易往来却没有因战争造成多大的影响，尤其当战争成为奥地利王位继承战争的一部分以后，英方船舰在公海受到法国商船队攻击，使其贸易活动更受困扰。后来由于奥地利王位继承战争的关系，各方都把军事焦点和资源移回欧洲大

布拉斯·德·勒苏

陆，再加上将士受到热带病的威胁，最终使战事陷入休止的僵持状态，而各方也未有因战事而取得任何新的领土。

尽管战争陷入僵局,但总体上看,由于西班牙在卡塔赫纳-德印第亚战役中大胜的缘故,19世纪之前西班牙继续支配着大西洋贸易,有效地掌控着自己的美洲殖民帝国。西英两国的僵持对峙局面,一直持续到1748年奥地利王位继承战争完结后,参战各方签订《亚琛和约》才暂时告一段落。

此后西英两国外交联系重新恢复,不过两国为争夺殖民地而互相对抗的总体格局未有改变,加勒比海领土问题也没有完满解决。西班牙后来在欧洲七年战争晚期乘机加入法方阵营,这促使英国一度攻占古巴哈瓦那和菲律宾马尼拉等的西班牙海外殖民地。七年战争完结后,西班牙为赎回被占领地被迫把佛罗里达割让给英国。不久以后,西班牙借美国独立战争之机夺回了佛罗里达和巴哈马,并在法国协助下夺得英国在地中海占领的梅诺卡。西班牙还曾试图联合法国围攻直布罗陀(1779－1783年),不过没有成功。在美国独立战争之后,西班牙将巴哈马交还英国,换回了佛罗里达的剩余部分。

法国大革命及拿破仑战争期间,英国又乘西班牙国内局势不稳的有利时机,于1797年出兵围攻波多黎各岛的圣胡安,1806年出兵攻打特内里费,1807年袭击布宜诺斯艾利斯,但都失败而回。

八、"有知识"的斐迪南六世

斐迪南六世(1746－1759年在位)是西班牙波旁王朝的创立人菲利普五世与首任妻子玛丽·路易莎的次子,西班牙国王路易斯一世及卡洛斯三世的兄弟,法国国王路易十四曾孙。他喜爱射击和音乐,热心发展文化事业,因追求高雅文化和艺术被称为"有知识的斐迪南"。

1752年,斐迪南六世建立斐迪南学院,发展美术。他还设立了植物园、观像台等。

他一生热爱音乐,赞助许多意大利音乐家,其中就有最著名的是歌唱家法里内利。法里内利本名为卡洛·布罗斯基,1705年生于安德里亚,是意大利著名的阉人歌唱家。早年他在那不勒斯师从著名教师尼科拉·波尔波拉，15岁时在那不勒斯首次登台演唱，表现出了特殊的歌唱才能。17岁时，在罗马演唱波尔波拉创作的一首著名的用小号助奏的咏叹调，在这首歌曲中，人声和号声此起彼伏，一争高低。当小号精疲力竭后，法里内利却从容不迫地继续演唱了一曲带颤音的快速华彩乐段，使小号为之折服，观众为之震惊。此后，这首咏叹调成为法里内利的保留曲目，并使他名声大噪。1723年他饰演了波尔波拉的《阿黛拉得》（Adelaside）的剧中角色。后来他曾在维也纳和伦敦演唱。1737年在马德里演唱时，他获得菲利普五世的青睐，菲利普五世用五万法郎年俸把他留在马德里。他每晚给国王唱歌达25年之久，对弘扬歌剧艺术做出了一定贡献。菲利普五世1746年去世后，法里内利继续为费迪南德六世服务，1750年法里内利被斐迪南六世授予西班牙最高骑士爵位。1759年卡洛斯三世即位后，因与新国王意见相左，法里内利逃离西班牙，离开宫廷，开始了漫长的退休生活，颇为显赫地住在博洛尼亚，以收集名画和弹奏羽管键钢琴及抒情维奥尔琴为乐。1782年法里内利在博洛尼亚去世。

斐迪南六世

歌唱家法里内利

斐迪南六世专注发展文化艺术，对处理政务不感兴趣，把日常政务基本上交付给何塞·卡瓦哈尔和恩森纳达侯爵本戈切亚，这两人的执政以发展经济恢复生产为主。迪南六世厌恶战争，在奥地利王位继承战争及欧洲七年战争期间，他恪守中立，并不参战，使西班牙国力得以在和平环境中恢复发展。

第四章 帝国的衰落——18世纪到20世纪20年代的西班牙

晚年，因受其妻葡萄牙公主巴巴拉1758年逝世的打击，斐迪南六世有精神错乱的倾向，于1759年逝世。

九、卡洛斯三世的"中兴"事业

卡洛斯三世（1759—1788年在位）是菲利普五世第二次婚姻所生的儿子，母亲是帕尔马公主伊丽莎白·法尔内塞。他1716年出生于马德里。1731年卡洛斯得到帕尔马公国作为自己的封地。1735年波兰王位继承战争之后，帕尔马被割让予神圣罗马帝国国王查理六世，作为补偿从奥地利换来了那不勒斯和西西里。卡洛斯以帕尔马公爵身份兼任两国君主。1759年异母兄长斐迪南六世国王去世后，卡洛斯三世继承了西班牙的王位。

卡洛斯三世

卡洛斯三世登基后起用冈波斯、洛里达布兰卡等大臣整顿国政，执行一种开明专制政策，设立国务会议协调各大臣的工作。在军事方面，卡洛斯三世把雇佣兵制度改为征兵制，并学习陆军强国普鲁士的训练方法。一时间，西班牙的国势颇有起色。卡洛斯三世在内政方面采取的另一件有影响的大举措是把耶稣会会士从西班牙及西班牙的海外领地驱逐出境。因为长期以来，耶稣会卷入一系列的政治阴谋之中，已经令许多国家，包括最重要的天主教国家西班牙和法国感到不满。

卡洛斯三世的对外政策主要方针是，联合同为波旁家族统治的法国反对英国。1761年，卡洛斯三世与法国国王路易十五签订波旁家族条约，约定共同遏制英国。这个条约使西班牙卷入了与英国直接对抗的七年战争。

七年战争发生在1754—1763年，这场战争由欧洲列强之间的对抗所驱动。英国与法国、西班牙在贸易与殖民地上相互竞争；同时，日益崛起的强国普鲁士与奥地利也在神圣罗马帝国的体系内外争夺霸权。奥地利王位继承战争之后不久，列强间进行了"伙伴交换"：普鲁士与英国建立了联盟，同时互为传统对手的法国和奥地利缔结了同盟关系。英普同盟日后陆续有德意志小邦（特别是汉诺威）以及葡萄牙参与，而法奥同盟则包括瑞典、萨克森，以及后来加入的西班牙。俄罗斯帝国起初与奥地利同盟，但在1762年沙皇彼得三世即位后改变了立场，同瑞典一样与普鲁士单独缔结了合约。

在战争前期，西班牙奉行中立政策，没有参战。1759年9月英国军队攻占了魁北克，1760年英国占领了整个法属加拿大，有吞并北美的势头。卡洛斯担心英国会成为北美的霸主，梦想通过参战打击英国，削弱英国在美洲的非法贸易的活动，为西班牙工业发展和振兴西班牙在美洲的贸易创造条件。1761年8月13日，西班牙与法国签署了《巴黎协定》，开始和法国站在一起对抗英国。1762年1月4日英国向西班牙宣战，西班牙也于1月18日向英国宣战，葡萄牙跟着参战并加入英国这一方。西班牙在法国的帮助下入侵葡萄牙且成功占领了阿尔梅达，但英国援军的抵达推迟了西班牙的攻势，英葡联军在巴伦西亚德亚尔坎塔拉战役中破坏了一座西班牙主要的补给基地。最后英葡联军在游击队以及焦土战术的帮助下将西法联军赶回西班牙，收复了大部分的失土。

1763年，法国、西班牙与英国签订了《巴黎和约》，萨克森、奥地利与普鲁士签订了《胡贝尔图斯堡和约》。七年战争结束。这次战争在欧洲以攻城战、对城镇的纵火以及造成惨重损失的野战而著称。战争总共造成了约90万—140万人死亡。

英国在战争中取得了巨大的成功。它获得了绝大部分位于加拿大东部的新法兰西、西属佛罗里达、一些位于西印度地区的加勒比岛屿、西非海岸的塞内加尔殖民地，并赢得了在印度次大陆上对法国贸易的绝对优势。北美原住民部落被排除在和约之外。在欧洲，战争起初在普鲁士造成了巨大的破坏。但是好运和成功的策略帮助腓特烈大帝成功地恢复了普鲁士的国家地位并且在战后保持了"战前的状态"。葡萄牙、西班

第四章 帝国的衰落——18世纪到20世纪20年代的西班牙

牙和瑞典的参战并没有帮助这些国家取得曾经的列强地位。法国被剥夺了大量的殖民地并背负了沉重的战争债务。

西班牙在七年战争中有得有失，一方面失去了北美洲的重要殖民地佛罗里达，另一方面获得了辽阔的殖民地路易斯安娜，并恢复了在战争期间被英国夺去的对古巴和菲律宾的控制，交换的结果看是得大于失。

1770年，卡洛斯三世险些在南美洲的马尔维纳斯群岛（福克兰群岛）与英国发生冲突。在北美独立战争中，卡洛斯三世站在殖民地人民一边反对宿敌英国。1779年，卡洛斯三世正式对英宣战，并为北美殖民地提供援助。随着美国的胜利与独立，西班牙又收回了佛罗里达并获得米诺尔卡岛。从殖民地面积看，若不记西葡合并时期的葡萄牙殖民地，西班牙自身开拓的殖民地在这时达到了最大。

总体上看，卡洛斯三世统治时期，西班牙经济在斐迪南六世时期的基础上进一步发展，国力有所增强。殖民地争夺中取得进展，一扫哈布斯堡王朝末期以来的发展颓势，在一定程度上恢复了殖民帝国的强势，使西班牙的殖民帝国延续了菲利普五世以来的"中兴"局面。

第二节 独立战争与革命

一、法国革命中立场摇摆不定的西班牙

1788年12月14日，卡洛斯三世去世，他的儿子卡洛斯四世（1788—1808年在位）登基。卡洛斯四世本人性格懦弱，遇事缺乏决断与担当，登基后对国家大事不闻不问，整天不理朝政，只喜欢打猎，国家实际掌控在王后玛丽亚·路易莎和她的情夫曼努埃尔·戈多依手中。这两人缺乏对国内外形势大局的分析判断能力，在法国大革命的冲击下，决策失当，摇摆不定，最终给西班牙带来了沉重灾难。

1789年7月法国大革命爆发，同为波旁王朝的西班牙政府对革命缺乏

好感，害怕革命波及西班牙，先是本能地采取封锁消息和边境的政策，企图切断西班牙和法国的联系。后来英国组织反法同盟时，戈多依参加进来，站在了与法国敌对的一方。

1793年3月7日法国对西班牙宣战，西法战争爆发。因为这次战争的战场主要在罗塞永地区，一般称作"罗塞永战争"。又因为是西班牙和英国联合反对法国国民公会的战争，所以也叫作"国民公会战争"。战争初期，西班牙取得了一定战果，1793年9月22日的特鲁伊利亚战役中，安东尼奥·里卡多斯率西班牙军队，

卡洛斯四世

在英国和葡萄牙联合舰队的支援下，一举歼灭法国军队6000多人，控制了罗塞永海岸。1794年3月4日，安东尼奥·里卡多斯死于肺炎，西班牙国内挑不出一个合适的统帅，战争形势开始逆转。法军趁机反攻，把西班牙军队赶出了罗塞永。此后法军长驱直入，势如破竹，相继占领了西班牙的费格拉斯、圣塞瓦斯蒂安、毕尔巴鄂、维多利亚和米兰达·德埃布罗等城市，西班牙军队在各个战场都溃不成军，被迫求和。1795年7月22日西法两国签订了《巴塞尔和约》，规定法国归还占领的吉普斯夸等西班牙领土，西班牙将圣多明各岛东部割让给法国，双方基本按照天然疆界原则划定两国边界。法国承认西班牙在意大利的传统影响，西班牙为法国与葡萄牙、那不勒斯、撒丁、帕尔马的和谈充当中间人。战争期间没收的财产归还对方。西班牙同意每年向法国提供安达卢西亚良种母马150匹、美利奴绵羊1000只、公绵羊100只。罗塞永战争结束。法国在谈判中考虑到自己面临其他欧洲大国的军事威胁，希望尽快结束与西班牙的军事冲突，以及想争取与西班牙结盟共同对付英国，所以没有提出太苛刻的条件，使西班牙以较小的代价结束了战争。曼努埃尔·戈多依吹嘘自己是"胜利者"，卡洛斯四世为表彰他的功劳，授予他"和平王子"称号。

第四章　帝国的衰落——18世纪到20世纪20年代的西班牙

　　罗塞永战争的失败，使戈多依看到了法国军事力量的强大，西班牙的对法政策在他的主导下从一个极端转向了另一个极端。1796年8月18日西法两国签订了《圣伊尔德丰索条约》，结成同盟关系。依照条约规定，任何一签约方被第三国攻击时，另一方必须提供军事援助，共同反击第三国的军事进攻。考虑到当时法国四面受敌的形势，这一条约实际上把西班牙绑在了法国的战车上。

　　英国随即对西法结盟做出反应，1796年10月英军开始攻击西班牙，英西战争爆发。此后，英国在组织反法同盟攻打法国时，不忘对西班牙进行打击。1797年2月英国海军在圣维森特海角战役中击败西班牙何塞·科尔多瓦指挥的舰队；同月在特立尼达岛战役中再次重创西班牙海军。随后利用海军优势，英国对多处西班牙海外殖民地展开进攻，使西班牙疲于应付。1798年11月10日，英国军队重新占领西班牙的梅诺卡。接连的战斗失利和领地丧失，使西班牙人民对戈多依十分不满。迫于国内舆论压力，卡洛斯四世暂时解除了戈多依的职务，但戈多依仍然为卡洛斯四世出谋划策，实际权力并未丧失。

　　1799年拿破仑发动政变，在法国建立了独裁统治，对外战争连续获胜，声威巨大。但西班牙自己因连战连败，对继续战争已产生了畏惧，想退出却又畏惧拿破仑而不敢退出。这时候葡萄牙是英国组织的反法同盟成员，里斯本为反法战争提供了源源不断的海外支持，是拿破仑想尽快除去的眼中钉。1801年拿破仑逼迫西班牙消灭葡萄牙，但卡洛斯四世根本不想打，一方面是前一段连续战败没有信心，另一方面也因为葡萄牙国王是自己的女婿，不能打自己人。戈多依劝说卡洛斯四世同意向葡萄牙宣战，说对葡萄牙打一场速决战对西班牙和葡萄牙王室都有好处，最起码能保住王位。于是西班牙在1801年2月27日向葡萄牙宣战，但执行中却是宣而不战，军队慢腾腾地向两国边境挪，直到5月才在拿破仑的再三催促威迫下向葡萄牙发起"进攻"。匆匆忙忙地稍微打了下，就和葡萄牙迅速达成和议。6月6日西葡签订《巴达霍斯条约》，规定葡萄牙对英国封锁一切港口，同时向法国开放；将奥利文萨割让给西班牙；以瓜迪亚纳河为两国天然边界；西班牙归还战争中所占葡萄牙领土，葡萄牙向西班牙赔款。签约后，戈多依从奥利文萨的一棵橘子树上折了一段树

· 201 ·

枝拿回西班牙作为战利品送给王后。这场闹剧般的战争,被人们戏称为"橘子战争"。9月29日,葡萄牙又和法国签订了《马德里条约》,葡萄牙保证对英封锁和对法友好。拿破仑原本计划完全占领葡萄牙,作为与英国谈判的一张牌,但戈多依搞的橘子战争破坏了拿破仑的计划,此后拿破仑对戈多依十分反感,但戈多依并不知情,还以为自己轻易实现了拿破仑的封锁英国的目标,很得拿破仑的"龙心"。

长期战争使西班牙经济陷入空前危机,财政十分困难,西班牙一些地方纷纷发生反政府暴乱。迫于严峻的国内形势,戈多依决心退出英法之间的战争,保持中立。1803年经过艰难的谈判,西法两国在10月签订《补偿条约》,西班牙以每月向法国缴纳600万雷亚尔为代价,换得拿破仑对其中立国地位的承认。

西班牙的中立两边不讨好,一方面付出代价还增加了法国的不满,另一方面英国因以前西班牙的背叛不再相信其和平诚意,敌意不减,并未放弃对西班牙的攻击。戈多依看到称帝后拿破仑的赫赫威势,萌发了借拿破仑力量登上王位的梦想,在他的策划和动下,1804年12月12日西班牙再次对英国宣战,戈多依堕落为拿破仑实现扩张野心的工具。

1805年10月21日,英国舰队和法西两国联合舰队在特拉法尔加海域展开大战,法西联合舰队遭到重创。法军死伤达4500多人,西班牙军队死伤2400多人,加上被俘人员总计损失达1.2万人。法西12艘战舰被缴获,7艘被彻底摧毁,西班牙只有5艘战舰逃回加底斯港。英国方面虽然海军总指

特拉法尔加海战

挥纳尔逊海军上将阵亡，但总体损失较小，死伤仅1600人左右。特拉法尔加海战使法国海军遭到重创，使拿破仑征服英国实现海上称霸的梦想彻底破灭。西班牙海军在这次海战中损失了三分之二，从此一蹶不振。

海上的失败迫使拿破仑把陆上封锁作为对付英国的主要手段，伊比利亚半岛有众多港口，南边的直布罗陀海峡更是控制地中海的咽喉，对切断英国海上交通运输十分重要。为实现《大陆封锁令》的目标，拿破仑决心占领伊比利亚半岛以免西葡两国在封锁英国时三心二意。

1806年拿破仑通过西班牙驻法大使与戈多依密谈策划进攻葡萄牙，戈多依提出希望在占领葡萄牙后能分一块地方让自己称王。拿破仑已经下定占领全部伊比利亚半岛的决心，答应什么条件都无所谓，只要能达成进军目标就行。在戈多依的努力下，卡洛斯四世同意了瓜分葡萄牙的要求，1807年10月27日西法两国签订了瓜分葡萄牙的密约《枫丹白露条约》，允许法军借道西班牙攻打葡萄牙，战后把阿连特茹和阿尔加维交给戈多依，并封他为"阿尔加维王子"。1807年11月30日西法联军在几乎未遇任何抵抗的情况下占领了里斯本，葡萄牙摄政王全家在前一天乘船逃往巴西。

二、拿破仑入侵和西班牙独立战争

占领葡萄牙后，拿破仑立即着手实施既定计划的第二步——占领西班牙。1808年2月20日，拿破仑任命他的妹夫华金·缪拉为全权代表并率军进驻西班牙。3月16日卡洛斯四世向全国发布谕告，表示希望同法国保持和平。法军无视他的谈话，继续向南进军，直逼马德里。人民对戈多依引狼入室、卖国求荣的行为十分愤慨，1808年3月17到18日马德里发生骚乱，愤怒的群众闯进戈多依的官邸，抢劫放火，在民众压力之下，卡洛斯四世撤销了戈多依的官职和封号，并向拿破仑通报了此事。躲藏两天之后的戈多依，在卫队保护之下躲过一劫。3月19日惶惶不可终日的卡洛斯四世宣布退位，儿子斐迪南七世（1808；1814－1833年在位）登基为西班牙国王。

· 203 ·

西班牙史话

　　马德里骚乱的消息在西班牙全国引起强烈反响，各大城市居民纷纷游行示威，要求严惩国贼戈多依，但拿破仑却下令把戈多依释放。3月23日法军在华金·缪拉率领下进入马德里。拿破仑把西班牙王室成员，包括卡洛斯四世和斐迪南七世在内，召往法国城镇巴永，以便胁迫他们同意立拿破仑的长兄约瑟夫·波拿巴为国王。

　　消息传来，马德里人民在5月2日爆发了大规模起义，他们涌向东方宫，企图拦截准备启程去法国的王室成员。群众的行动得到了以道伊斯、贝拉尔德为首的一批军人的响应。华金·缪拉按照拿破仑的指示，在让大臣劝阻无效后，率军镇压。具体负责指挥镇压行动的是格罗奇和内格雷特两位将军，镇压从5月2日晚上开始，持续到5月3日，马德里街上到处都能听到法国侵略军屠杀市民的枪声和被害者高喊的口号声。西班牙大画家戈雅对法军的血腥镇压义愤填膺，后来以此为情景创作了名画《1808年5月3日马德里的枪杀》，用来纪念在起义中壮烈牺牲的爱国英雄，并控诉侵略者的残暴。

　　马德里"五二"起义点燃了西班牙独立战争的烈火，各地群众纷纷

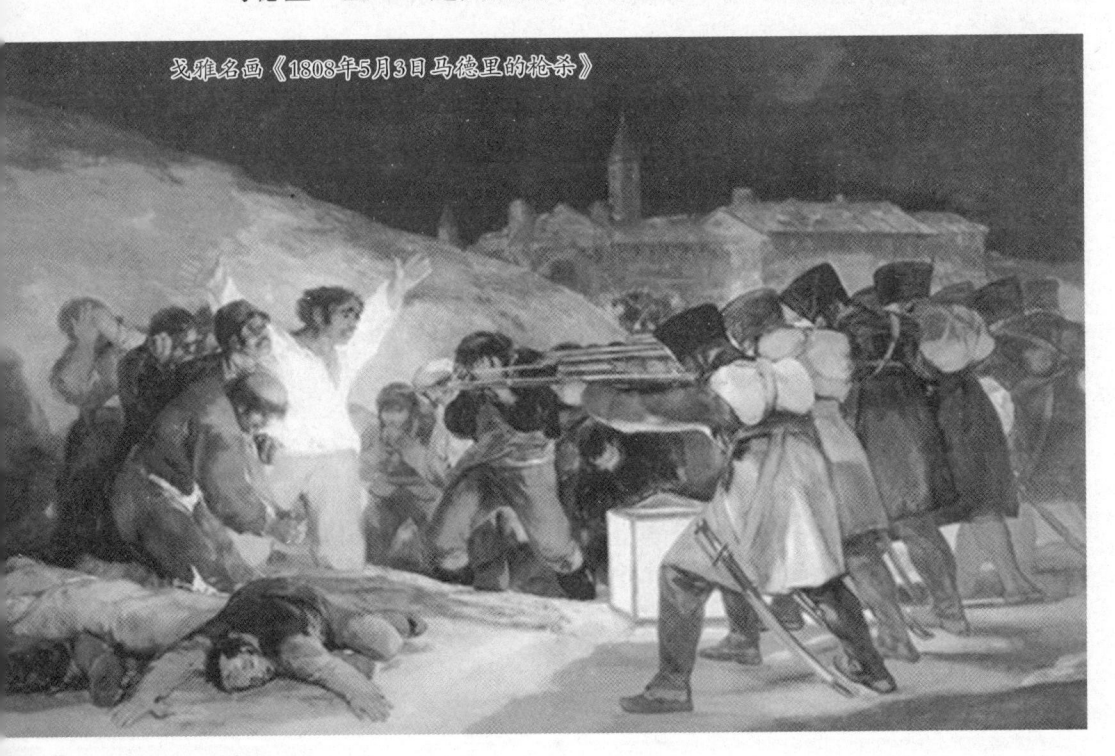

戈雅名画《1808年5月3日马德里的枪杀》

拿起武器抵抗法军，并成立本地的起义领导机构"洪达"。5月2日阿斯图里亚斯"洪达"率先成立，其他城市随后纷纷响应，相继成立了本地的"洪达"。在领导本地起义的同时，一些地方"洪达"也派出代表前往英国寻求支持。1808年9月25日，"中央洪达"成立，成为领导西班牙护法斗争的全国最高权力机构，总部设在阿兰胡埃斯。

鉴于和正规军数量悬殊的实际，"洪达"提出以游击战作为反侵略的主要战术，指示各地"洪达"具体作战目标是：（1）拦截敌军车辆，切断敌军运输线；（2）袭击敌军军营和前沿哨所；（3）控制公路交通和通讯网；（4）抢劫敌军后勤物资和粮食；（5）开展心理战，通过游击战在敌军士兵中形成一种恐怖气氛，使他们产生一种厌战和惧战的心理。各地"洪达"实行的这种游击战术收效明显，法军在人民的袭扰中不得安宁，为保证部队的后勤供应，拿破仑不得不一再增加兵力护送武器弹药和其他军需品。

1808年6月6日，拿破仑宣布约瑟夫·波拿巴为西班牙国王，王号为约瑟夫一世。同一天，加泰罗尼亚人民武装在布卢齐山谷袭击法军，成功歼灭了一支法国精锐部队，这是西班牙人民在反侵略战争中取得的第一次胜利，给予法国侵略者响亮一击，显示了西班牙人民反击侵略的决心。

为了争取西班牙人的支持，拿破仑根据华金·缪拉的建议下令召集西班牙议会，讨论并制定西班牙新宪法。1808年7月7日，约瑟夫一世出席闭幕会议，在会上宣誓就任西班牙国

约瑟夫·波拿巴（约瑟夫一世）

王，并颁布了会议制定的西班牙宪法，即《巴永宪法》。《巴永宪法》规定，天主教为西班牙国教，允许人民有个人自由和出版自由，成立政府、议会和国务委员会，实行财政改革，起草和颁布民法和刑法，美洲和亚洲各省与宗主国享有同等权利。宪法还规定，西班牙和法国结成永久联盟。拿破仑希望这部宪法能使法国得到西班牙人民的支持，但后来

的事实表明，西班牙人民拒绝强加于他们的宪法，《巴永宪法》实际上只是一纸空文，从未得到实行。1808年7月9日约瑟夫一世进入西班牙，20日抵达马德里。

1808年7月19－22日在安达卢西亚发生了著名的拜伦战役。西班牙军队在卡斯塔尼奥的指挥下，正规军与民兵相互配合，取得了辉煌的胜利。法军在战斗中有两万多人被俘，两千多人阵亡，法军统帅杜蓬也身负重伤。7月22日双方签订停战协定，杜蓬下令8200名法军官兵向卡斯塔尼奥缴械投降。拜伦大捷的消息很快传遍西班牙和整个欧洲，拿破仑军队不可战胜的神话被打破，极大地鼓舞了西班牙人民的斗志。拜伦战役后约瑟夫一世很快离开马德里，逃之夭夭。

与此同时，葡萄牙的反侵略斗争也迅猛发展。1808年8月30日英国军队在科英布拉和里斯本打败了胡诺特率领的法国军队，双方签订停战协定，法军撤出葡萄牙。

1808年11月8日，拿破仑亲自率领25万大军进入西班牙，没遭受多大抵抗，顺利进入马德里。西班牙"中央洪达"被迫撤离迁到塞维利亚。1809年1月英国与普鲁士、奥地利组成第五次反法联盟。欧洲战事迫使拿

拜伦战役，西班牙埃斯帕那团冲击法军

第四章　帝国的衰落——18世纪到20世纪20年代的西班牙

破仑于1809年1月27日离开西班牙，回巴黎筹划对奥地利的作战总布署。西班牙战场由蒙塞伊元帅负责指挥，西班牙军队虽然抵抗英勇，但在优势敌人面前最终还是不断失败，到1809年底法军占领了除加底斯外的所有西班牙城市，西班牙"中央洪达"被迫再次南迁，于1810年初撤到西班牙最后的抵抗据点加底斯。

在加底斯，"中央洪达"把权力交给五人摄政团，并在1810年9月24日召开立宪议会，决定下一步方向，主张民主自由的自由派代表占多数。为解决国家面临的危机，立宪议会决定以大胆的民主改革来团结人民，推动独立战争。大会首先要求摄政团宣誓效忠国家主权，接着在12月23日选出16人委员会负责起草宪法。随后通过了一系列民主法令，1810年11月5日通过了《新闻自由法》，1811年7月1日通过了《废除封建领主制度法》。经过15个月的起草和讨论，议会最终敲定宪法文本，并于1812年3月19日，在法军轰击加底斯的隆隆炮声中庄严颁布。这部宪法共330条，因在加底斯城颁布，一般称作《加底斯宪法》。

《加底斯宪法》与拿破仑炮制的《巴永宪法》针锋相对，明确宣布伪《巴永宪法》关于废黜斐迪南七世的条款无效，承认斐迪南七世是西班牙国王。受法国大革命传播的民主自由思潮的影响，《加底斯宪法》也具备明显的民主进步色彩，它强调国家主权和限制王权的人民权利思想，宣布西班牙国家不是任何一个家庭或个人的私有财产，一切权力属于国家，属于人民。国王有权任命新政府，但必须经过议会通过和批准。国王无权解散议会，所颁法律必须经过政府有关部门批准。国家议会为一院制，国家权力通过议员来体现；坚持三权分立原则，把国家权力分为相互制衡的行政、立法和司法三部分；决定实行普选制，每个男性公民都有选举权，但妇女和美洲奴隶没有选举权利；公民在法律面前一律平等。承认公民的个人权利，包括受教育、出版自由，个人财产不受侵犯等等；国家行政区划为省和市，取消地区的历史权力，但巴斯克和纳瓦拉例外；天主教为国教，废除宗教法庭；废除什一税、内地关税和贵族的某些封建特权；国家实行义务教育。《加底斯宪法》的颁布标志着西班牙开始从封建专制主义制度向君主立宪的民主制度过渡，在国内外产生了深远的积极影响。

《加底斯宪法》的颁布极大地鼓舞了西班牙人民争取独立的斗争,与欧洲其他反法战争战场的不断胜利相呼应,西班牙战场上也传来捷报。1812年7月22日,在萨拉曼卡附近的阿拉皮莱斯战役中,由威灵顿公爵指挥的英西联军打败了马蒙特指挥的法国侵略军。这次胜利迫使约瑟夫一世再次逃离西班牙返回法国,并解除了法军对加底斯的围困。此后,反法联盟军队展开反击,节节胜利。1813年6月,法国部队在维多利亚再次被英西联军击败。1813年8月31日,威灵顿公爵指挥英西葡联军收复了重要城市圣塞瓦斯蒂安。

1813年10月反法同盟军和法军在莱比锡进行决战,法军惨败。至此,拿破仑帝国的覆灭已经指日可待。眼见覆亡在即,拿破仑在1813年12月宣布同意斐迪南七世复位,与斐迪南七世签订了《瓦朗塞条约》,规定拿破仑支持恢复斐迪南七世在西班牙的王位,斐迪南七世保证法军撤出后英军也不能留在西班牙。这实际上是一个圈套,目的是诱使西班牙与法国站在一起对抗英国为首的反法同盟。但斐迪南七世认为是复位的好机会,于是欣然接受。《瓦朗塞条约》签订后,拿破仑立即派遣特使同西班牙议会谈判,西班牙议会宣布斐迪南七世与拿破仑签署的协议无效,只要斐迪南七世没有在《加底斯宪法》面前宣誓,就不承认他是西班牙国王。斐迪南七世被迫接受西班牙议会的条件,启程回国。

1814年3月31日,反法同盟军开进巴黎,拿破仑退位。波旁王朝在法国复辟,路易十八成为法国国王。5月18日《巴黎条约》签订,法国归还拿破仑占领的所有盟国领土。西班牙赢得了独立战争的胜利。

三、海外殖民地的第一轮大规模丧失:西属拉美大陆殖民地的独立

1765年西班牙国王卡洛斯三世(1759—1788在位)采取在帝国范围内放宽贸易垄断政策以后,西属美洲资本主义因素日益发展。但土生白人经济地位的加强反而使宗主国特权集团与殖民地上层土生白人的矛盾更加激化。欧洲启蒙运动思想的传播,对殖民地的革命思想的形成产生

第四章 帝国的衰落——18世纪到20世纪20年代的西班牙

了深远的影响。1789年法国大革命爆发后,西班牙停止进行自上而下的改革,激起殖民地人民的不满。1808年,拿破仑一世出兵占领西班牙。1810年,西班牙本土大部分地区被拿破仑军队占领。西班牙国内形势的发展为西属拉丁美洲独立运动的开展提供了良好的时机,殖民地人民获悉这一消息后,迅速普遍展开了争取独立的战争。

委内瑞拉是最早掀起反殖民主义武装斗争的地区之一。弗朗西斯科·德·米兰达是委内瑞拉早期独立运动的主要领导人。米兰达年轻时参加过美国独立战争和法国大革命,并曾周游欧洲,这些经历使他接受了不少自由主义思想,很早就形成了追求拉美独立的思想,并积极付诸行动。从1790年开始,他一直游说鼓动,寻求英国、法国对拉美独立事业的支持,但没有效果。1806年米兰达争取到美国的支持,发动了解放拉美的第一次军事行动。

弗朗西斯科·德·米兰达

他在致南美人民的号召书里写道:"已经到了赶走野蛮者,打碎我们身上枷锁的时候了。这枷锁是西班牙强加于我们的。请记住,你们是光荣的印第安人的子孙,他们曾经为争取自由不惜牺牲生命。……起来战斗吧,胜利一定属于我们。"2月,他携带武器和弹药,率领200名士兵乘"利安德"号船自纽约向委内瑞拉进发。由于驻守委内瑞拉的西班牙军队事先得到西班牙驻美公使的通知,有了防范,米兰达第一次登陆失败。不久,他组织了第二次进攻,一度占领科罗。由于没有得到当地人民的支持,他不得不下令撤退,并解散了队伍。1808年4月19日,加拉加斯城得到法军占领西班牙的消息后,土生白人独立派立即驱逐西班牙殖民官吏,改组民团,建立执政委员会。1811年3月,新召开的委内瑞拉国会建立起临时政府。7月5日,国会宣布成立委内瑞拉共和国,即第一共和国。共和国制定了宪法,米兰达是宪法起草委员会成员。西班牙殖民军同天主教势力向共和国发动进攻。1812年7月第一共和国失败。

革命失败后,第一共和国领导人之一西蒙·玻利瓦尔于1813年2月,

· 209 ·

率领队伍重新开始战斗，8月7日解放加拉加斯，重建委内瑞拉共和国，即第二共和国，玻利瓦尔被授予"解放者"的称号，并成为共和国最高执政者。1814年6月15日玻利瓦尔在拉普埃尔塔战役中失败，同年7月10日，第二共和国又被殖民者扼杀。

1816年1月，玻利瓦尔前往海地，重新组织革命武装。11月，在委内瑞拉东部登陆。玻利瓦尔宣布废除奴隶制，没收西班牙王室的财产，应允战后分配土地，使大批黑人和混血种人投入革命斗争行列。1818年2月，革命派宣布成立第三共和国。1819年初制定新宪法。同年8月7日玻利瓦尔在博亚卡击败西班牙军队，接着又解放了波哥大。12月，建立哥伦比亚共和国，疆域包括今天的哥伦比亚和委内瑞拉，玻利瓦尔被选为共和国总统。1821年6月，革命军在委内瑞拉的卡拉沃沃平原上与西班牙殖民军展开激战，取得决定性胜利，解放加拉加斯。1822年5月，又获皮钦查战役大捷，解放基多（今厄瓜多尔），基多地区与玻利瓦尔领导的共和国联合，成立了大哥伦比亚共和国。至此南美北部的独立战争基本结束。

西蒙·玻利瓦尔雕像

南美洲南部拉普拉塔地区（包括今天的阿根廷、巴拉圭、乌拉圭和玻利维亚等地）是独立战争在南美南部的中心区域。19世纪初，英国利用西班牙殖民统治的危机，加紧侵夺西班牙在南美洲的殖民地。1806年6月，英国海军上将波帕姆率舰队驶抵拉普拉塔河口。6月25日，英国海军陆战队1000多人在布宜诺斯艾利斯附近的基尔梅斯登陆。西班牙殖民总督索夫雷蒙特逃往内地。6月27日，布宜诺斯艾利斯城陷

普埃雷东

第四章　帝国的衰落——18世纪到20世纪20年代的西班牙

落。英军宣布被占领地区归属英国，西班牙殖民官吏纷纷表示效忠英国国王。当地居民为保卫家园，自发组织起来进行抗英斗争。抗英部队主要有当地土生白人爱国者普埃雷东组织的志愿队伍，以及在西班牙军中服役的法国军官利涅尔斯从蒙得维的亚争取到的一支军队。8月11日，利涅尔斯指挥部队与英军开战，得到当地居民大力支援。翌日，英军战败投降。8月14日，布宜诺斯艾利斯市政议会在人民群众压力下通过决议，迫使总督索夫雷蒙特把军权交给利涅尔斯。为防英军再犯，当地人民组织起一支8000多人的武装力量，分为若干营。1807年2月，英军从拉普拉塔河口第二次入侵，2月3日攻陷蒙得维的亚。6月28日，由怀特洛克指挥的英国海军陆战队1.2万多人在拉普拉塔河南岸登陆。当地军民虽经奋战，未能阻止英军推进。7月6日，英军对布宜诺斯艾利斯城发动总攻。利涅尔斯率军与英军展开激战，全城居民同仇敌忾，投入战斗。英军伤亡近千人，约2000人被俘，7月7日签署投降书，英军从拉普拉塔河两岸全部撤走。拉普拉塔地区人民在抗英斗争中建立了自己的武装力量，迫使西班牙国王任命利涅尔斯为临时总督。西班牙殖民官员在抗英斗争中的表现，增强了拉普拉塔殖民地人民与对西班牙的离心力。抗英斗争中建立了本地军队并形成了本地土生白人领导阶层，有力地弱化了西班牙的统治基础，并为独立打下了良好基础。抗英斗争的胜利，增强了本地人民的自立信念，鼓舞并推动了当地人民反对西班牙殖民统治和争取独立的斗争。

　　1808年法国入侵西班牙后，旧王朝丧失了权力，法国扶植的新王室在拉美缺乏合法认同，摆脱西班牙实现独立成为拉普拉塔殖民地人民的自然选择。1810年5月25日，布宜诺斯艾利斯爆发群众示威，推翻西班牙任命的总督，成立由土生白人独立派组成的临时政府，开始了著名的阿根廷五月革命。附近各省随即响应，从而使拉普拉塔各省的政权从西班牙人手中转到土生白人富商、大牧场主、大地主阶级手中。布宜诺斯艾利斯为消除西班牙殖民者的军事威胁，统一原来的总督辖区，多次派遣远征军帮助各省争取独立的斗争。1813年2月，圣马丁击败进犯布宜诺斯艾利斯的保王派军队。1816年7月，各省代表宣布成立拉普拉塔联合省，脱离西班牙独立。为彻底摧毁西班牙的殖民武装力量，圣马丁制定了进攻秘鲁总督区的军事计划。1817年初，圣马丁率领约5000人的安第斯军翻越安第斯山隘，开始了支援南美独立斗争的"圣马丁远征"。1817年2月在查卡布科战役中大败西班牙殖民军，14日解放了圣地亚哥。这次战役是南美解放战争从防御到反攻的转折点，极大地鼓舞了各地人民的反抗斗争。1818年2月，在圣马丁军队支援下，贝尔纳多·奥希金斯宣布智利独立。1818年4月圣马丁的军队在迈普战役中消灭了西班牙殖民军残部，使反西力量在军事完全占据了主动，巩固了智利的独立地位。1820年8月，圣马丁的军队组织了海军舰队，9月在秘鲁海岸登陆，向秘鲁进军。1821年7月，攻入秘鲁首府利马，28日秘鲁宣布独立。1821年8月4日，圣马丁被利马议会授予秘鲁"护国公"称号，并委托他组织政府。在1821年8月3日到1822年9月20日圣马丁主政期间，秘鲁政府推行了一系列改革政策，如解放奴隶，废除苦役和苛税制度，废除学校对学生的鞭打体罚制度，废除酷刑，成立国家图书馆，授予人民出版自由权利等等，极大地促进了秘鲁社会的进步。

1822年7月26—27日，圣马丁与玻利瓦尔在厄瓜多尔的瓜亚基尔秘密会谈，但未能取得一致意见。圣马丁回到利马后，辞去秘鲁政府首脑职务，乘船返回智利。后来又离开阿根廷远赴欧洲，彻底告别了公众生活，1850年8月17日圣马丁去世。圣马丁离开后，玻利瓦尔独立承担解放秘鲁的事业。1823年9月，玻利瓦尔进军秘鲁。1824年12月，安东尼奥·苏克雷统帅的联军在阿亚库乔战役中大获全胜，摧毁了西班牙殖民军的主力。1825年1月，安东尼奥·苏克雷解放上秘鲁，25日上秘鲁宣布独立，以玻利瓦尔的名字命名新建的共和国为玻利维亚。

委内瑞拉纸币上的苏克雷

委内瑞拉纸币上的阿亚库乔战役

在西班牙王国将近300年的殖民统治中，巴拉圭是拉普拉塔总督区管理之下的一个不引人注意的特殊内陆省，居民中以服从权威而著称的印第安瓜拉尼人占据绝对多数，社会结构和民众心理与其他西属拉美殖民地有明显差别，安于既有秩序、反对剧烈变革是当地人的主流思想。19世纪初，当整个拉丁美洲革命运动蓬勃发展的时候，巴拉圭并没有像邻近地区那样，到处酝酿着反对西班牙统治的独立运动，而是继续恪守本分过着自己原有的生活。1810年5月，巴拉圭的上司拉普拉塔总督区首府布宜诺斯艾利斯宣布独立，接管原西班牙拉普塔拉塔总督的权力，并要求总督区内各省加入独立后的拉普拉塔联合省政权，但属于拉普拉塔总督区的巴拉圭省长贝拉斯科拒绝了要求。为了迫使巴拉圭接受这一要求，布宜诺斯艾利斯当局派遣贝尔格诺将军率军进入巴拉圭。1811年1月，迎接阿根廷著名将军贝尔格拉诺率领的拉普拉塔联合省革命军的不是鲜花而是反抗战斗，仍然效忠于西班牙政府的巴拉圭民兵利用巴国内复杂的地形击败联合省革命军。1811年5月14日，迫于拉美各殖民地普遍宣布独立的形势，巴拉圭人发动起义驱逐省长贝拉斯科，组织了"洪达"（委员会之义）。6月，巴拉圭省议会宣布脱离西班牙统治，成立独立的巴拉圭共和国。1813年10月通过共和国第一部宪法。独立的巴拉圭拒绝与拉普拉塔合并，并要求后者承认自己的独立地位，从而使双方关系长期紧张。封闭的地缘位置和强大的武装力量使巴拉圭的独立未遭外力干涉，巴拉圭也因而成为拉丁美洲最早实现独立的国家。乌拉圭东岸地区的独立运动因葡萄牙、英国等国插手，一直到1830年乌拉圭共和国才宣布建立。至此，西属南美殖民地全部独立。

新西班牙（即墨西哥和中美洲地区）是独立战争在北部的中心区域。1810年9月16日，瓜纳华托州的多洛雷斯村乡区神甫M.伊达尔戈·伊·科斯蒂利亚发动起义。印第安农民、牧民、城市贫民、银矿工人、下层神甫以及一部分土生白人知识分子等纷纷响应。起义者提出推翻西班牙殖民统治，把土地归还给印第安人、废除奴隶制度、取消商品专卖税等纲领。10月底，起义队伍逼近墨西哥城，但由于缺乏强有力的领导，丧失战机。1811年1月，起义军在瓜达拉哈拉近郊受到很大挫折，7月，伊达尔戈·伊·科斯蒂利亚率领的队伍被打散，他本人和其他三位领导者均被杀害。此后，在墨西哥南部领导武装斗争的莫雷洛斯·伊·帕冯成为独立战争的领导者。他率领的起义军在两年内几乎控制了整个墨西哥南部，1813年11月6日正式宣布墨西哥独立。1814年10月通过共和国宪法。莫雷洛斯·伊·帕冯提出种族平等、废除教会和军官特权、征收教会土地、没收富人财产、将大地产分成小块土地分给农民、普遍选举制等社会经济纲领。1814年斐迪南七世复位后，西班牙殖民军进攻南部解放区。1815年11月，莫雷洛斯·伊·帕冯被捕牺牲。被打散的队伍在格雷罗等人领导下转入山区，革命转入低潮。1820年，西班牙资产阶级革命的消息传到美洲，墨西哥殖民当局、教会、军队和土生白人上层阶级企图使墨西哥脱离革命的西班牙的控制。1821年初，前西班牙殖民军军官伊图尔维德声称拥护独立，提出了保证独立、种族平等、保护教会等三点纲领，9月率军进入墨西哥城，宣布墨西哥独立。伊图尔维德于1822年5月自行加冕为帝，建立起墨西哥帝国。但不到10个月，就被推翻。1824年墨西哥建立起自由派地主和资产阶级掌权的联邦共和国。

中美地区也于1821年脱离西班牙宣布独立，并加入墨西哥共和国。1823年建立独立的联邦共和国中美联合省。1838年又分为危地马拉、萨尔瓦多、尼加拉瓜、洪都拉斯、哥斯达黎加5个国家。

西属拉丁美洲独立战争是西班牙第一轮殖民地大规模丧失，是西班牙帝国从"中兴"走向衰落的重要标志。这一事件的发生与法国大革命密切相关，一方面法国大革命传播的民主自由思潮和民族主义自主意识为拉丁美洲争取独立提供了强有力的思想武器，另一方面法国大革命对西班牙政局造成的影响，包括本土遭到入侵及随后发生的西班牙独立战争和立宪革命，客观上为西属拉丁美洲争取独立创造了有利条件。表面上看西班牙帝国走向衰落是法国革命和入侵这一外因造成的，但从根本上看西班牙政府内外政策的抉择错误，特别是卡洛斯四世的怠政不作为与其宠臣戈多依的胡作非为，导致西班牙政治混乱腐朽，才是致命的内因。

四、立宪革命

斐迪南七世对《加底斯宪法》限制王权十分不满，在回国途中就多次表示西班牙太自由了，保守派和军队支持斐迪南七世。1814年4月17日，巴伦西亚最高司令官弗朗西斯科·哈维尔·埃利奥把军权交给了斐迪南七世。在他的保护下，斐迪南七世于1814年5月回到马德里。5月11日斐迪南七世颁布敕令，废除西班牙议会制定的所有法律和法令，取消人民结社、集会和议论自由。随后依靠保守的军队将领的支持，对自由派进步人士展开镇压。自由派领导人、进步议员和摄政团成员都被抓进监狱，大批在独立战争中英勇斗争过的爱国志士被杀害或监禁。《加底斯宪法》颁布后的短暂民主时期结束，封建专制制度在西班牙复辟。

斐迪南七世

斐迪南七世复辟封建专制、镇压进步人民的倒行逆施，激化了与自由派民主力量的矛盾。在斐迪南七世不断采取镇压行动的同时，自由派势力也不断采取反抗行动，以求维护《加底斯宪法》成果。但自由派的斗争行动都是缺乏相互联系的孤立行动，主张也不尽相同，缺乏民众基础，最终失败。但反抗斗争一再出现，表明人民对专制统治的不满情绪在增长，更大的风暴在酝酿之中。

在争取维护《加底斯宪法》民主成果的斗争中，共济会作为一个准宗教组织，因为有严密的组织体系和秘密活动的传统，逐步成为宣传自由民主思想的重要组织力量。当时共济会的革命活动十分活跃，安达卢西亚、加泰罗尼亚、纳瓦拉和巴斯克等地区的共济会成员秘密串联，准备起义。虽然共济会被取缔，会员被警察追捕，但严密的组织

共济会组织徽

和秘密活动的传统纪律，使专制政府无法根除共济会的宣传和串联。共济会的活动，为后来革命的发生作了充分的思想动员和组织准备。1817年共济会成员、自由派军官胡安·班·阿仑因参与多起政变活动被捕，后来辗转来到法国避难，在这里他的冒险经历迅速传为佳话，回忆录被译成法文、英文和德文，深刻地揭露了斐迪南七世专制统治的残暴和当时西班牙社会的混乱状况。

1819年西班牙政府集结了两万远征军，在加底斯待命出发，准备前往南美镇压布宜诺斯艾利斯的革命。共济会的革命宣传思想也渗透到这支队伍里，一部分军官接受了自由民主思想，他们认为国家陷入崩溃边缘完全是封建专制统治造成的。在革命思想的感召下，一些进步军官开始秘密串联，筹划起义。

1820年1月1日拉斐尔·德·列戈在塞维利亚宣布恢复《加底斯宪法》，重建一切立宪机构。此后，安东尼奥·吉罗加中校也参加了起义。1月27日，拉斐尔·德·列戈率领部队开始了著名的安达卢西亚进军。起义军沿途高唱战歌《列戈颂》，宣传反对君主专制的主张。但西班牙南部人民畏惧专制政府的报复迫害，不敢公开支持革命，参加者很少。起义军越走人越少，到3月13日遭受强敌追击的列戈，率少数追随者转移到埃斯特雷马杜拉山区，安达卢西亚进军失败。

但在远离南方起义爆发地的遥遥北方，拉斐尔·德·列戈起义的消息得到了积极热烈的响应。这里的人们对专制政府的残暴深恶痛绝，加上共济会长期的宣传，自由民主深入人心。人们纷纷传言：拉斐尔·德·列戈的义军威武雄壮，声势浩大，正势如破竹地向北胜利进

军。于是在离南方起义爆发地点最遥远的西班牙西北部的加利西亚地区，人民在进步军官的领导下首先响应南方起义，扣押了包括贝内加斯将军在内的所有指挥官，并于1820年2月21日成立了由佩德罗·阿加尔领导的加利西亚革命"洪达"。此后萨拉戈萨、木尔西亚、卡塔赫纳、比戈和费罗尔等地也迅速响应，发动了起义。起义迅速蔓延到整个北方，3月4日被斐迪南七世派出去镇压起义的将领拉比斯巴宣布忠于《加底斯宪法》。3月7日首都马德里也发生了支持《加底斯宪法》的起义，虽然起义领袖弗朗西斯科·阿瓦德一度被逮捕，但革命发展已势不可当的事实连国王斐迪南七世自己也明白。在革命洪流的冲击下，斐迪南七世被迫于3月7日晚发布诏令，表示接受《加底斯宪法》，同意废除宗教法庭，成立"临时洪达"，召集议会全会并举行议会选举。3月9日斐迪南七世在自由派控制的市政府前宣誓忠于1812年《加底斯宪法》。很多人对"谣言"引发的北方革命能够成功感到不可思议，但这正好说明封建专制的残暴在北方创造了成熟的革命形势，共济会的长期宣传也发挥了重要作用。正如马克思所说："人们的心被里埃哥的英勇、他的行动的神速和他对敌人的顽强抵抗所激动，便认为他得到了胜利、援兵和人民大众的参加，实际上这些都不是事实。关于里埃哥进军的传说，传到最远的省份就更夸大了，于是这些距离举事地点最远的省份首先表示支持1812年宪法。西班牙的革命形势已经成熟到就连假消息都足以引起革命的程度了。"（《马克思恩格斯全集》第10卷，人民出版社出版，第507－508页。引文中"里埃哥"即"列戈"，是西班牙文Riego的另一种译法。）

1820年7月9日，斐迪南七世召集议会，并向《加底斯宪法》宣誓。议会制定了一系列新法律和法令，宣布废除宗教法庭，削弱教会特权；限制贵族出售土地，未开垦的荒地和国有土地一般分配给需要的平民，并强行出售人数不足24名修道士的修道院；取消领主裁判权和狩猎权；废除行会和国内关卡；用被充公的教会财产抵偿公共债务。议会还起草了第一部刑法、公共教育章程、军队条例。重新确定行政管理区划，把全国分成52个省。把什一税征收额减少50%，其余50%归神职人员使用。

斐迪南七世宣誓效忠《加底斯宪法》是在革命形势逼迫之下的无奈选择，私下里他十分憎恨革命，一直想重新建立专制独裁。于是一面假意奉迎革命，一面在私下破坏，并派人与欧洲反动势力联系。

西班牙的革命运动在欧洲产生了广泛影响，葡萄牙和意大利革命接踵而起，法国和德意志革命如火如荼，1821年希腊也爆发了民族解放运动。这一形势的发展使镇压法国大革命后形成的欧洲反动势力联盟，即由沙皇俄国牵头组织、复辟的波旁王朝统治下的法国等参加的"神圣同盟"，深感不安。1822年10月神圣同盟在韦洛那举行会议，决定由法国出兵镇压西班牙革命。

1823年4月7日，法国国王路易十八派出了10万法军，在安古莱马公爵率领下进入西班牙，这就是所谓的"路易的十万儿女"。对法国的入侵和干涉，俄国、意大利、普鲁士等国表示支持，英国出于商业利益考虑拒绝与神圣同盟合作，反对干涉西班牙内政，但只是口头上反对，没有实际行动。在西班牙国内支持封建专制势力的配合下，法军成功镇压了革命。

法国国王路易十八

1823年10月1日，斐迪南七世宣布废除革命政府颁布的革命法令，并开始对革命派和进步人士疯狂迫害和报复。据统计，革命失败后被杀害和流放的人士达十万之多。在马德里，18天内就有120人被送上绞刑架，16岁的学生也未能幸免。拉斐尔·德·列戈被捕后，被拉到马德里街上批斗，绞死后又遭五马分尸，情况十分惨烈。拉斐尔·德·列戈的坚定支持者、著名游击战士胡安·马丁也被送上了绞刑架。教会中的反动势力成立了主教管区法院，同军事委员会一起屠杀革命者和进步人士，反革命气焰十分嚣张。保皇派成立了"纯保皇党人联盟"，除王室成员外，作战部长、警察局长等等都是这个反动联盟的骨干成员。在斐迪南七世的专制统治下，白色恐怖笼罩全国，到处一片哀伤，被西班牙历史学家称作是西班牙历史上的"黑暗十年"。"黑暗十年"时期同样也

是西班牙帝国急剧衰落的时期,这期间拉丁美洲西班牙殖民地发生了争取民族独立解放运动,最终摆脱了西班牙的统治。西班牙最大的一块殖民地丧失,使西班牙的国际地位一落千丈,沦为欧洲的二流国家。

五、第一次卡洛斯战争:自由派与保守派的斗争

波旁王朝首位君主菲利普五世在1815年5月10日颁布了西班牙波旁王朝的王位继承法——《撒利继承法》,规定女性后裔只有在直系或旁系没有男性继承人时才有权继承王位。斐迪南七世没有儿子,只有两个女儿。为了让女儿继承王位,他在1830年颁布诏令,恢复卡洛斯四世于1789年9月30日在议会通过的诏谕,使女儿伊莎贝拉成为王储。斐迪南七世的弟弟卡洛斯·玛丽亚·伊西德罗·博尔冯,拒不接受侄女伊莎贝拉的王储地位,认为根据《撒利继承法》,自己才是合法的继承人。

1833年9月29日,斐迪南七世病逝,不满3岁的女儿伊莎贝拉登基,王号为伊莎贝拉二世(1833－1868年在位)。由于女王年幼,她的母亲玛丽亚·克里斯蒂娜以摄政王身份执政。

但此时桑托斯·拉德龙·德塞加马将军却在特里西奥首先宣布卡洛斯为西班牙国王,王号为"卡洛斯五世"。1833年11月14日,在卡洛斯的号召下,纳瓦拉和洛戈罗尼奥等地的一些退役军人和志愿者发动反中央暴动,托马斯·苏马拉卡雷吉组建起一支武装部队,并与桑托斯·拉德龙·德塞加马的部队会合,向中央政府宣战,第一次卡洛斯战争爆发。

这时期西班牙国内的政治力量分为支持政教联合的保守派和推崇宪法的自由派,两派相互对立,争斗不断。保守派支持卡洛斯继承王位。为了确保女儿能够顺利执政,克里斯蒂娜摄政王支持自由派。于是名义上的王位争夺战,实际上成为西班牙自由派和保守派之间的内战。自由派在城市地区占优势,而保守派的力量主要集中在农村,特别是北方的一些省份。教士们大多支持卡洛斯派,这又激起了自由派与教会的矛盾,使自由派染上了强烈的反教士色彩。

1834—1835年上半年，托马斯·苏马拉卡雷吉将军指挥卡洛斯军队在加泰罗尼亚和巴斯克省多次击败政府军。卡洛斯派迅速壮大，击退政府军控制了西班牙北部。1835年6月，托马斯·苏马拉卡雷吉在围攻毕尔巴鄂的战斗中战死，所部被政府军击败。1836年4月和1837年3月，政府军在英、法军队支持下先后取得特鲁伯圭之战和韦斯卡之战的胜利。1837年夏，卡洛斯率14万人从纳瓦拉出发，远征首都马德里，遭惨败。1839年8月底，卡洛斯军队总司令马罗托率主力投降，政府军收复巴斯克省和纳瓦拉省。卡洛斯率少数追随者逃往法国的布尔日，其残部于1840年7月被消灭。第一次卡洛斯战役结束。

第一次卡洛斯战争结束后，见到女儿王位无忧，厌倦了政治斗争的克里斯蒂娜摄政王把摄政王权力交给了打胜战争的功臣西班牙军队总司令巴尔多梅罗·埃斯帕特罗，1841年自己与情夫远赴巴黎过自己的生活。此后，巴尔多梅罗·埃斯帕特罗被推选为王国摄政，代替10岁的女王伊莎贝拉二世主持政务，由于他对政治一窍不通，进步党内也不团结，因此很不得人心。他下令收回教会领地，废除什一税，遭保守派强烈反对。

六、伊莎贝拉二世亲政后的政治动荡

1843年7月，支持保守派的纳瓦埃斯和塞拉诺两将军举兵造反，巴尔多梅罗·埃斯帕特罗被迫流亡英国。保守派上台执政，宣布伊莎贝拉二世已经成年，可以亲政。

从1843年到1868年是伊莎贝拉二世亲政的时期，正值法国革命浪潮一波接一波地涌来。西班牙的自由主义反对派力量也日益扩大，这段时期的特点是宫廷阴谋和政变革命层出不穷，她只好靠频繁更换政府来应付，25年中西班牙更换了34届政府，改组了41次政府，颁布了7部宪法。发动了15次暴动，形形色色的佞臣集团纷纷上台执政。伊莎贝拉二世本人过着荒淫颓废的生活，有时还会用任性的、毫无理智的方式干预国内政治。女王似乎对军队和教会中的反动分子格外垂青,这就使她在西班牙人的心中更为可憎。她曾两次险遭暗杀,但都被侥幸躲过。

经历了1843—1854年的军人独裁之后,改革派发动了革命,1854年6月28日,一场军事政变在马德里发生,政变由在加雷的多明戈·杜尔塞将军和在加利斯的莱奥波尔多·奥唐奈将军领导。他们的政变推翻了路易斯·何塞·赛多利斯的专政。进步党在西班牙获得了广泛的支持并在1854年当权,因1848年大赦回国的巴尔多梅罗·埃斯帕特罗成为首相。但巴尔多梅罗·埃斯帕特罗执政时间也很短,1856年伊莎贝拉二世尝试组建"自由联盟"政府,这是一个莱奥波尔多·奥唐奈领导下的全国保守势力联盟,莱奥波尔多·奥唐奈向马德里进军,进步党政府倒台。1856—1863年,"自由联盟"统治;随后"自由联盟"和军阀轮番上台执政,他们把改革派和一切进步人士排斥于政治权力之外,整个西班牙政坛一片乌烟瘴气。

1860年,伊莎贝拉二世发动了一场由莱奥波尔多·奥唐奈和胡安·普里姆将军领导的殖民战争,即第一次摩洛哥战争(1859-1860年),暂时稳定了她在西班牙的声望和地位。但另一场旨在重新征服秘鲁和智利的殖民战争——钦查群岛战争(Chincha Islands War,1864—1866年,钦查群岛位于秘鲁西南)却遭到失败。西班牙军队在坚决抵抗的南美军事力量面前一败涂地,损失惨重。殖民战争的失败,使人民对伊莎贝拉二世的憎恶进一步加深,民怨沸腾的西班牙处在了革命的边缘。

伊莎贝拉二世

七、1868年革命和第一共和国

整个伊莎贝拉二世统治时期，西班牙人民的生活状况没有改善。由奸臣和军队把持的政府极其腐败，而女王的宫廷本身又是滋生腐败的根源。加上政局持续动荡，人民生活困难，殖民战争失败，种种因素共同作用之下，最终促成了1868年西班牙革命（"光荣革命"）的爆发。

改革派将领胡安·普里姆（Juan Primy Prats）在1866年曾发动过一次反对伊莎贝

胡安·普里姆将军

拉二世的军事政变，但很快被镇压。经过两年准备，趁着支持伊莎贝拉二世的两个将军去世之机，胡安·普里姆于1868年再次起事，成功推翻了政府。伊莎贝拉二世在她主要依靠的保守派军官们的零星抵抗被弗朗西斯科·塞拉诺和胡安·普里姆的军队粉碎之后，于1868年9月末逃亡法国。这就是西班牙的"光荣革命"。

"光荣革命"成功之后，胡安·普里姆与弗朗西斯科·塞拉诺（Francisco Serranoy Dominguez）、胡安·鲍蒂斯塔·托佩特（Juan Bautista Topete）组成了三人联盟政府，并于1869年召开立宪议会。立宪议会保留了西班牙的君主制，塞拉诺被任命为摄政。他们的任务就是为西班牙挑选一位国王。他们首先选择了霍亨索伦的利奥波德亲王，这个提议遭到了法国的强烈反对并成为普法战争的导火索。1870年11月16日他们选择了新成立的意大利王国的二王子奥斯塔公爵阿玛迪奥为国王。但在12月下旬，胡安·普里姆遇刺。

阿玛迪奥于1870年12月30日来到西班牙。他来西班牙的第一件事就是参加遇刺身亡的普里姆的葬礼。次年1月2日在马德里宣誓成为西班牙和西印度国王阿玛迪奥一世（1870－1873年在位）。阿玛迪奥一世在西

第四章　帝国的衰落——18世纪到20世纪20年代的西班牙

班牙的地位极为尴尬。他政府里的两党——进步党和温和党——已没有群众支持。群众大多支持两个极端——共和派和卡洛斯派。阿玛迪奥一世既没有野心，也没有雄心壮志，他只满足于一个过渡国王的地位。他一到马德里就明白他没有能力解决西班牙所面临的问题。西班牙国内一片混乱。尤其是1872年，第三次卡洛斯战争爆发，加泰罗尼亚地区已完全不受阿玛迪奥一世的管辖。

1873年，由于一位新的陆军大臣的任命，导致了炮兵军官们集体辞职。政府决定调动其他军官接替他们，并请出国王阿玛迪奥一世进行制裁。阿玛迪奥一世在2月11日签署了一道对炮兵团不利的法令后，觉得自己无法解决西班牙面临的问题，心灰意冷之下宣布立即退位。议会得知国王退位后，以压倒性的投票结果通过决议，宣布西班牙成为共和国，即西班牙第一共和国（1873–1874年）。阿玛迪奥一世在鞭炮声中离开了马德里，一身轻松地回到意大利，重新成为奥斯塔公爵阿玛迪奥。

阿玛迪奥一世

西班牙第一共和国刚一成立，立即处于四面楚歌之中，被各种政治力量从四面八方围攻。卡洛斯派是最直接的威胁，在1872年选举后，马上发动了一场暴力叛乱，即第二次卡洛斯战争；国际工人协会（第一国际）号召西班牙人民进行社会主义革命；半岛东北纳瓦拉自治区和加泰罗尼亚自治区发生叛乱和动荡；天主教会也对新生共和国施压。共和国面对动荡的国内局势无力应付，执政者自己对共和国能否坚持下去没有信心。

持续战乱和政局动荡，使西班牙各派上层觉得，在西班牙要维持国家和社会的稳定，不能没有君主。军队主要将领的支持，使君主立宪制下波旁王朝复辟成

第一共和国国旗

为可能。1870年逃亡到巴黎的伊莎贝拉二世女王宣布退位，同时指定随她一起逃到巴黎的儿子阿方索为波旁王朝的继承人。阿方索王子看到共和国局势动荡，人们纷纷议论恢复君主制的情况，觉得复辟时机到来，于是他发布声明，声称君主立宪制是拯救西班牙的唯一可行方案，表示愿意成为西班牙国王。随后又抛出一个政治纲领："没有报复，没有迫害，在西班牙建立一个和平稳定的社会。"教会和普通民众希望复辟波旁王朝恢复国内稳定，阿方索的声明又打消了参加过共和革命的人的疑虑，同时也满足了当时正在与卡洛斯派军队作战而不愿拥立卡洛斯的西班牙政府军的愿望。这使阿方索王子成为各方政治力量都能接受的恢复波旁王朝的最佳人选。1874年12月19日，加泰罗尼亚总督阿塞尼奥·马丁内斯·坎波斯在萨贡托宣布拥立阿方索王子为国王，第一共和国政府随后宣布解散。在短暂的一年尝试之后，共和制被西班牙各方政治力量抛弃。

第三节 复辟的波旁王朝

1875年1月14日，阿方索王子在马德里正式登基为西班牙国王，王号阿方索十二世（1875－1885年在位），波旁王朝在西班牙成功复辟。

一、第二次卡洛斯战争

1872年12月18日，一股卡洛斯派部队穿过西法边境深入到西班牙北部农村开展游击战，袭击政府军，第二次卡洛斯战争爆发。开始，卡洛斯派游击队各自为战，力量分散，对马德里政府没有多大威胁。但中央政府对卡洛斯派的军事计划仍然十分警惕，于1873年1月17日任命多

第四章 帝国的衰落——18世纪到20世纪20年代的西班牙

明戈·莫里奥内斯中将为北方军总司令,打算一举消灭卡洛斯派部队。1873年5月5日,卡洛斯派部队在埃劳尔战役中打败了政府军。这次战役的规模虽然不大,但却有力地鼓舞了卡洛斯派部队官兵的士气,使他们的战斗力有了很大提高。埃劳尔战役后,卡洛斯派部队开始整合。政府军虽然不断追击,但北部地区地形复杂,加上有大批农民和小城镇居民掩护,所以经常无功而返。在北部地区以农民为主体的同情者支持下,卡洛斯派游击队力量不断壮大。

随着力量的壮大,卡洛斯派部队军事策略逐步从游击战转向正规战。同一时期,中央政府则因面临内政和外交困难,难以调动大批兵力同卡洛斯派军队作战。1873年7月11日,卡洛斯派部队向纳瓦拉发起进攻,控制了普恩特·拉雷伊娜,接着又占领了西劳基。此后,卡洛斯进入西班牙亲自督战,在法国受训的卡洛斯派军队也陆续到达西班牙北部,使卡洛斯派武装力量迅速壮大,人数达到10万左右。卡洛斯派军队连续取得胜利,1873年8月24日卡洛斯亲自指挥攻陷埃斯特利亚,并把该城作为首都各议会所在地。到1873年末,卡洛斯派军队已经占领了埃布罗河(Ebro River)以北,直到法国边境的整个北部地区,阿尔科伊(Alcoy)、塞维利亚(Seville)、加的斯(Cadiz)和巴伦西亚(Valenicia)相继落入卡洛斯派之手,卡塔赫纳城(Cartagena)在被围困四个月后亦宣告投降。1874年初,卡洛斯派军队开始围攻毕尔巴鄂。1874年1月3日塞拉诺将军发动政变,成为独裁者。2月末,他亲自前往北方指挥对卡洛斯派的战争,并解除了毕尔巴鄂之围。此后曼努埃尔·孔查接过了围剿总司令的职位。1874年6月25日卡洛斯在埃斯特利亚打败政府军进攻,政府军伤亡达1500人,曼努埃尔·孔查阵亡。战后双方暂时休战,卡洛斯则乘机筹备建国计划。

阿方索十二世

1874年底，政府军把伊莎贝拉二世之子阿方索十二世扶上王位，西班牙波旁王朝得以复辟。1875年1月14日，阿方索十二世正式登基。这对卡洛斯是一个沉重的打击，使他称王的梦想成为泡影。

阿方索十二世上台后，立即采取政治和军事双管齐下的办法解决卡洛斯派的问题。他一方面公开宣布战后要大赦所有的卡洛斯分子，并确认北方各省原有的特权。另一方面在战场上积极进攻，不放松对卡洛斯派的军事打击。阿方索十二世亲临前线督战，政府军作战积极，不断取得胜利。首先取得了打击卡洛斯派部队在中部地区的力量的胜利，迫使其退到埃布罗河；接着在1875年8月26日攻占了拉塞奥·乌赫尔，切断了卡洛斯派军队出入法国的通道，进而消灭加泰罗尼亚地区的卡洛斯派武装分子。1876年2月15日，政府军再次发动进攻，并攻克巴斯克省潘普洛纳要塞。2月28日，卡洛斯逃往法国。1876年3月3日，西班牙政府宣布卡洛斯战争结束。

平定卡洛斯派叛乱，巩固了阿方索十二世的君主地位，消除了北方战乱，恢复了国家政局稳定，西班牙开始进入一个和平发展时期。

二、1876年宪法和两党轮流执政格局

1876年西班牙议会通过了由首相安东尼奥·卡诺瓦斯·德·卡斯蒂略主持起草的新宪法。这部宪法对西班牙的发展影响深远，它确立了议会和国王分权的规则，使西班牙的君主立宪制政体稳定了下来；建立了稳定的两党制政党制度，使西班牙长期动荡的政局形成了稳定的秩序和规则，政府开始发挥自己管理国家的职能，国家政局趋于稳定；明确了天主教的国教地位，缓和了政府与教会长期对立的矛盾，稳定了社会秩序。

安东尼奥·卡诺瓦斯·德·卡斯蒂略

第四章 帝国的衰落——18世纪到20世纪20年代的西班牙

从这时起一直到20世纪20年代初,西班牙出现稳定的政治局面,形成了以安东尼奥·卡诺瓦斯·德·卡斯蒂略为领导的保守党和以普拉塞德斯·马特奥·萨加斯塔为领导的自由党轮流执政的政治格局,经济得以恢复发展。

安东尼奥·卡诺瓦斯·德·卡斯蒂略(Antonio Cánovas del Castillo,1828—1897)是西班牙政治家和作家,在19世纪末6次担任首相(1874—1875,1875—1879,1879—1881,1884—1885,1890—1892,1895—1897),创立了西班牙保守党。他1828年2月8日出生于马拉加,年轻时在马德里大学学习法律,同时从事文学和新闻写作维持生活。1854年进入议会,1860—1868年在自由党内阁中担任各种职务,国王阿玛迪奥一世退位和共和国宣布成立后,卡斯蒂略支持波旁王朝复辟。他受德国历史学派影响,认为君主不是根据国家法律意识而设立的政府工具,而是其正统的头衔,是传统的继承。1874年他帮助桑赫斯特皇家军事学院的士官生阿方索王子草拟了继位宣言。阿方索十二世成为国王后,由他组织政府,除了两次很短的中断外,六年中一直担任政府首脑,他不得不从伊莎贝拉二世时代保守倾向最小的各政党和比较温和的革命分子中挑选一批人重新成立一个保守党。在这些追随者的支持下,他制定了1876年宪法和君主政体的一切法律,废除了普遍参政而代之以有限制的选举权,取消宗教信仰自由、集会和结社权以及报刊自由,限制自由,规定军队不得参与政治。他通过向梵蒂冈、教会和各宗教教团提出建议,调停了西班牙正统派党员和天主教徒之间的冲突;采取保护性关税,在阿方索十二世和一位奥地利公主联姻以后,对外竭力和德奥修好。卡斯蒂略鼓励成立以普拉塞德斯·马特奥·萨加斯塔为首、塞兰诺元帅和其他在1881年就职的自由派将军为辅的自由党,以此来点缀他的政府。此后,萨加斯塔便和他轮流当首相。1895年3月,在古巴独立战争爆发后不久,他第六次担任首相,由于他对政体的独裁主义观点,使他无法理解殖民地问题,他宣称:"为了保住古巴,西班牙将付出他最后一个银币和最后一滴血。"准备派遣20万人到西印度群岛,执行他的不投降、不让步、不改革的政策。但没来得及实施,就于1897年7月8日在圣塔阿圭达的浴室被无政府主义者刺杀身亡。卡斯蒂略有许多历史和其他方面的著作,他在政治方面的著作被收集在《当代问题》(三卷)中,有关19世纪西班牙文化则由《隐士及其时代》一书加以叙述。历史方面可以一提的是《哈布斯堡统治西班牙史》《菲利浦四世时代研究》。这两部书都对17世纪的西班牙衰落进行了深刻的分析。

普拉塞德斯·马特奥·萨加斯塔(Práxedes MateoSagasta,1825—1903年)是西班牙土木工程师和政治家,在1870—1902年之间领导自由党,并与保守党轮流执政。他于1825年7月21日出生在西班牙拉里奥哈省的洛格罗尼奥,曾是西班牙进步党成员。年轻时就读于马德里土木工程学院,学生时代曾是马德里土木工程学院里唯一拒绝在支持伊莎贝拉二世女王的声明书上签字的学生。后来他积极参与政治活动,曾在1854—1857年间担任西班牙议会议员。1866年他参与了反对伊莎贝拉二世的政变活动,政变失败后流亡法国。1868年革命后,他回到西班牙并参加了新创建的临时政府。他担任首相期间,发生了美西战争,使西班牙失去了最后几块大的殖民地——古巴、波多黎各和菲律宾。因此,他受到广泛指责,认为他应为战争失败和1898年《巴黎条约》丧失领地负责。1903年1月3日,萨加斯塔在马德里去世。

普拉塞德斯·马特奥·萨加斯塔

三、美西战争

1885年11月25日阿方索十二世去世,遗腹子阿方索十三世(1886—1931年在位)登基为西班牙国王。1902年成年前,由他的母亲玛丽亚·克里斯蒂娜摄政。玛丽亚·克里斯蒂娜太后摄政期间发生的最重要事件是美西战争。

19世纪末,美国进入了帝国主义时期。美国垄断资本财团迫切需要

第四章 帝国的衰落——18世纪到20世纪20年代的西班牙

开辟新的市场、投资场所和原料产地,于是各种宣传机器大造对外扩张的舆论。但是正当美国准备向海外扩张时,整个世界已为老牌殖民大国瓜分完毕。美国想重新瓜分世界殖民地,但因力量有限,还无力同英法等国相抗衡,只有老朽帝国西班牙是个好目标。这时的西班牙已日薄西山,昔日庞大帝国的殖民地仅剩下古巴、波多黎各和菲律宾。美国决定首先拿西班牙开刀,夺取西班牙这几个殖民地,以便控制中美洲和加勒比地区,并取得向远东和亚洲扩张的基地。这时,西属殖民地人民的斗争也给美国创造了有利环境。菲律宾和古巴先后爆发了反对西班牙殖民统治的武装起义。菲律宾起义军已解放了全国大部分地区,包围了马尼拉。古巴起义军则牵制了西班牙的20万大军。

1898年2月15日,美国派往古巴护侨的军舰"缅因"号在哈瓦那港爆炸,爆炸威力巨大,几乎炸掉前侧三分之一的船体,其余的残骸迅速沉入海中,造成266人死亡,其中绝大多数为士兵,爆炸时全舰军官几乎都在陆上,只有两名军官在舰上。爆炸激起美国报刊强烈反响和国内民众的愤怒。3月27日,美国通过驻西班牙公使提出要求西班牙在古巴停火和取消集中营法等条件。西班牙为了避免对美作战,于4月9日宣布休战。但美国国会发布决议:承认古巴独立,要求西班牙撤出古巴。同时授予总统使用武力的权力,并宣告美国无意兼并古巴。4月22日,美国海军封锁古巴港口。诺希维尔号军舰捕获一艘西班牙商船。4月24日,西班牙向美国宣战;25日,美国宣战。美西战争正式爆发。

美国早就为战争做好了准备。美国已经建立了一支号称世界第三的强大舰队,部署在世界各战略要点上,其中驻香港的亚洲舰队早已升火待发。国会已征兵20万,并拥有速射野战炮、电报、电话等先进装备。反之,西班牙毫无准备,在古巴的20万西军只有1.2万人能打仗,其余多是老弱病残。海军仅有一些旧式木壳军舰。在菲律宾也只有4.2万军队,而且西班牙政局一片混乱,军政界人士普遍认为同美国作战没有获胜希望。

战争在古巴、波多黎各和菲律宾同时进行。

在古巴战场,开战后美海军部副部长西奥多·罗斯福辞去职位,组建志愿军第一志愿骑兵团前往古巴参战。第一志愿骑兵团(即莽骑兵)节节获胜,击败了西班牙在古巴的陆军一部,从而让战争的陆上形势对美国有利。"缅因"号事件后,西班牙政府派出一支由塞韦拉指挥的舰队,共有6艘战舰,前去防守波多黎各。1898年5月19日,舰队进入圣地亚哥港。美国北大西洋分舰队立即对该港实行封锁,并要求陆军配合歼灭港内西舰队。但沙夫特指挥美陆军第5军约1.7万人在圣地亚哥以东登陆,坚持以夺取圣地亚哥城为目标;在攻占城东制高点的战斗中伤亡1700人。7月3日,西舰队奉命撤出圣地亚哥港,在港外被美舰队歼灭,死亡160人,包括塞韦拉在内的1800人被俘,战斗中美方仅伤亡各1人。16日,圣地亚哥城在古巴起义军和美军围困下断粮,城内外西守军约2.3万人投降。海军上将塞韦拉指挥的西班牙加勒比海舰队在古巴圣地亚哥港被美国彻底摧毁,圣地亚哥市向美军沙夫特将军投降。

在波多黎各战场,1898年7月25日,美陆军司令迈尔斯率领的远征军在波多黎各登陆。8月初,美又增兵1万,分四路围攻波多黎各首府圣胡安,经过小规模战斗,付出50人的伤亡后,攻占了波多黎各全岛。

马尼拉湾海战

第四章 帝国的衰落——18世纪到20世纪20年代的西班牙

在菲律宾战场，美国海军准将乔治·杜威率领舰队从香港出发，1998年5月1—2日在马尼拉湾战役中歼灭了驻守在菲律宾马尼拉港的西班牙舰队，占领了马尼拉。西班牙人在这场战斗中共伤亡381人，而杜威的舰队只有7人受伤。受过正规射击训练的美舰至少命中了170发，而缺乏射击实践的西班牙水兵仅仅命中了15发。美国人的胜利不仅实力上占优势，而且也是他们准备充分的结果。杜威说："马尼拉战役是在香港码头打赢的。"

1898年12月10日，美西两国在法国巴黎签订了《巴黎和约》。根据和约，西班牙放弃古巴，将波多黎各和关岛等殖民地割让给美国，并以2000万美元的代价，把菲律宾的主权转让给美国。

战后为偿付债务，西班牙把在太平洋上除关岛外的马里亚纳群岛卖给德国。至此，西班牙除了非洲的几小块殖民地外，所有的海外殖民地完全丧失。这是西班牙海外殖民地第二轮大规模丧失。

四、阿方索十三世亲政和里韦拉独裁

1903年阿方索十三世开始亲政，当时西班牙国内各种矛盾汇集，极端政治组织相当活跃。1906年5月31日，阿方索十三世迎娶英国维多利亚女王的外孙女巴腾堡郡主维多利亚·尤金妮亚为妻，结婚当天就发生了无政府主义者对他的暗杀。1909—1911年，阿方索十三世的统治被一系列革命运动所困扰，尤以在马德里和巴塞罗那发生的革命活动最为剧烈，民众打出推翻君主制的旗号。阿方索十三世在舆论压力下，在立法、教育和宗教等

阿方索十三世

· 231 ·

多方面进行了一些改革。在第一次世界大战期间，阿方索十三世保持中立政策，从而使衰弱的西班牙免于战火，但国内各种矛盾依旧。1917年劳动工会在西班牙举行了第一次全国总罢工活动，罢工从巴塞罗那和马德里开始，很快波及毕尔巴鄂、塞维利亚和巴伦西亚等城市，经济发展受到很大影响。军队镇压了罢工，杀害了数百名工人，监禁了工人领袖。此举导致人民对军队的抵触情绪十分强烈。1921年西班牙在摩洛哥的军事行动失败，1.5万西班牙士兵全军覆没，引发了十分尖锐的社会矛盾。另外巴斯克和加泰罗尼亚的独立运动一直没有平息。面对矛盾重重的国内局势，阿方索十三世没有好的办法，只有不断地更换政府，以应付眼前危机。1902—1923年短短21年里，西班牙更换33届内阁，平均每届政府执政时间只有半年多一点。

看到君主立宪的两党政治稳定社会无力，阿方索十三世无奈之下只好乞灵于军事独裁。1923年9月13日，米格尔·普里莫·德·里韦拉将军发动政变建立了军事独裁政权，并得到了西班牙王室的承认与支持。上台之后里韦拉立即中止了1876年宪法，关闭了议会，结束了议会统治。接着他制定计划重整军队、教会和君主制度，取消了加泰罗尼亚名义上的选举权。1926年西班牙与意大利签订了友好条约，里韦拉仿照墨索里尼的模式，建立了管理者与劳工委员会，负责解决劳动纠纷，并按照职业划分制定集体性的劳资和约。这一措施缓和了劳资矛盾，使西班牙经济迅速恢复并发展起来。为了在短期内搞出看得见摸得着的经济建设成就，里韦拉政权在政府主导下，通过信贷手段修筑了许多铁路和公路，一时间西班牙经济发展迅速。北非摩洛哥战场形势也发生好转，1925年在法国出兵后，西法联军不断获得胜利，到1926年5月最终消灭了摩洛哥里夫共和国。随后西法两国瓜分了摩洛哥，殖民强国的威风一时也好像得到"重振"。经济发

米格尔·普里莫·德·里韦拉

第四章　帝国的衰落——18世纪到20世纪20年代的西班牙

展和对外扩张的成就为里韦拉的统治提供了合法性，独裁政治得到巩固。里韦拉的实用主义和民族主义混合的治国理念，因在20年代的成功实践，被以西班牙军队为核心的西班牙右翼势力尊崇为神圣可行的"振兴祖国"方式，深刻地影响到西班牙未来的发展。

1929年全球性经济危机爆发，西班牙受到严重打击，经济严重滑坡，各行业一片萧条。此前依靠信贷兴建的众多工程，由当年发展经济的辉煌政绩，变成了经济危机时的沉重包袱，因为它们给政府带来了巨额财政赤字和沉重的债务负担，这进一步加剧了经济危机对西班牙经济的影响。受经济萧条影响，人民的生活水平急剧下降，在经济繁荣时潜伏着的各种社会矛盾这时全面凸显出来，人民对独裁政府的不满日益增加。无政府主义分子开始活跃起来，工人和警察之间经常发生冲突。

由于在摩洛哥战争胜利后，里韦拉借战胜之威，插手干预军队军官晋升制度，打破了传统惯例，也使军队对他产生不满。这时看到他遭到国内各阶层反对，受到压制的军队将领也乐得袖手旁观。由于失去军队支持，加上社会各阶层的不满，无力应付经济危机和社会动荡的里韦拉在1930年宣布辞职。

迫于社会各方的压力，阿方索十三世批准了里韦拉的辞职。随后任命贝伦格尔将军组成临时政府。贝伦格尔临时政府试图通过恢复过去的民主宪政，以此来争取民众的支持，但因无法稳定动荡的社会局面而失败。

1930年12月12日，阿拉贡地区哈卡城完备队发动起义，宣布废除君主制，成立共和国。不久，马德里的空军又发动了起义。贝伦格尔将军被迫于1931年2月14日辞职。新上任的海军上将阿斯纳尔迫于人民的压力，宣布1931年4月12日大选。这次大选意义重大，左翼政党以压倒多数赢得了大选，国王阿方索十三世为避免内战发生，被迫离开西班牙。1931年4月14日，西班牙第二共和国宣布成立。

第五章
第二共和国

第一节 第二共和国

一、第二共和国建立

1931年初,西班牙国内局势动荡,反对君主制度的游行示威此起彼伏。3月24日,马德里大学医学系学生同国家安全部队发生直接冲突,一名学生被打死。事件的发生激起了广大学生的愤怒,罢课浪潮迅速扩大到全国各大高等学府。在革命群众和共和派为代表的左翼政治力量的要求和压力下,阿斯纳尔政府宣布于1931年4月12日举行市政选举,5月举行省议会选举,6月举行议会选举。4月12日的选举是自里韦拉独裁结束以来,西班牙共和派和君主派的一次大较量。选举结果显示,弃权票达30%,在安达卢西亚、加利西亚和瓜达拉哈拉等少数地区则达到50%,共和派和左派的联盟取得了胜利。在全国50个省府中,共和派在41个省府取得了多数;共和派和西班牙工人社会党在绝大多数省府和重要地区的市政议员中占绝对多数。

第二共和国国旗和国徽

选举结果公布后,共和派欢呼雀跃,政府和右派人士则十分恐慌。4月14日凌晨,知道选举结果的人民纷纷走上街头要求成立共和国,马德里邮电大楼升起了共和国的旗帜。中午,巴塞罗那宣布成立加泰罗尼亚共和国,并任命了政府官员。同一天,圣塞瓦斯蒂安、萨拉戈萨、萨拉曼卡和拉科鲁尼亚等城市和地区也陆续宣布成立共和国。当天下午阿斯纳尔在东方宫召开了最后一次内阁会议,会上阿方索十三世阻止了军队镇压计划,为防止内战准备离开西班牙。随后,共和派和西班牙工人社会党的市政议员占领了马德里市政府。1931年4月14日晚,西班牙第二共和国宣布成立。阿方索十三世在米兰达公爵的陪同下离开了马德里,取道卡塔赫纳,乘阿方索王子号游轮前往法国。

西班牙第二共和国宣布成立后,西班牙工人社会党和共和党成立了以尼塞托·阿尔卡拉·萨莫拉为首的临时政府。1931年7月29日,议会成立了新宪法起草委员会,由希门尼斯·阿苏亚任委员会主席。1931年12月9日,议会通过了新宪法。新宪法最突出的亮点是第一次规定全体公民不分性别,只要年满23岁,男女公民都有选举权。体现了新政府正视妇女权利的进步立场。

尼塞托·阿尔卡拉·萨莫拉

二、左翼政府的内外政策

1931—1933年西班牙第二共和国是由共和党、激进党和西班牙工人社会党联合组成的左翼政府执政,面对西班牙社会的现实问题,左翼政府实施了一系列改革政策。这三年后来被支持革命的进步人士称为"改革三年"。

军队长期以来就是西班牙社会的一支重要力量。西班牙封建王朝依靠军队对外扩张创建殖民帝国,里韦拉依靠军队推行军事独裁,阿方索十三世依靠军队维护王权,长期的历史传承中西班牙军队形成了干涉国内政治的传统，军队的立场一直是影响西班牙政治走向的重要因素，往往还是决定性因素。第二共和国成立时，西班牙军队大体可分为"洪达派"和"非洲派"两部分，其中"非洲派"为保护西班牙在非洲的殖民地长期驻扎海外，实力雄厚，军队中支持帝国和王权的思想占主流。鉴于西班牙军队曾是镇压革命、维护封建专制的主力，新生的第二共和国政府从一开始就本能地对军队保持着警惕，希望军队能够永远在政治上保持中立，在无法确保这一点时就决定裁减军队和让一些军官退役。

何塞·圣胡尔霍·萨卡内利

在共和国诞生不到半个月之际，共和国的陆军部长就代表共和国颁布了裁军法令，把军队裁减一半，从16个师变为8个师，所有军官必须宣誓效忠共和制度，拒绝宣誓的军官在保留薪俸的条件下必须退役，当时有8000名军官退役。随后，政府又颁布命令，取消了军区司令部、海军和陆军最高委员会、萨拉戈萨军事学院等。5月18日政府颁布法令，宣布独裁时期所有晋升决定作废，大约300多名军官因此受到影响，这激起了军官阶层的不满。艾米利奥·巴雷拉将军和一些军官随即组织了"临时洪达"，动员6000多名卡洛斯派青年发动暴乱，经小规模战斗后缴械投降；1932年8月10日，何塞·圣胡尔霍·萨卡内利将军和戈代德将军联合其他军官在塞维利亚组织暴乱，一度占领了塞维利亚城。后来暴乱平息，何塞·圣胡尔霍·萨卡内利被捕，8月24日被判处死刑，但随即被共和国总统隔萨莫拉赦免，他和其他暴乱分子被流放到撒哈拉。这些军事叛乱虽然都镇压了下去，但也反映出军队对政府的不满在上升。第二共和国的军事改革举措直接损害了军队自身的利益，共和国在未建成效忠自己军事力量的情况下就贸然做出这样的决定，既是政治不成熟的表现，又是在自掘坟墓，毕竟军队是当时西班牙最有实力的力量，共和国的举措实际上是逼迫军队放弃在4月共和革命时保持的中立立场。值得注意的是，驻扎在摩洛哥的"百战雄师"也同样要进行裁减，这为后来摩洛哥军团成为反共和国叛乱主力埋下了伏笔。军队出现小规模叛乱事件后,共和国没有足够的警惕,没有采取掌控军队的有效措施。公开叛乱的何塞·圣胡尔霍·萨卡内利最终只是被流放,这一结果使军队对自己的实力产生了绝对的信心,政权对军队无力掌控的最终结局只能是军队掌控政权!第二共和国的军事改革为后来军队发动反共和国内战埋下了伏笔。

农民和土地问题是共和国需要解决的重要问题。据统计,1930年农业人口占西班牙全国劳动人口总数的45.51%;工业人口占26.51%;服务业人口占27.98%。工业主要集中在巴塞罗那、比斯开、阿斯图里亚斯、马德里、塞维利亚和巴伦西亚。其余地区农业是经济的主体。人口和经济结构表明,农民是当时西班牙社会最重要的一支力量,农民和土地问题解决得好坏直接关系到政权的统治基础是否稳固。1931年共和革命爆发时,西班牙工业化程度还不高,农民占人口的多数。而农村当时盛行大地产制,农民十分渴望得到土地。革命的确也曾给农民带来希望。1931年4月到7月之间,共和国颁布了一系列法令,用来保护佃农的短期状况,提高工资,改善劳动条件以及乡村劳动者在谈判中的地位。但1932年最终通过的土地改革法案却让农民失望,法令虽然规定剥夺超过限度的大地产,但被剥夺的地产产权属国家,分给无地农民租种,农民需向国家交租。对农民而言这只是换了个"东家"!农民开始逐渐疏离共和国政府。而利益受损的地主们则通过宗教、亲情和一定的减租措施逐步争取到农民的人心。即便这个不太符合实际的土地法,也没能认真和迅速实施,这又使原本期望借土地改革分得一点租种土地的无地农民们也有上当受骗的感觉。1933年秋天右派上台后,土地改革法完全废弃。当1936年左翼人民阵线上台执政时,动乱已经在即,根本没有时机再搞土地改革了。土地政策的缺陷和执行中的拖延,使共和国政府失去了争取多数人口支持的机会。

现代西班牙民族国家是在历史上多个独立邦国的基础上形成的,各地方长期保有较大的选举权。波旁王朝建立后,虽然把君合国变成了统一王国,但统一很不彻底,使西班牙国内地区和民族独立倾向一直未能根除。西班牙波旁王朝后期的工业化改革结果是国内工业发展的不均衡，北方少数民族地区工业化程度最高，这使加泰罗尼亚和巴斯克等民族的自主意识日益增强。1931年共和革命爆发后，加泰罗尼亚成立了共和国，西班牙共和国政府通过谈判和1932年9月签署的法令承认了加泰罗尼亚的高度自治，加泰罗尼亚从而合法拥有自己的国旗、官方语言和自主政府。后来人民阵线上台执政后，1936年10月1日，西班牙共和国议会通过法律同意巴斯克地区也比照加泰罗尼亚实行高度自治。加泰罗尼亚和巴斯克地区的高度自治，在一些"爱国"军官看来就是对西班牙祖国的肢解，承认共和国的立法是卖国，第二共和国政府的民族政策为后来参加叛乱的某些"爱国"军人提供了反叛理由。

现代西班牙是在驱逐穆斯林的"复国运动"中形成的，几乎全民信仰天主教，天主教作为国教具有不可替代的重要影响力。但共和革命成功后，共和国政府无视全民信教的现实，强行推行极端世俗化政策，关闭教堂，强令教士等神职人员还俗。总统萨莫拉在议会发表讲话表示，西班牙再也不是信奉天主教的国家了。1931年制宪会议宣布西班牙没有官方宗教，取消了天主教的国教地位。具有讽刺意味的是，以世俗的教育制度代替教会教育，关闭所有教会学校，但执行中因教师缺乏又不得不大量聘用"还俗"的神职人员当教师，这样的教育政策结果可想而知。在政府排挤宗教势力政策的鼓动下，工人、学生和部分农民一度掀起了仇视宗教的过激行动，1931年5月10—12日，马德里、塞维利亚、科尔多瓦、加底斯、马拉加、木尔西亚和巴伦西亚等城市发生了烧毁教堂、修道院、教会学校和抢劫教会财物的事件。这些反宗教过激行为引发了广大教士和天主教徒的不满，要求政府采取措施维持正常宗教活动，但共和国政府对此置若罔闻。在这种情况下，一些高级教士，如托莱多大主教和西班牙枢机主教塞古拉等，开始公开抨击共和国，并进行反共和国宣传。1931年共和国政府把塞古拉和维多利亚主教马特奥·穆希卡流放。第二共和国的宗教政策把整个天主教推到了共和国的对立面。宗教政策的失误使共和国失去了团结和教育民众的重要手段，主教会在后来的反共和国叛乱中实际上起到了宣传鼓动作用。

三、右翼政府的内外政策

左翼政府推行的改革措施，直接损害了地主和资产阶级的利益。右派力量迅速整合，联合起来维护自身利益。1933年西班牙农村庄园主协会举行农业经济大会，反对政府的农业改革。1933年3月5日，西班牙自治右派联盟在马德里成立，标志着全国右翼组织实现了联合。西班牙自治右派联盟主张：维护天主教教义和基督教文明的基本原则，修改1931年宪法，反对离婚和非宗教式结婚，反对妇女解放和走向社会，妇女应回到家庭中去；反对农业改革法，对粮食生产商实行关税保护。何塞·玛丽亚·希尔·罗夫莱斯是西班牙自治右派联盟的领导人，他多次公开表示，西班牙自治右派联盟坚决反对革命，农村的生产关系不容改变。

在右翼力量整合的同时，左翼政府内部发生了争夺权力的内部斗争，激进党和共和党联合起来企图排挤西班牙工人社会党，组成一个以中小业主为依靠力量的共和政府。双方斗争使共和国政府不断更迭，各派政治力量发动群众示威游行，国家局势动荡不定。最后因矛盾无法协调，不得不宣布解散议会，在1933年9月19日重新大选。

大选时左翼力量的分裂和右翼力量的团结，造成右翼在选举中获胜，亚历杭德罗·勒鲁·加西亚在西班牙自治右派联盟和农业党的支持下组阁。

右翼政府上台后，开始对左翼政府的改革措施进行清算。1933年12月议会拒绝批准巴斯克自治章程，使巴斯克地区的高度自治无法合法顺利启动。1934年通过《宗教财产法》，废除了左翼政府的《宗教团体法》的主要规定，同时恢复国家对宗教的津贴，改善了城乡教区宗教人员自1931年革命以来的贫困状况。这一法令使右翼势力成功地争取到天主教

亚历杭德罗·勒鲁·加西亚

会和教徒的支持。1934年4月24日通过大赦法令，赦免了左翼政府时期被判有罪的人员，撤销左翼政府关于没收参加叛乱者土地的法令。参加何塞·圣胡尔霍·萨卡内利叛乱的人员因此法令而全部获释，并恢复了原有财产。1934年6月8日废除了加泰罗尼亚左派政府制定的《农业契约法》，中止实施左派政府的土地改革。在整体右转的政府主导下，左翼政府时期推行的各项改革基本上都被停止或撤销。

左翼力量对右翼政府的举措十分不满，组织游行示威甚至武装起义来反抗。1934年6月在西班牙工人社会党组织下劳动者同盟发动农民总罢工，在安达卢西亚、埃斯特雷马杜拉和拉曼恰等地区发生了流血事件，造成多人伤亡。政府下达逮捕令，2000多人被捕。1934年10月5日，由西班牙工人社会党发动，并得到西班牙共产党和全国劳动联盟支持和响应的全国总罢工爆发，很快演变成工人武装起义，这就是著名的西班牙"十月革命"。马德里和其他省府，因准备不足，罢工只持续了几天，很快被政府军镇压。加泰罗尼亚则发展迅猛，加泰罗尼亚政府主席借机宣布成立加泰罗尼亚国，后被镇压。阿斯图里亚斯工人罢工声势浩大，演变成武装起义，起义工人袭击并占领了40多个民防军兵营。10月6日，工人武装占领奥维多。建立了领导机构，解除了民防军武装，宣布建立社会主义共和国。哈恩、科尔多瓦、马拉加、圣塞瓦斯蒂安等地响应，吉普斯夸一些地方建立了工人政权，一些小城镇工人还建立了社会主义共和国。亚历杭德罗·勒鲁·加西亚下令镇压，镇压由弗朗西斯科·佛朗哥·巴阿蒙德参谋长负责部署和指挥，镇压造成大量工人伤亡，光阿斯图里亚斯地区就有1300人被打死，2600人受伤，其中大部分是同政府军搏斗的工人和城市居民。革命失败后，政府疯狂报复，逮捕了3万多人。左翼领导人和工会领袖被捕，一些革命者被判处死刑。佛朗哥因指挥镇压和屠杀，被工人群众称为"阿斯图里亚斯屠夫"。右翼政府反攻倒算，中止改革并镇压左翼革命，因此它统治的时期后来被进步革命人士称作"黑暗两年"。

西班牙"十月革命"被镇压后，右翼政府宣布中止原左翼政府制定的《农业改革法》，对贵族和地主的经济损失给予补偿。贵族和地主乘机报复，夺回农民的土地，工厂也大批解雇工人。左派力量开始反思教训，重新联合，希望能通过合法斗争夺回政权。1935年初，西班牙工人社会党、西班牙共产党和党的两青年组织、共和左派和它的青年组织、巴伦西亚左派、共和联盟以及劳动者总同盟和全国劳动联盟一起，组成了人民阵线，实现了西班牙全国左派大联合。

1935年夏，亚历杭德罗·勒鲁·加西亚政府贿赂丑闻曝光，被迫于10月下台。右派内部发生权力争夺，希望通过大选解决矛盾冲突，决定于1936年2月16日举行大选。

四、人民阵线政府的政策调整

与1933年9月的形势正好相反，1936年2月的大选中，左翼力量实现了团结联合，右翼力量则发生分裂。大选中左翼政府针对性地提出了生动形象的竞选口号："法西斯为你带来'工作'，也为你带来饥饿；法西斯为你带来'和平'，也带来了五千个坟墓；法西斯为你带来'秩序'，也带来了绞刑架。人民阵线提供给你的，是面包、和平与自由！"

人民阵线的旗帜

1936年2月16日大选的最终结果是左翼胜利，人民阵线上台执政。人民阵线上台后，右翼势力不甘心失败，积极筹备反扑，一方面在全国范围内大搞暗杀活动，另一方面准备以海外驻军为主力实施武装夺权。人民阵线察觉了右派的计划，主要力量放在了筹组自己的武装力量和备战上，没有对其他内政政策作及时调整。不过对农村地区发生的农民自发夺取土地行动，持默认和支持立场。

第二节 西班牙内战

一、内战的酝酿

发生在20世纪30年代末期的西班牙内战，其实从第二共和国建立之初就在酝酿之中。如前文所述，自1931年革命起，西班牙社会就开始日益两极分化，广大农民、天主教徒、军队、保皇派和以长枪党为代表的法西斯分子走向了共和国的对立面，而共和国政府则在工业发达的城市地区、广大工人中间，以及加泰罗尼亚、巴斯克等少数民族地方赢得了民心和支持。左右两股势力的斗争其实是两条不同的"振兴祖国"道路的斗争，左翼力量认为19世纪末西班牙殖民帝国的崩解和1929年经济危机表明，资本主义的两党议会民主制和军事独裁制都已被历史证明破产，要实现西班牙的国家振兴和人民幸福，只能走苏联式的道路；右翼则认为20世纪20年代历史证明，里韦拉政府执行的实用主义和民族主义混合的建设道路是可行，1929年以来国家的困难是世界性危机造成的临时状况，通过政策调整完全可以克服。里韦拉道路更能维护民族传统、国家统一和民族精神振兴，无须改弦易辙。由于左右两股力量都固执地坚持自己主张，不愿妥协，对立情绪不断上升，最终只能诉诸内战。

1936年2月的选举，左翼人民阵线赢得大选而上台执政。选举揭晓后，西班牙左右两极力量都在积极备战，右翼期待靠军队力量重新掌权，左翼则积极武装工人以保卫政权，左右两极的不妥协使战争爆发成为必然。

1936年3月初，军队内部的右翼将领积极串联，密谋再度发动武装叛乱。以佛朗哥为首的非洲军团里，形成了佛朗哥、莫拉、奥尔加斯、巴雷拉、庞特、萨利科特、德拉埃兰等将领组成右派军官小团体；在葡萄牙，圣胡尔霍领导的西班牙军事联盟也积极参与政变计划；西班牙右派自治联盟中的主力干将塞拉诺·苏涅尔、费尔南德斯·拉德雷达、马亚尔德伯爵等在内部强调唯一掌权途径是暴力手段；卡洛斯最高军事委员会在胡安·德卢斯召开紧急会议，筹划武装暴动；3月中旬西班牙的法西斯政党长枪党也秘密会晤佛朗哥，要军队支持长枪党发动一场"预防性革命"。随后不久"长枪党"的非法活动被侦知，3月15日政府宣布"长枪党"为非法党，并逮捕了其首领何塞·安东尼奥。以军队为核心的右翼力量串联准备，预示了内战的爆发成为必然，剩下的只是发动时机的选择而已。

法西斯"长枪党"的旗帜

德国和意大利对国民军方面的公开支持，增加了国民军发动叛乱的信心，在一定程度上刺激并加速了内战的爆发。1934年右翼势力执掌政权的时候，就同意大利和德国建立了密切关系，德意两国势力开始渗透进西班牙，并建立了一些谍报机构。1936年大选之后，国民军主要头目圣胡尔霍于3月飞往德国，争取德国对叛乱的军事支持，得到了德国的肯定答复。意大利对军队的叛乱也表示了支持。德意的态度坚定了军队方面发动叛乱的信心，刺激了内战的爆发。

共和国人民阵线政府积极在军队中争取支持力量的同时，筹组了民兵，在工厂、城市和乡村成立了民兵志愿兵的中队、大队和纵队。由于武器不足，这些准军事组织以各种武器武装，包括左轮手枪、猎枪、旧式步枪、大刀、木叉等等。武器训练虽然不足，但民兵志愿兵的精神状态很好，训练中常常高呼口号"诺帕萨兰！"（意思是"他们不会得逞！"），显示了坚决战斗的决心。

内战爆发前夕，西班牙国内左右两方对立接近爆发点，零星冲突不断发生。1936年7月12日，共和国反法西斯军事联盟的何塞·卡斯蒂略被长枪党成员射杀。第二日，作为回击，反法西斯军事联盟的成员刺杀了何塞·卡尔沃·索特罗。何塞·卡尔沃·索特罗是右派反对党的主要成员，主张王室复辟，他曾对西班牙士兵宣称他将"把国家从共产主义中拯救出来"。右派对于索特罗事件表示抗议。这被认为是西班牙政治两极分化进一步加深并走向内战的催化剂。这时候，长枪党已在密谋发动军事政变推翻共和国。7月14日，长枪党法西斯武装人员与城市警察"突击卫队"发生冲突，造成多于4人死亡。

二、内战经过

1936年7月18日，驻摩洛哥和加那利群岛的西班牙殖民军在佛朗哥、莫拉等将领策动下发动叛乱。陆军和空军的大部分部队约12万人以及摩洛哥人组成的"外籍军团"参加了叛乱。叛军自称是拯救民族和国家的国民军，把自己的叛乱行动视为爱国行动，自称是拯救和振兴祖国的"国民运动"。趁政府犹豫之际，国民军迅速占领西属摩洛哥、加那利群岛、巴利阿里群岛以及西班牙本土北部和西南各省，7月30日在布尔戈斯成立"国防执政委员会"，企图南北夹击马德里，进而夺取全国政权。由于右翼势力的其他几位领导人在叛乱初期意外死亡或被抓进监狱，佛朗哥在叛乱力量中的地位迅速突出，到1937年4月已成为"国民运动"的公认领袖。

佛朗哥1892年12月4日出生于西班牙北方的埃尔费罗市，父亲是西班牙海军军官，母亲是出身中产阶级的虔诚天主教徒。受家庭影响，佛朗哥自幼对军队生活十分向往，并形成了强烈的纪律观念。1907年佛朗哥考入托莱多步兵学校学习，毕业后成为西班牙军队的一名少尉。1912年主动要求前往摩洛哥参加镇压当地人民反抗殖民统治的起义，因作战勇敢，第二年被提升为骑兵团中尉。到1915年佛朗哥已经因军功累累成为西班牙军队中的年轻少校。

佛朗哥

1920年佛朗哥被任命为西班牙外籍军团副司令，1923年升任司令。这期间，佛朗哥因指挥镇压摩洛哥里夫地区人民起义作战"英勇"，被西班牙政府视为"英雄"，国王阿方索十三世授予他贵族称号，并亲自主持了他的婚礼。1925年西班牙和法国军队联合进攻摩洛哥里夫起义军，10月占领了"里夫共和国"首都阿迪尔。1926年在消灭摩洛哥"里夫共和国"反殖民起义军的最后战斗中，佛朗哥指挥的西班牙外籍军团发挥了决定性作用，在胡塞马地区歼灭了里夫军队的主力。因在摩洛哥的殖民开拓中的卓著功勋，佛朗哥被晋升为准将。1928年初，佛朗哥奉命建立萨拉戈萨军事学院并任院长。至此，佛朗哥成为西班牙军队中具有重要影响力的军官。佛朗哥是里韦拉"振兴祖国"实用民族主义的坚定支持者，认为只有里韦拉道路是才是引导西班牙走向复兴的正确道路。第二共和国建立后，佛朗哥成了右翼力量的重要代表人物。后作为左翼人民阵线防范的不可信军官，被调往远离西班牙本土的加那利群岛。佛朗哥对此表面服从，私下开始控制军队，最终于1936年7月在加那利群岛发动了针对共和国人民阵线政府的叛乱。

1936年7月"国民军"叛乱发生后，西班牙各阶层人民响应人民阵线的号召，拿起武器保卫共和国，两天内共有30万人报名参加民兵组织——人民警卫队。马德里、巴塞罗那、巴伦西亚、卡塔赫纳、马拉加、毕尔巴鄂等大中城市的叛乱很快被平息。国民军仅控制南方的安达卢西亚和北方的加利西亚、纳瓦拉、旧卡斯蒂里亚等经济落后省份。共和军则控制了所有的工业和政治中心、主要港口、交通干线和重要农业区。

1936年8月，国民军在德、意干涉军支援下从葡萄牙边境向马德里方向发动进攻，先后攻占巴达霍斯、卡塞雷斯、塔拉韦拉、托莱多等城镇，将南、北两块控制区连成一片。9月，国民军和干涉军在北部攻占伊伦和圣塞瓦斯蒂安，切断共和国北部与法国的联系。

1936年9月28日，国民军占领马德里西南托莱多地区，随后成四路从西面、西南面和南面进逼马德里。1936年11月6日，国民军进抵马德里城郊，共和国政府迁往巴伦西亚，并组建兵力达30万人的正规军。西班牙人民在国际纵队配合下，展开马德里保卫战。共和军和民兵在马德里以西构筑三道防线英勇抗击敌军。新组建的共和军和共产国际组织的国际纵队两个旅则赶赴前线,在J.米亚哈将军指挥下加强防御。同日,国民军2万人在德、意干涉军的坦克和飞机支援下,从西南方向发起猛攻,其左翼经"田园之家"公园实施主要突击,强渡曼萨纳雷斯河,一周内占领大学城3/4的地区。共和军兵力增加到7个旅(含1个坦克群),给敌以迎头痛击。25日,国民军停止进攻。为缩小包围圈,国民军于1936年12月13日出动1.7万人在马德里西北接近地实施突击,经1个月激战切断马德里通往埃尔埃斯科里亚尔的公路。西班牙共产党站在保卫共和国的最前列,马德里90%的共产党员走上前线,许多国际纵队战士在战斗中英勇献身。1937年2月6日,国民军在意大利干涉军支援下,在马德里东南的哈拉马河谷发起进攻,企图切断马德里至巴伦西亚公路,完成对马德里的合围。18—27日,共和军实施反击,粉碎国民军从东南方向合围首都的企图。3月8日,意大利干涉军从东北方向对瓜达拉哈拉实施突击,企图配合国民军夺取马德里。共和军调整部署,投入3个师的兵力顽强防御,至22日终于粉碎意大利干涉军的进攻。其间,国民军于2月6—27日在马德里东南远接近地发动哈拉马河战役,企图切断马德里通往东南地区的交通线;共和军英勇反击,粉碎国民军的企图。为牵制共和军的兵力,国民军在南部科尔多瓦、格拉纳达、直布罗陀一线实施进攻,占领蒙托罗、马拉加后转入防御。

国民军在马德里遭到失败后,从1937年6月起把进攻重点转向北部,企图攻占比斯开湾沿岸的重要工业区巴斯克和阿斯图里亚斯。为此,叛乱方面集中15万兵力(含意大利干涉军10万人)对巴斯克首府毕尔巴鄂发起进攻,遭6万共和军坚决抵抗。6月20日,国民军凭借兵力优势攻占毕尔巴鄂,随后向桑坦德和希洪发展进攻。为减轻北部战线受到的压力,同年7月和9月,共和军在中部战线马德里西北的布鲁内特和东部战线萨拉戈萨以东发动两次进攻战役,但未能制止敌军对北部战线的攻势。8月26日,桑坦德失守。10月22日,共和军在阿斯图里亚斯的最后一个根据地希洪陷落。北方工业区的沦陷,使共和国遭到沉重打击。10月28日,共和国政府从巴伦西亚迁至巴塞罗那。

1937年12月5日,共和军为粉碎国民军再次进攻马德里的企图,在东部战线对国民军主要根据地特鲁埃尔发起进攻,一度解放该城,但共和军未能按计划发展进攻，在孤立无援的情况下苦战两个月，终因寡不敌众而遭受惨重损失，于1938年2月15日放弃特鲁埃尔。特鲁埃尔战役使共和军伤亡2.5万人，损失飞机超过100架。国民军和干涉军乘机将作

军队开往前线

战重点转向东部战线。3月，佛朗哥在埃布罗河河谷投入5个军的兵力以及几乎全部飞机、坦克，在德、意干涉军配合下向阿拉贡发起进攻，而共和军在东部战线仅有11个师。9日，法西斯军队突破共和军防线，至4月15日先后占领莱里达、特仑普和比纳罗斯等地，将共和军控制区分割成两部分，切断加泰罗尼亚与中部和东南部地区的联系。接着，国民军和干涉军分兵出击，南攻巴伦西亚，北进巴塞罗那。为扭转战局，减轻巴伦西亚受到的压力，共和军于7—11月在埃布罗河地区投入7个师10多万兵力，发动内战以来规模最大的进攻战役，即埃布罗河战役。经3个多月鏖战，歼敌8万余人，击落击伤敌机200余架，但由于人力物力得不到及时补充而被迫转入防御，未达预期战役目的。这次战役具有决定性，共和军损失6万有生力量，致使战局空前恶化。在此期间的9月21日，共和国应国联要求，解散国际纵队，试图换取英法对德意的压力，使其撤回干涉军，未果。少数国际纵队成员留下

国际纵队的志愿战士

继续作战，政府后来使其成为公民。

12月23日，国民军和干涉军出动20多个师共40万人的兵力发动彻底决定战争胜负的加泰罗尼亚战役。由于加泰罗尼亚无政府主义者纪律松懈和领导无方，形势明显有利于国民军和干涉军。无政府主义者没有遵守军事上起码的规矩，纯粹按无政府主义方式行事，结果打不好仗。因此，共和军在战役后期只得边打边撤。1939年1月26日，加泰罗尼亚首府巴塞罗那失陷。2月8日，共和军控制的最后一个据点菲格拉斯失陷，25万共和军越过法国边境后被解除武装。次日，国民军和干涉军进抵法西边境，切断西班牙第二共和国与其他国家的陆上联系。2月11日，加泰罗尼亚全境被占领。

加泰罗尼亚陷落后，共和国处境急剧恶化。1939年2月27日，英、法政府宣布承认佛朗哥政权，断绝与西班牙共和国的外交关系。共和国内部的投降派猖狂活动。1939年3月3日，共和国海军基地卡塔赫纳爆发叛乱。3月5—6日，中部战线司令S.卡萨多上校在马德里发动军事政变，宣布接管政权，搜捕和屠杀共产党人及民主人士，并向国民军敞开进入马德里的大门。28日，国民军和干涉军进入马德里和巴伦西亚，战争结束。

西班牙内战是第二次世界大战前世界民主进步力量同法西斯势力的一次大较量，其结果是人民阵线领导的共和国政府被颠覆，佛朗哥在德、意法西斯庇护下建立法西斯专政，并加入《反共产国际协定》；德、意两个法西斯国家在战争中相互勾结，并在战后正式结成同盟，使欧洲政治关系和战略格局发生有利于德、意的重大变化。从军事角度看，西班牙内战为即将到来的第二次世界大战提供了试验场。战争表明，各军、兵种的密切配合和协同作战，大量集中使用空军和掌握制空权，集群坦克在炮兵和航空兵支援下实施突击，对夺取战役战斗的胜利具有重要意义。

三、共和国被颠覆的原因

经过三年的僵持与厮杀,1939年内战最终以反共和国的佛朗哥一方完全胜利而告终,这一结果的产生是多种因素促成的。双方军事实力的对比直接决定了内战的结局,佛朗哥方面的成功策略和共和国方面的举措失当,还有外国介入等因素进一步拉大了双方的军事实力对比,这些都成为决定结果的关键因素。

从军事实力对比来看,一开始佛朗哥阵营就处于优势地位。因为参加叛乱的佛朗哥军队是当时西班牙的正规军事力量,其中还包括刚刚经历了镇压摩洛哥里夫共和国殖民战争的摩洛哥军团,而共和国一方基本上没有正规的军队,只能靠警察以及临时武装的工人和市民组成军队进行抵抗,要不是西班牙海军站在共和国政府一方,佛朗哥国民军方面没有足够的船舶和力量把自己的军团从北非运回国内,可以说叛乱在发动之初就能获胜。即便国内参加叛乱的军队数量有限,

描绘意大利干涉西班牙内战的海报

国民军依然能在叛乱之初就控制西班牙的西部和南部沿海地带,而共和国政府只能在中部和东北部以加泰罗尼亚为中心的地区维持。

佛朗哥阵营在内战中的策略总体上是成功的,这主要表现在三个方面:(1)政治上迅速实现了右翼势力的整合,形成了团结一致对敌的局面。在叛乱发动之初,佛朗哥个人在政治上的潜在对手都因为偶然因素消失:叛乱总指挥圣胡尔霍在从葡萄牙回国途中因飞机失事而丧生;戈代德指挥加泰罗尼亚叛乱失败被囚禁,后来被处死;莫拉在西北部进行的战争很不顺利,影响减弱;右翼最有名望的文官卡尔沃·索特洛在战

争前夕即被杀；长枪党领袖安东尼奥·普里莫·德·里维拉则被关进了共和国监狱，后来被处死。佛朗哥因其控制的军团强大的军事实力、与德意两国密切的合作关系，以及出色的军事指挥能力自然而然成为国民军最高领导人。1936年冬天开始，佛朗哥逐步把右翼民兵势力置于军队的严密控制之下，实现了军事力量的统一。1937年4月19日又通过创建统一的政党——西班牙传统主义长枪党和职团主义民族奋进会（人们习惯上简称为FET或国家主义运动），把长枪党、保皇党和其他右翼政治势力整合为一个整体，使之完全听命于自己。（2）外交上迅速争取到了德国和意大利的全力支援。德、意两国不仅帮助运输佛朗哥军队回国，提供武器和财力支持，还派出了规模很大的志愿军队直接参战，这在很大程度上改变了战场态势。（3）军事上稳扎稳打，并特别注重首先控制西部和南部产粮区。这一策略在战争后期取得了明显的效果，共和国控制区的一些军队就是因为缺粮而倒向了国民军。马德里的最终陷落也与此有关。

《动物庄园》是英国著名作家乔治·奥威尔的一部政治寓言体小说，于1945年首次出版。故事描述了一场"动物主义"革命的酝酿、兴起和最终蜕变；一个农庄（Manor Farm）的动物不堪人类主人的压迫，在猪的带领下起来反抗，赶走了农庄主（Mr.Jones），牲畜们实现了"当家作主"的愿望，农场更名为"动物庄园"，奉行"所有动物一律平等"；之后，两只处于领导地位的猪为了权力而互相倾轧，胜利者一方宣布另一方是叛徒、内奸。此后，获取了领导权的猪拥有了越来越大的权力，成为新的特权阶级；动物们稍有不满，便会招致血腥的清洗；农庄的理想被修正为"有的动物较之其他动物更为平等"，动物们又恢复到从前的悲惨状况。

共和国方面的政策失误主要表现在以下方面：（1）未能调整过"左"的土地政策，争取中立的农民支持，丧失了在内战初期争取局势转机的最后机会。人民阵线政府上台后，只是简单地恢复了1932年土地法，对贫苦农民缺乏足够的吸引力。这使人民阵线政府丧失了佛朗哥国民军运回国内之前难得的几个月争取民心的宝贵时间。（2）权力分散，对胜利信心不足，削弱了自己的士气，同时给敌方提供了机会。国民军一开始在西部的进攻切断了巴斯克地区与共和国其他控制区的联系，其后不久巴斯克的民族主义分子建立了所谓的巴斯克共和国，虽然仍与佛朗哥阵营斗争，但已与共和国脱离了领导关系，这有利于佛朗哥方面各个击破。当国民军在1936年9月逼近马德里时，共和国政府丧失了守住马德里的信心，匆忙迁都至巴伦西亚，这在一定程度上影响了共和国方面的士气。此后，随着战争的进行，反佛朗哥的斗争实际上形成了三个中心，即巴斯克地区、加泰罗尼亚地区和共和国中央所在的中部地区，三个地区基本上是各自为战，力量分散很明显。尽管共和国政府对巴斯克的控制鞭长莫及，但至少应该协调与加泰罗尼亚的战斗，而这一点共和国政府事实上没做到。（3）内部血腥的权力斗争，削弱了自己的力量。在与佛朗哥阵营战斗的同时，共和国政府内部还存在争权夺利的严重内讧：1937年5月人民阵线政府内部，以全国劳工联盟和马克思主义统一工人党为一方，以加泰罗尼亚联合社会党里的共产党人为另一方，双方在加泰罗尼亚进行了4天血腥的城市巷战。最后巴伦西亚中央政府虽然取得胜利，取消了加泰罗尼亚共和国的自治，但共和国在加泰罗尼亚民族心中造成的伤害已无法消除，为后来加泰罗尼亚的陷落埋下了伏笔。（4）无原则的报复和滥杀无辜，抹杀了自己与国民军的界限，毁坏了共和国的正义形象，最终丧失了人心。内战中，佛朗哥国民军每攻陷一地，即组织对左翼人士进行血腥屠杀。与此针锋相对，共和国方面也开始进行疯狂地报复，在自己控制区内大量屠杀富裕阶层、天主教教士和内部反对派。据统计，战争中被共和国方面镇压的"反动分子"应有20多万，其中有相当一部分是没有参与叛乱的无辜人员。遇害的6000多名天主教教士对农民的影响很大，因为他们往往是虔诚的天主教徒。这直接导致战争后期农民倾向于支持佛朗哥阵营。所谓内部反对派，实际上就是大选时参加人民阵线但并不信仰马克思主义的坚定共和派人士，对他们的镇压，虽然使共和国政府成为"纯粹的工人阶级政府"，但实际上缩小了自己反对佛朗哥阵营的同盟力量，某种程度上反对佛朗哥阵营的战争变成了城市工人阶级的孤军奋战。

外国的干涉，进一步扭曲了业已存在的悬殊的军事力量对比。由于佛朗哥的积极联络争取，德、意两国对干涉西班牙内战十分积极，不仅提供武器装备，还派出了大量所谓"志愿"人员直接参战。此外，在外交上也积极配合佛朗哥方面，有效地抑制了苏联的军事介入程度。这一切有力地增强了佛朗哥阵营的实力，为他们在内战中最终胜利立下了汗马功劳。

国际纵队士兵于贝尔奇特战役驾驶T-26坦克的场景

与德意的积极干涉相比，苏联的介入一直是被动而且有限的。内战爆发时苏联正积极寻求与英法建立反法西斯联盟，所以在介入时不能不考虑到英法对内战的不干预立场。著名的国际纵队背后虽然明显有苏联的影子，但除少量苏联军事人员外，是名副其实的世界各地信仰共产主义和部分信仰自由民主价值观的人士组织的志愿军，与德意由军队直接换装改名而来的冒牌"志愿军"军事实力不能相比。1938年7月初伦敦不干涉委员会通过了"召回外国志愿军的计划"，苏联为了不影响与英法建立反法西斯联盟的努力，并履行国际协议规定的义务，积极响应了这一撤军计划。于是，经西班牙共和国政府同意，1万多名国际纵队队员在1938年7月撤出了西班牙。至此，苏联基于自身利益事实上放弃了对共和国方面的支持，孤立无援的共和国的灭亡命运已成无法改变的事实。英法的不干涉和美国的中立政策，实际上是对共和国方面变相的经济和军事封锁，因为有德意两国的大量援助，佛朗哥阵营自然无须从英法等国获得武器或资源，但共和国从苏联得到的支援有限而且运输不便，无法从西方邻国获得必要的支援对它是致命的打击，特别在1938年苏联的支持减弱时更是如此。在一定意义上讲，英法美的政策是扼杀西班牙共和国政府的帮凶。

上述各种因素综合作用，最终导致佛朗哥国民军的胜利，西班牙第二共和国被颠覆。

四、参与西班牙内战的外国力量

在西班牙内战期间，大批非西班牙公民的外国人参与了战斗和军事顾问职位。佛朗哥领导的国民军得到德、意政府大量的财政与军事援助；共和派也得到苏联的援助，各国的共产主义者和社会主义者组成了闻名世界的国际纵队，但却受到英法两国施行武器禁运政策的阻碍，然而武器禁运的管理并不是很有效，尤其是法国被指责以大型货轮运输共和派的军备（指控往往来自意大利，而意大利本身积极地援助国民军一派）。各欧洲列强在当时的秘密行动被国际间认为是引爆另一场世界大战的导火线。对于西班牙内战，国联呼吁其他国家保持中立，并试图抵制各势力的武器流入西班牙，但成效极低。美国认为苏联参与了1931年推翻西班牙推翻王室的革命，因此对新上任的共和政府予以敌视。当内战爆发后，国务卿科德尔·赫尔下令禁止对西班牙政府的一切武器运售，秉持"中立政策"，共和政府也因此只能向苏联取得军备。但美国民间企业却为交战双方提供了许多支援，得克萨斯石油（Texaco）提供国民军350万吨汽油的运售并提供无限期贷款，通用汽车公司和福特汽车共提供国民军12 000辆卡车，杜邦公司则贩卖许多弹药给佛朗哥。民间左翼与反法西斯人士也募集金钱援助共和政府。

早在内战爆发前，德国高层和国民军领袖已有多次接触。内战爆发后，佛朗哥派出特使赴德请求军援，1936年7月25日与德国航空部长戈林会晤，7月26日见到希特勒，希特勒当天才刚观赏完《女武神》歌剧，了解国民军的来意后当晚便做出介入内战的决定，下达三个军事行动的命令，进行魔火作战（Operation Feuerzauber），将11架Ju-52运输机和6架He-51战斗机、85名德军武装党卫军士兵搭上乌萨拉莫（Usaramo）号客轮，运往德军于西班牙驻扎的摩洛哥，这批航空兵力在转运摩洛哥

毕加索名画《格尼尔卡》

画面表现的是1937年德国空军疯狂轰炸西班牙小城格尔尼卡的情景，控诉了法西斯战争惨无人道的暴行。此画是受西班牙共和国政府的委托，为1937年在巴黎举行的国际博览会西班牙馆而创作。

的西班牙外籍兵团返回本土参战上发挥了重要的作用。9月下旬，希特勒再次发布奥托行动（Operation Otto），动员更多士兵和战争物资援助佛朗哥。希特勒给佛朗哥的有24辆一号坦克、少量高射炮和一些无线电设备，德军指挥官亚历山大·冯·什勒（Alexander von Scheele）也将JU-52改装成轰炸机。1936年10月时，西班牙约有600—800名德军士兵。除了空军外，德国海军也派出战舰德意志号、舍尔上将号、科隆号和U-33、U-34潜艇进入战区。希特勒最大和最后一次的国民军支援行动是派出兀鹰军团，自1936年11月开始，他派出了额外的500人部队，并提供西班牙国民军92架新型飞机，其中包括在整场内战中性能最佳的Bf-109战斗机。希特勒使兀鹰军团参战直到1939年4月战争结束。在高峰时期，德国部队约有12 000人，多达19 000名德国人参与了西班牙内战。

1936年7月22日内战爆发后，国民军领袖前往罗马向意大利外交部长卡里亚佐·齐亚诺（Galeazzo Ciano）传达佛朗哥的军援请求，24日墨索里尼正式决定介入，派出12架SM81轰炸机协助佛朗哥运输非洲军团至本土。之后在希特勒的鼓励下，墨索里尼派出部分正规军参与西班牙内战，还有部分原因是因为他不想在国际影响力上低于希特勒。尽管墨索里尼派出比希特勒多的地面部队，但所提供的战略资源较其来得少。在战争开始的1936年9月，墨索里尼只提供国民军68架飞机和几百支小型武器，而意大利皇家海军在地中海发挥了重大作用，封锁了共和国的海军。意大利之后向国民军提供重机枪、火炮、飞机、轻型战车和空军军团与志愿军团两支作战部队。在西班牙的意大利军约5万人，并通过轮换与整补，西班牙内战有超过75 000名意大利士兵为国民军战斗。

葡萄牙在内战爆发时虽没有正式宣战，但约有8000名的志愿军进入西班牙与国民军一同作战、提供少量军需物资，更重要的是提供德意两国转入西班牙本土的港口，另外将逃往葡萄牙的共和派人士押到国民军军部处理。爱尔兰约有700名志愿军；罗马尼亚王国也有以伊万·莫塔为首的志愿军加入该阵营，而莫塔本人也在1937年1月13日阵亡。

在国联对其他各国实施武器禁运的同时，苏联是共和政府主要的援助者，秘密提供共和军约806架飞机、362辆坦克和1555门大炮。虽然当时斯大林签署过西班牙内战的不干涉协议，但在1936年10月宣布"若德意两国不停止军援国民军派，苏联将不受不干涉协议的约束"，之后秘密介入其中。由于斯大林不希望任何人能从武器形式追踪到苏联的介入，他们对共和军所提供的武器多是从博物馆、世界其他国家生产或是被苏军缴获的武器，不过苏联仍提供了如T-26战车、BT-5快速战车、I-15、I-16战斗机等当时世界一流水平的装备给西班牙。苏联也派出少数军事顾问到西班牙，以及组织国际纵队参战。内战期间，苏联军队总数不超过700人，但苏联的志愿军也经常开着的苏制坦克和飞机与共和党并肩作战。对于苏联的军备，共和政府则以西班牙银行的国家黄金来支付，总价值超过5亿美元，占了共和国全国黄金量的三分之二。1938年，苏联自西班牙撤回军事顾问与志愿军。

不同于美国和拉丁美洲国家，墨西哥公开表示支持共和政府，拒绝遵从法国和英国的不干涉的提议，但相较于国民军来自德意两国的援助，墨西哥提供共和政府的军备数量甚少。墨西哥提供200万美元的援助和一些战争物质，包括2万支步枪、28万颗子弹、8门大炮和少数美国制造的飞机，如贝兰卡CH-300和一些曾在墨西哥空军服役的军机。然而，墨西哥最重要的帮助，是在外交部庇护许多来自西班牙的政治难民，其中有许多共和派知识分子和孤儿家庭。

在内战爆发后，苏联共产国际组织全球50多个国家的志愿者，编为国际纵队（亦称"国际旅"），前往西班牙与共和军共同对抗国民军。成员为来自各地（主要是来自英法美，也有来自德意等极权主义国家）的社会主义、共产主义和反法西斯分子，其中有阿尔贝·加缪、聂鲁达、海明威、乔治·奥威尔、毕加索等知名人物，还有当时中国抗日战争爆发时前往西班牙的中国人。在受过基本的军事训练后便送往前线作战，西班牙内战期间总计约有32 000人参与国际纵队。在战争期间，国际纵队成员因其高昂斗志成为共和军倚重的主力之一。

高唱《国际歌》的国际纵队战士

五、第二共和国流亡政府

1939年4月第二共和国覆灭后，总统曼努埃尔·阿萨尼亚和总理胡安·内格林流亡法国。1940年11月阿萨尼亚逝世，迭戈·马丁内斯·巴里奥接任总统。1940年纳粹德国占领法国后，西班牙共和国流亡政府迁往墨西哥城。总理胡安·内格林在战时居住在伦敦。1945年胡安·内格林卸任总理，由何塞·基拉尔接任。

1945年第二次世界大战结束后，流亡政府希望胜利的盟军能帮助推翻佛朗哥政权，但希望破灭，流亡政府的影响力大减，只剩下象征性的地位。1946年流亡政府迁回巴黎。西班牙流亡政府与墨西哥、巴拿马、危地马拉、委内瑞拉、波兰、捷克斯洛伐克、匈牙利、南斯拉夫、罗马尼亚和阿尔巴尼亚建立了外交关系。但美国、英国和苏联等世界大国都没有承认流亡政府。

1975年，佛朗哥去世，胡安·卡洛斯一世重建民主制度，西班牙进入民主转型期。1977年，流亡政府决定承认君主制，7月1日正式解散。作为和解的象征，胡安·卡洛斯在马德里举行的一个仪式上接见了流亡政府的领导人。

第六章
佛朗哥统治下的西班牙

第一节 佛朗哥统治的建立和巩固

一、佛朗哥的政治理念

1936年7月17日西班牙非洲军团发动反对西班牙第二共和国的叛乱后,叛乱军队宣布自己是"国民军",进行的叛乱是正义的拯救国家的"国民运动",此后国民军的政治领导组织也称作"国民运动"。1937年4月国民运动颁布法律,宣布由佛朗哥担任国民运动的领袖。1938年1月30日国民运动再次颁布法律,宣布佛朗哥出任西班牙国家元首和政府首脑。1939年4月1日佛朗哥宣布内战结束,佛朗哥政权的控制范围扩展到西班牙全国。

作为一名有很强荣誉感的西班牙传统军人,佛朗哥有自己的坚定政治信念,坚信只有依靠军队建立铁腕强权统治,才能实现西班牙国家的

佛朗哥就任国家元首

伟大复兴。在佛朗哥看来，20世纪20年代里韦拉将军的政治实践充分证明铁腕强权统治是振兴西班牙国家的正确途径，只不过在1929年世界经济危机造成暂时困难时，里韦拉没能坚持铁腕统治，这才导致随后30年代国家的动荡，错失了国家复兴的良机。所以解决第二共和国以来的国家危机、实现西班牙复兴的唯一正确抉择，就是重新回到里韦拉统治时代的铁腕强权统治道路上来。这一次掌控国家大权的佛朗哥决定由自己来推动国家走里韦拉道路，并且不再妥协。

里韦拉将军经常喊的一句口号是"国家，宗教和君主制"，并多次反复强调要按照这个顺序来坚持信仰，这反映的是他推行统治时坚持的基本原则和信念，即民族主义和实用主义相结合的统治理念。推崇里韦拉统治方式的佛朗哥也坚持这种理念，在他统治前期，里韦拉的画像在西班牙随处可见。

民族主义是佛朗哥执政的目标、基本原则和不容更改的底限。佛朗哥所坚持的民族主义，确切地讲应该是国家民族主义，即只有一个统一的西班牙民族（所以不承认加泰罗尼亚人、巴斯克人、加利西亚人等的民族性，它们只能是统一的西班牙民族的一般的普通的组织部分），只有一个统一的民族语言（即西班牙语，不承认并禁止在公众场合使用加泰罗尼亚语、巴斯克语或加利西亚语），只有一个统一的西班牙祖国（所以取消了第二共和国时期具有自治地位的"加泰罗尼亚共和国"和"巴斯克共和国"，使它们的辖区成为普通的西班牙行政区）。为推行民族主义，"国民运动"必须强化国家对地区和普通民众的控制，并不懈地长期宣传爱国理念和国家、民族统一的理念。佛朗哥认为共产主义宣传全人类解放思想，具有明显的国际主义特性和反民族国家特性，是"国民运动"坚持的民族主义理念的天敌，所以必须反对。反共成为佛朗哥民族主义理念的重要内容，并被佛朗哥政权长期坚持。佛朗哥认为宗教和君主制是西班牙国家的传统，是维护西班牙国家统一、稳定和民族特性的重要象征，必须坚持。

实用主义是佛朗哥实现民族主义执政目标的指导方法和手段工具。在佛朗哥看来，不论是法西斯主义，还是自由主义，或者其他什么，只要能促成西班牙国家和民族复兴，对国家建设和发展有效，它们的政策方法就都能用。实用主义思想的指导是佛朗哥执政时期政治、经济和外交决策的依据，使佛朗哥在选人时重用能埋头实干的"上帝事功派"专家，在国家具体决策的选择上能做到依据国内外形势的变化适时而变，对西班牙未来的历史发展产生了深远影响。

理性决策和注重时机选择，是军人生涯带给佛朗哥实施统治时的决策理念。准确判断形势变化，依据事实而非情感作出理性决策，并选择最恰当的实施时机，是一个成功的将军指挥军事战役必备的素质。作为成功的将军，这种决策理念已经深深印在佛朗哥的脑海之中，甚至成为本能。这种本能运用到统治国家方面，就形成了佛朗哥统治的鲜明特色，佛朗哥步入西班牙政治舞台中心以后作出的所有重大决策都能看到军人理性决策和时机选择把握火候的高明。

上述理念的推行，使20世纪40－70年代西班牙历史发展打上了鲜明的佛朗哥印记。

二、巩固统治的内政举措

1939年4月，在内战的血泊和废墟之上，佛朗哥政权建立了。但它对西班牙的控制远谈不上巩固，大量共和国战士潜入山区继续从事游击战，一些留居下来的前共和国人员也只是表面上顺从而实际上在等待新的反抗时机。为了迅速确立所谓新秩序，佛朗哥政权建立后的第一件事就是进行反攻倒算和残酷镇压。镇压的依据最初是1939年2月9日颁布的《政治责任令》和后来据此制定的法律，它规定凡从1934年10月1日起直接或间接参加过民主运动的人都必须接受法院审讯。审讯由政治责任特别法庭进行，被告无权聘请辩护律师，处罚分为四等：有期徒刑6年、12年零1天、20年零1天和死刑。根据西班牙官方的材料，到1939年底，西班牙监狱关押了27.1万名政治犯，还有几乎同等数目的犯人被关押在集中营。甚至连德国大使施托雷尔也深信，到1940年底1941年初，在西班牙监狱和集中营里关押的"赤色分子"达100万—200万人之多。这一镇压浪潮一直持续到1942年才逐渐缓和下来，但处决仍在延续，"1944

年,'仅仅'还有1000起,每天3起"。通过血腥屠杀和镇压,到1945年第二次世界大战结束时,国内社会秩序在高压下基本达到稳定。虽然二战后一些反佛朗哥游击队又从法国向南渗入西班牙北部山区,但很快被击退。

　　镇压只能是暂时压制反抗而不可能真正消除反抗,佛朗哥政权在国内巩固统治的更有效手段是其经济、社会和文教政策。在进行暴力镇压的同时,佛朗哥通过普遍建立"职团"的方式强化了对社会的控制,这是保证人民不敢和不会反抗的手段。西班牙的所谓"职团",是佛朗哥结合西班牙传统手工业行会模式与意大利墨索里尼"职团主义"经济发展思想而创设的社会经济组织。佛朗哥把西班牙人依据行业和地域的不同编为一个个职团,同一基层地方范围内不同阶级身份的人只要从事行业相同就属于同一个职团,比如一个基层地方的地主和农民就同属一个农业职团,某地生产同一产品的工厂,其工人和工厂主也同属一个职团。在职团里劳动者没有罢工集会等自由权力,因为这是破坏经济发展的行为。财产所有者也必须保证劳动者享有不低于国家规定的工资和福利。政府期望通过这种职团组织保证稳定的生产秩序和行业成员的收入不断提高,实现社会安定和阶级合作。一个职团,既是一个生产组织,也是一个社会管理组织,因为人们所有的生活来源和福利保障都来自职团,所以每个西班牙人都被束缚在一个特定的职团里,离开职团就无法生存。这样,一个个职团结合起来就构成了一张严密的网,职团就是网上密密的结,通过职团所有个人都被有效地监控起来,不敢也不可能有反抗的异动。职团的普遍建立强化了政府对社会的控制,保障了社会秩序的安定。

　　在建立社会监控机制的过程中,佛朗哥政权也十分注重经济的恢复,

佛朗哥发布政令

第六章 佛朗哥统治下的西班牙

并以此作为改善人民生活和赢得民心的核心战略,因为这是保证人民不必反抗的高明手段。普遍建立"职团"的行动就是其发展经济的重要举措,其恢复发展经济的具体情况下一节将详细论述,这里不再赘述。到1951年,西班牙经济恢复的任务基本完成。伴随着经济的发展,人民生活有了较大的改善,反抗的经济根源被成功消除。

突出天主教的作用和强化民族主义教育,是佛朗哥政权改造人民思想,保证人民不愿反抗,甚至积极支持政府的重要措施。为此,政府大量建立神学院,积极招募神职人员,规定宗教课程为所有学校的必修课程,由国家给予神学院补贴并负担教师的大部分工资。在政府的努力下,西班牙教士的人数从1934年的7000人增加到1952年的18 000人。强化民族主义教育是佛朗哥政权改造民众思想的又一重要手段,为此佛朗哥政权通过明确的教育立法来保证这一点的实现。比如1943年的《大学法》就明确要求大学必须使自己的教育符合国民运动的纲领,即所谓统一(反对任何地方民族主义,不容许少数民族自治,以防止国家分裂),伟大(忠于西班牙伟大的历史传统,强调西班牙民族自豪感),自由(在国民运动控制下的有秩序的自由新秩序)。任何不接受国民运动原则的人都不得担任教授职务。佛朗哥政权希望通过教育灌输来保证人民,特别是知识精英阶层能够认可他所建立的新秩序。

通过上述手段的综合运用,到50年代初,佛朗哥政权在国内的统治已经完全巩固下来。随着西班牙国内形势的稳定和国际环境的好转,1956年一贯坚决反对佛朗哥政权的西班牙共产党通过了"和解宣言",强调通过和平方式实现政权更迭,事实上放弃了武装反抗斗争。1957年2月,西班牙主要的反佛朗哥政治组织——西班牙工人社会党、共和联盟、联邦共和党、巴斯克民族主义党、巴斯克民族主义行动党、"艾斯凯拉"、加泰罗尼亚社会主义运动、劳工总会、全国劳工联盟和巴斯克劳动人民团结会在巴黎签署了联合声明,强调不再预先确定未来佛朗哥之后国内的政权形式,而让人民通过民主方式自主选择。这实际上否定了原共和国流亡政府存在的合法基础,使流亡的共和国政府名存实亡。至此,来自国外的对佛朗哥政权的威胁也基本消失,佛朗哥巩固政权的目标完全实现。

三、争取国际承认的成功外交

佛朗哥（正中）与希特勒

1936年10月1日，佛朗哥被反对共和国的叛军在布尔戈斯拥戴为"西班牙国家最高元首"，以接替因飞机失事丧生的原首领圣胡尔霍将军。从此，佛朗哥开始了他统治西班牙的40年政治生涯，佛朗哥政权的外交实践也开始起步。这时候世界上法西斯主义甚嚣尘上，西欧坚持资产阶级民主的国家则由于1929—1933年经济危机的打击经济恢复乏力，国力虚弱，对外关系上处于守势；美国受国内长期盛行的孤立主义思潮影响，不愿介入欧洲事务；苏联因工业化、农业集体化和肃反运动等因素，忙于内部事务和政权巩固。西班牙佛朗哥当局准确地把握了当时国际力量对比的态势，选择了向最具活力的法西斯国家靠拢的政策。早在佛朗哥取代圣胡尔霍之前，反共和国的西班牙叛军就和法西斯国家有往来，佛朗哥上台后则进一步强化了这种关系，并使法西斯国家公开介入了西班牙内战。同时借助德意的力量在外交上向西欧国家施压，利用西欧民主国家对战争的畏惧和绥靖主义外交政策，压缩共和国方面的外交联系，成功地为自己争取到了有利的国际环境，为叛军方面在内战中最终获胜创造了必要的外部条件。1939年初在内战形势已十分明朗的情况下，佛朗哥政权得到了除苏联和墨西哥外的世界上大多数国家的承认。这样，1939年4月1日内战结束后，佛朗哥政权在国内外均确立了自己的合法地位，成为西班牙的合法政府。

二战的爆发使西班牙的重要地位凸显，扼守地中海西门户的重要地

第六章 佛朗哥统治下的西班牙

理位置，使西班牙加入哪一方将直接影响到北非和西南欧由谁控制，同盟国和轴心国均不愿西班牙倒向对方。就佛朗哥政权而言，二战开始时西班牙内战刚刚结束五个月，三年内战造成了国家经济凋敝，国力虚弱，且国内反对势力刚被暴力压服，佛朗哥的统治尚未完全巩固，这一切决定了佛朗哥政权的首要任务是搞好内政而非参加一场新的战争，所以1939年9月4日佛朗哥政权就宣告中立。此后，佛朗哥积极利用中立地位周旋于交战双方，为西班牙谋取最大利益。西班牙的中立固然有无力参战的客观原因，但也是佛朗哥不愿受制于人的民族主义立场使然。早在1939年6月，德国司令部建议在比利牛斯山脉以南的圣塞瓦斯提安和其他城市举行"兄弟般的"阅兵式，但西班牙人"不愿意外国军队在他们的国内开来开去。这些难缠的西班牙人，虽具有纳粹和法西斯的意识形态，但是外国人不进来总要好一些。佛朗哥的这种情绪极为强烈，并且以极端诡诈的手段使这种情绪成为行动"。1940—1941年上半年希特勒军队横扫西欧、南欧和北非，法西斯势力一时似乎胜利在望。即使在这种情况下，佛朗哥只是谨慎地把西班牙由"中立"国改称为"非交战"国（1940年6月12日）。在此期间，他虽然趁法国首都沦陷之机于1940年

佛朗哥会见纳粹德国的海因里希·希姆莱等代表（1940年10月）

6月14日占领北非摩洛哥的丹吉尔港，却拒绝参加轴心国参战，甚至拒绝了希特勒通过西班牙在1941年占领英国控制的直布罗陀的计划。苏德战争爆发后，佛朗哥当局虽以感谢德国在1936—1939年内战中给予西班牙的援助为名，派出蓝色师团赴苏支援德国作战，但并未直接对苏宣战和改变"非交战"国地位，他的蓝色师团是以志愿军名义参战的，由德国武装、穿德国军服并归德军指挥。这种独特的参战方式为佛朗哥当局留下了充足的外交回旋余地。当1943年德军在苏德战场转为守势时，佛朗哥就于当年10月下令调回蓝色师团，1944年蓝色师团退出俄罗斯战场。1942年鉴于二战交战双方处于胶着相持状态，战争有长期化的趋势，佛朗哥对外政策又做了微妙调整，9月3日以政治立场不明显的霍尔达纳伯爵取代了亲轴心国的外交部长苏涅尔。1942年11月8日，美军在北非登陆，西班牙随即宣布从"非交战"国状态回到了"中立"国状态。西班牙的中立保证了盟军北非登陆的成功，美国国务卿笠德尔·赫尔就此评论道："如果没有西班牙的中立，我们攻入非洲是不可能的。"1943年战争向有利于同盟国的方向发生了决定性转折，佛朗哥的"中立"开始向同盟国方面倾斜，1944年初，佛朗哥允许法国人经由西班牙领土前往北非参加戴高乐的自由法国军队，同年12月2日美西两国签订了关于美国民航飞机在西班牙着陆的协定。这些措施为二战后西班牙佛朗哥政权继续维系和改善与西方国家关系准备了条件。综上所述，整个二战期间佛朗哥统治下的西班牙总体上看维持了中立的外交立场，尽管随着战局的深入发展这一中立政策在不同阶段有一些微调。奉行中立政策使佛朗哥政权能在两大交战国集团之间左右逢源，它利用中立地位大做转口贸易生意，用进口来的粮食和战略物资与德、意等国交换机器和工业产品，从而加速了国内经济的恢复，也使自身在国内的统治巩固下来。

1945年二战以同盟国战胜法西斯轴心国的结局告终，这对西班牙佛朗哥政权而言是个"噩耗"。因为尽管该政权在二战中保持中立，但其政权与轴心国的密切关系和浓厚的法西斯色彩是无法抹杀的事实，佛朗哥的独裁统治也与二战后世界范围内蓬勃兴起的民主大潮相背离。这时，与西班牙具有相同意识形态的德、意等法西斯国家已被摧毁，苏联因"蓝色师团"问题耿耿于怀准备秋后算账，法国因西班牙共和派流

第六章 佛朗哥统治下的西班牙

亡者曾积极参与自由法国运动而积极支持反佛朗哥运动，英美虽无意直接干涉推翻佛朗哥政权，但也无意积极维系佛朗哥政权——毕竟，佛朗哥政权在二战中是首鼠两端，而非一心一意中立，更谈不上反法西斯。1946年2月9日，联合国以45票对2票决定把西班牙驱逐出一切国际机构。这样，四面楚歌的西班牙佛朗哥政权在世界上陷入空前孤立。为摆脱危机，佛朗哥政权在改革内政的同时，积极展开外交"突围"。首先，稳定与英美的关系。佛朗哥强调自己在二战中对西方民主国家一贯的友谊，强调其政权的一贯反苏反共立场对西方民主国家的积极意义。佛朗哥的这一立场，及二战后英美对苏联日渐强化的防范意识共同促成了英美为代表的西方国家对西班牙态度的转变。1948年法国重新开放了它同西班牙的边界，英法与西班牙缔结了新经济协定，美国决定马歇尔计划适用于西班牙。其次，积极寻找摆脱孤立的新突破口。拉美国家因历史和语言文化传统方面的原因，历来与西班牙有较多来往，它们中不乏西班牙的同情者，如庇隆领导的阿根廷就反对联合国制裁西班牙，并在联合国制裁期间给陷入极大供应困难的西班牙送去大量的食品，尤其是小麦，这使西班牙得以渡过难关。更重要的是拉美国家在联合国有众多席位，是当时国际上不可忽视的一支重要力量，因而它们是西班牙积极争取的对象；同样的，阿拉伯国家因数量众多且与西班牙没有什么历史恩

1954年佛朗哥会见来访的法国领导人

怨,是西班牙积极争取的又一重要力量。西班牙的这些外交努力从50年代初开始逐步取得了显著成效,1950年11月联合国取消了对西班牙的外交制裁,拉美国家和阿拉伯国家对此发挥了重要作用。同年年底,大使们重又纷纷返回马德里。1952年西班牙成为世界卫生组织成员。1953年西班牙成为联合国教科文组织的成员。同年,西班牙与梵蒂冈实现了关系正常化,与美国签署了结盟性质的《马德里条约》。1955年西班牙正式加入联合国。至此,西班牙完全摆脱了国际孤立地位,成功实现了外交突围。外交突围的成功使佛朗哥政权对西班牙的统治合法性不再遭受质疑,为其统治的长期化奠定了基础。

摆脱孤立困境的西班牙,考虑到"冷战"的全球格局和自己处于西欧战略要冲位置的现实,把积极追随美国和融入西方作为自己的首要外交目标。如前文所述,1953年美国与西班牙签订了《马德里条约》。这一条约事实上确立了美西同盟关系。对佛朗哥政权而言它保证了西班牙能在西方世界合法生存,是西班牙外交不可动摇的基础;对美国而言它强化了对苏冷战的力量,捍卫了自身在欧洲的利益。正因为如此,1963年该条约期满后经双方协商又再次延长五年。在重视对美关系的同时,

1953年西美签订《马德里条约》

第六章 佛朗哥统治下的西班牙

西班牙也积极发展与法、德等西欧国家的关系。1959年西班牙加入了欧洲经济合作组织。1962年和1964年西班牙两次提出加入欧洲经济共同体,其诚意最终使共同体同意就西班牙加入问题进行谈判。到20世纪60年代中期西班牙的贸易伙伴中,美国居第1位,德意志联邦共和国居第2位,法国居第3位,这充分显示了西班牙与西方国家的密切关系,也表明西班牙融入西方阵营外交战略的成功。通过追随美国和融入西方,西班牙得到了大量资金和技术援助,自20世纪60年代经济开始起飞。经济的迅速发展反过来又产生了政治效应——佛朗哥政权在国内的统治更加牢不可破。

20世纪60年代中期以来,虽然两极格局没有根本改变,但世界多极化趋势日益明显。针对形势的变化,佛朗哥政权一方面继续维持与美国的同盟关系,1968—1970年通过谈判第二次延长了到期的1953年《马德里条约》;另一方面开始了多元化外交的积极尝试。首先,对欧洲经济共同体的外交努力不断强化,1970年签署了西班牙与共同体之间的最惠国协定,1973年又签署了一个附加协定,为西班牙在佛朗哥身后最终加入共同体创造了条件。其次,继续发展与拉美和阿拉伯国家的传统友谊。1965年11月,西班牙政府宣布向美洲国家组织提供10亿美元贷款"为伊比利亚美洲各国的发展供给资金"。1971年,西班牙外长洛佩斯·布拉沃访问了拉美18个国家,签订了一系列经济、技术和文化合作的双边协定。此外,西班牙还不顾美国的反对,积极发展与古巴的关系,并在1971年与古巴缔结了长期贸易协定。为了维持和发展与阿拉伯国家的传统友谊,西班牙放弃了与以色列的正常外交关系,并在1967年支持阿拉伯国家抗击以色列侵略。20世纪60年代后期,西班牙先后与埃及、伊拉克、叙利亚、黎巴嫩、阿尔及利亚、突尼斯和摩洛哥等国签订了文化协定。1969年把长期占领的伊夫尼地区归还摩洛哥。通过这一系列外交努力,西班牙密切了与拉美和阿拉伯国家的传统友谊关系,在一定程度上使西班牙能够通过充当西方与发展中国家之间交流联系的桥梁而增强其政治影响力,同时也为处于腾飞阶段的西班牙经济开拓了广阔的市场。最后,西班牙还积极致力于与社会主义国家关系的正常化。20世纪60年代后半期,西班牙同罗马尼亚、保加利亚、南斯拉夫、波兰、匈牙利和捷克斯洛伐克签订了贸易协定。1972年9月又与苏联签订了贸易协定。20世纪70年代初，洛佩斯·布拉沃任外长时，西班牙决定同东欧大多数共产党国家建立商务和领事代表机构关系。同德意志民主共和国和中华人民共和国，分别于1973年1月和3月建立了正常的外交关系。与社会主义国家关系的改善是西班牙外交政策多元化战略的经典华章，它实际上是西班牙为逐步摆脱美国影响而迈向独立自主外交的积极一步。总体上看，外交多元化战略的成功实施，极大地拓展了西班牙的国际活动空间，增强了西班牙的政治影响力，是保证西班牙经济持续高速发展不可或缺的外部条件。

综上所述，西班牙佛朗哥政权的外交实践可以划分为五个特征鲜明的时期，即全面依靠法西斯时期（1936年10月1日—1939年9月3日）、（2）中立时期（1939年9月4日—1945年8月）、（3）外交突围时期（1945年8月—1955年）、（4）完全追随美国时期（1955年—1965年）、（5）多元化外交时期（1965年—1975年）。尽管不同时期的外交政策重点不同，但总体上看都成功地维护了佛朗哥政权的根本利益，取得了显著成就。外交的成功为佛朗哥政权提供了在国际上的合法性，使佛朗哥政权的统治趋于巩固。

1974年佛朗哥会见来访的伊拉克革命指挥委员会副主席的萨达姆·侯赛因

第二节 经济现代化的成功实践

一、实施"脱离战略"

面对内战造成的严重社会对立和互不信任氛围，佛朗哥政权本能地采用传统的强化恐怖独裁手段来实现政权巩固，"对所有形式的反抗进行残酷镇压；最重要的是，佛朗哥本人进行全面控制，其地位不容置疑"。同时，为巩固政权的物质基础，也致力于凋敝经济的重建和发展，制定了"统制经济""自给自足""阶级合作"和"社会保障"四项经济纲领。由于实施这四项纲领的核心目标是"脱离"外国列强控制下的世界市场体系，建立独立完整的国民经济体系，实现自主的可持续发展的经济现代化，所以这一经济现代化纲领可称作"脱离战略"。

"脱离战略"的选择，是建立在对西班牙近代以来形成的独特国情的准确把握和深刻反思基础之上的。西班牙的独特国情在政治、经济领域均有突出表现。

在政治领域，19世纪以来西班牙形成了各种政治力量互不信任和互不妥协的斗争传统。1807年的法国入侵和1810—1826年西属拉美殖民地的独立，使西班牙的落后毫无遮掩地显现在每个西班牙人的面前。此时衰弱的现实与昔日殖民大帝国的辉煌形成了鲜明反差，极大地刺激起了西班牙革命者通过变革改变祖国落后状态的强烈渴望。但由于西班牙的封建势力仍很强大，革命与反革命的对抗十分激烈。如前所述，自1808年起的半个多世纪里，西班牙经历了五次革命和波旁王朝王室两系之间争夺王位的两次卡洛斯战争，直到阿方索十二世复辟，战乱才告一段落。民主的真谛本应是各派政治力量在承认对方生存权的前提下，通过协商、表决等和平手段实现政治妥协，少数服从多数。民主政治条件下，一次政治胜利并不意味着永远胜利，一次失败也不意味着永远失败，因为下次的结果取决于新一轮合法的竞争。而在西班牙，长期的血腥暴力对抗产生的仇恨，造成了社会阶层的严重分化和对立，各种政治力量互不信任。在这种互不信任的社会氛围里，不同阶层和政治力量间的任何微小矛盾都很难通过协商和妥协方式来解决。残酷的武装斗争、血腥的暴力恐怖和独裁逐步成为西班牙政治斗争的常态和传统。这一政治传统对后来西班牙的历史发展影响深远：1931年随着反对独裁斗争的胜利和共和国的建立，各种政治势力日益活跃，而19世纪革命年代形成的政治斗争传统在新的革命形势下找到了合适的土壤和气候，也悄然复活了。这次互不信任和互不妥协的结果，是更为血腥和恐怖的1936—1939年内战。自由民主制度在西欧和北美是甜美的柑橘，而在西班牙却成了苦涩的劣枳。正是对自由民主制度的深刻怀疑造就了佛朗哥的独裁，对此佛朗哥自己曾多次明确予以说明。1947年7月他在接受合众社记者采访时表示："西班牙将实行合作方式，结束毒害人民的自由体制……简言之，西班牙将借鉴德国和意大利的经验，使之符合民族特性。"1957年他又对《费加罗报》记者再次重申了反对自由主义的立场："我们的现行制度绝对源于西班牙历史、我们的传统、我们的体制、我们的心灵，并以之为基础。自由主义正是丢失了、污染了这些源泉，忘记了西班牙心灵的需要，使我们在19世纪和20世纪大部分时间里受到折磨，使我们付出了丢失帝国和灾难性的衰落的代价。"

在经济方面，19世纪最后25年开始了模仿德国"普鲁士道路"的

1951年佛朗哥视察西班牙土布巴塔地区

第六章 佛朗哥统治下的西班牙

现代化尝试，使西班牙经济对发达国家产生了严重依附。1875年阿方索十二世建立复辟王朝后，西班牙国内不论是保守派首领康诺瓦斯，还是自由派领袖萨加斯塔，都对德国在俾斯麦领导下的迅速崛起十分羡慕，并在自己执政时积极模仿德国经验推行现代化变革。由于政局相对稳定，再加上一战时期明智的中立，这一现代化实验取得了一些成绩：到1919年西班牙从事农业的人口占劳动人口的比例已降到69.1%，1930年煤产量达700万吨，生铁产量达61.6万吨，钢产量达92.5万吨，工业化取得了初步成效。但西班牙在进入世界市场体系的过程中，由于技术落后、市场狭小和资本短缺等原因，无力与发达国家经济竞争和抗衡，逐步沦为主要发达国家的经济附庸。具体表现为，外国投资在国民经济中占有重要地位，在重工业和运输业中甚至居于统治地位。据统计，到1930年在西班牙投资的外国资本总额达10亿比塞塔，这些投资中英国占40%，美国占23%，法国占18%，德国占9%，比利时占6%，瑞士占4%。西班牙在很大程度上成为上述国家的商品市场和原料产地，铁矿开采业的发展就是典型例证：1900年西班牙开采铁矿867.6万吨，但其中800万吨输往他国，主要是英国和德国。经济对发达国家的严重依附，实际上宣告了西班牙版"普鲁士道路"的破产。这也是佛朗哥政权上台后选择经济上自主发展的历史根源。

此外，1936—1939年三年内战的巨大破坏，是佛朗哥政权上台后必须面对的现实。内战的破坏首先是人口锐减。据统计，死难者近60万，其中30万是阵亡军人，10平民被处死，20万死于战争引发的疾病或轰炸。其次，经济破坏令人瞠目："因死亡及政治避难损失了近100万劳动力。有200多个城市遭到破坏的程度达60%以上。国民经济遭受的打击，特别明显地造成国民收入及按人口平均收入的减少。以1953年价格计算，1935年到1940年，收入从2080亿降到

经济萧条中的穷苦人

1490亿比塞塔，按人口平均收入从8520降到5789比塞塔。"身为新政权经济学权威之一的埃吉拉斯写道："在1940年，国民收入按不变价格计算，已经下降到1914年的水平，但因为人口增加了，人均收入降到19世纪的水平。这就是说，内战引起了空前的经济衰退。"更严重的是，内战造成了社会阶层间的极端对立和仇恨，这种情况使佛朗哥政权在上台初期必须把巩固统治作为中心任务，血腥镇压和恐怖独裁成为确立其统治权威的必然选择，大量政治犯被长期关押，"数以千计的人在战后镇压中死去"。政府的暴虐反过来又进一步强化了社会阶层的对立和不信任，从而拉长了西班牙医治战争创伤和恢复经济的过程。内战造成的严重社会对立和互不信任氛围，以及处于崩溃边缘的经济现实，是促使佛朗哥政权选择中央威权主导的经济发展模式的直接原因。

在"脱离战略"中，"统制经济"就是在承认和维护私有制的前提下，在强有力的中央政权主导下，通过国家计划和行政命令来控制经济发展。佛朗哥政权的这一举措，一方面是严重凋敝经济现实下的无奈选择：处于崩溃边缘的经济无法提供全面建设所必需的人力、财力和物力，只有通过国家强有力的控制实现极为有限资源的合理配置，优先恢复发展对国家而言最紧迫最关键的经济部门；另一方面也是为了克服历史上形成的对外国经济严重依附的弊端，摆脱外国对西班牙经济的控制。对此佛朗哥政权的理论家何·阿雷尔萨解释道："为了使西班牙能够恢复在世界上原来的地位，它应该保障自己一切必需品的供给。"在统制经济下，商品货币关系已失去对经济发展的调节作用，企业家活动的传统自由受到限制和严格约束，国家通过政治（颁布法律和命令）、经济（投资或控股）、意识形态（"爱国主义"宣传和教育，天主教的宗教劝诱）、组织（组建各行业"职团"协调和监督生产，强调劳动纪律）等多种方式，以国家政权的专政暴力为后盾，对整个国民经济掌握着绝对控制权，尽管国家不一定是生产资料的所有者。由于对国民经济掌握着绝对控制权，国家就可以按自己的意愿严格限制（必要时可以随时切断）本国经济与外国经济的联系，从而比较容易地建立起独立完整的国民经济体系，实现经济的自主发展。

"自给自足"就是用"替代进口"的办法实现经济的自主发展，摆脱外国对西班牙经济的殖民控制。"自给自足"纲领的实施,最初是佛朗哥政权为割断对外国经济的依附关系而主动选择"脱离"世界市场的结果;第二次世界大战结束后的10年,由于联合国对西班牙的制裁造成了西班牙在世界上严重孤立,"自给自足"在很大程度上又带有被迫适应孤立国际环境的意味;20世纪50年代中期,"自给自足"政策的延续则是以前实施这一纲领的辉煌成就所形成的历史惯性,以及未找到合适替代方案共同作用的结果。在"自给自足"纲领指导下,国家可以通过引导、鼓励民族资本优先发展原由外国资本控制的经济领域,也可在必要时由国家直接投资这些领域,从而逐步克服国民经济的片面畸形,形成自主的完整的体系,进而使民族经济具备自主的可持续发展能力。

西班牙的"职团"生活

"阶级合作"就是从民族主义立场出发,强调从事同一行业的人是同一个利益共同体,反对进行阶级划分和强调阶级差异,更不允许搞阶级斗争,要求对立阶级为共同的民族利益实现亲密合作。具体到政策层面,就是一方面禁止工人罢工、农民抗租;另一方面禁止资本家随意解雇工人、地主轻易退佃,并且为工人设定了失业保险,要求地主减租。前者通过政权力量保证了稳定的社会生产环境,保证了社会生产所必需的稳定的劳动力队伍,同时在一定程度上能够通过压低工资实现生产成本降低和更高的资本积累,从而加速资本主义扩大再生产;后者保证底层民众工作和收入的稳定性,增加了社会就业率,同时也为稳定的社会生产环境提供了物质保障。为了有效组织和动员社会实施"阶级合作",西班牙佛朗哥政权在国内按行业组建了不同层次的阶级合作组织——"职团"。职团一方面充当对立阶级利益的协调人和矛盾的调解人,另一方面又是佛朗哥政权监视和控制民众的有效组织机构,遍布全国的不同行业不同层次的职团形成了严密的控制网络，使佛朗哥政权的控制能力深入到社会的最底层。总体上看，"阶级合作"的宣扬和实践，在一定程度上缓和了社会矛盾，形成了有利于经济发展的稳定环境，有利于经济现代化的实现，同时也进一步巩固了佛朗哥政权的统治。

"社会保障"就是通过建立比较完整的社会保障体系，弥合内战对社会各阶层造成的精神创伤，缓和阶级矛盾，从而实现社会秩序的稳定和经济的发展。在佛朗哥统治下，西班牙普通工人除了领取工资外，还可得到国家给予的家庭补助金、第13种和第14种工资（圣诞节和举行反共和国"起义"纪念日补贴）；20世纪40年代开始对丧失劳动能力者提供退休金和补助金；1951年又增加了免费医疗。这些社会保障措施实质上是通过国家政权力量实现各行业创造的部分社会财富的二次分配，有利于调整和缩小不同行业间的收入差距，使全社会

马德里塔1957年建造，142米高，它的建造被认为预示着"西班牙奇迹"即将出现。

在分配方面总体上保持相对公平，从而在整体上保证稳定的社会秩序。"社会保障"与"阶级合作"一起构成了"脱离战略"成功的社会基础保障。

通过上面的分析可以清楚地看到，"脱离战略"的四方面内容形成了一个相互联系、相互支持又相互补充的统一的有机系统。在这一系统中，"统制经济"是资本薄弱、技术力量不足条件下实现工业化的有效手段。它可以通过国家强制力保证资本、人力、物力集中用于国民经济发展最需要的部门，避免了生产力各要素在国民经济中的分散使用或重复配置造成的浪费，从而加速国家整体的工业化进程；"自给自足"既是落后国家摆脱对发达国家经济依附和实现经济自主现代化的基本目标，又是建立自主的可持续发展经济的必要途径。"替代进口"是实

第六章　佛朗哥统治下的西班牙

现自给自足目标的具体政策;"阶级合作"和"社会保障",则为"统制经济"体系的建成和"自给自足"目标的实现提供了有力的社会和物质保障。"职团"是提供保障的有效组织形式。四方面相辅相成,缺一不可。

20世纪40—50年代佛朗哥政权在西班牙进行的"脱离战略"实践,取得了辉煌的成就。首先,"脱离战略"的实施使佛朗哥政权的合法性得到了西班牙民众的认可,所以二战结束后10年的国际孤立并未产生国际社会所期望的佛朗哥政权垮台的效果。其次,"脱离战略"的实施使西班牙在1951年实现了经济恢复,粮食配给制的取消和免费医疗制度的推行表明内战后的经济困难已成为历史。最重要的是,"脱离战略"的实施使西班牙形成了完整的可持续发展的国民经济体系,摆脱了经济对发达国家的严重依附,为经济现代化的最终实现奠定了良好基础。"从1935年到1959年,西班牙的外国投资从48 000万美元缩减到22 500万美元。一系列重要的企业,如采矿、化学、电力、机器制造等工业转到了西班牙资本家手里。"这表明西班牙工业发展已经摆脱了轻工业片面发展的畸形状态和对外国资本的依附性。20世纪50年代,西班牙国民生产总值平均每年增长4.5%,工业取代农业成为国民经济的主要部门。事实证明,"脱离战略"既是佛朗哥政权恢复发展经济的良方,又是西班牙实现经济现代化道路的成功探索。

铸有佛朗哥头像的西班牙硬币

二、对外开放的"重新融入战略"

从1959年"稳定计划"的实施开始,佛朗哥政权改变了原来的经济发展"脱离战略",转而积极参与世界市场,开始了经济现代化道路的转型,这一转型是多种因素作用的结果。

20世纪50年代末,"脱离战略"促进西班牙经济增长的潜力基本上已经耗尽,而这一战略所产生的弊端则日益显现,这是实施经济现代化道路转型的根本原因。1939年开始实施"脱离战略"之时,西班牙民族经济的发展水平很低,民族经济结构不合理(集中于轻工业),整个国民经济受制于外资,具有很强的依附性。实施"脱离战略"将外国势力从国内市场上挤走,实际上减少了民族经济发展所面临的竞争压力。这有利于民族经济的扩张发展,也有利于民族经济填补外国经济势力控制的生产部门,从而克服民族经济的片面性和依附性,促进民族经济形成自主的可持续发展能力,形成完整的国民经济体系。所以这时选择"脱离战略"有其历史的合理性和进步性,西班牙经济发展在40—50年代所取得的辉煌成就很好地证明了这一点。但从长远看,民族经济发展面临的外部竞争压力减小,势必逐渐降低本国民族企业的积极竞争意识,使他们"可以少去关心生产费用、新技术和劳动生产率等问题。50年代和战前相比,使用进口设备和外国专利的情况减少了。工厂间协作和专业化的程度也下降了。1929年,60%的工业企业进口了设备,而1957年仅为18%"。"50年代中期,西班牙工业中一个工人的生产率只及西欧工业发达国家工人的一半。投资效率的情况也差不多,在1951—1960年期间比意大利低一半,比法国低2/3。"这些事实表明,到50年代中期,由于竞争意识的长期缺乏,已经导致西班牙民族企业创新能力、生产效率、经济效益和国际竞争力下降。如果这一下降趋势持续下去,实施"脱离战略"所要达成的经济现代化目标就会落空。经济发展的严峻现实使佛朗哥政权认识到,在自主的完整国民经济体系形成后,如不及时引入必要的竞争机制而继续封闭发展模式，必然会因生产效率和创新能力的低下而最终被他国开放且充满竞争活力的经济抛在后面。为了避免这一后果，西班牙政府只能选择变革。可见，一旦"脱离战略"完成了它的历史使命，抛弃它而实现经济发展转型，如同当初选择它一样，也是历史发展的必然选择。

20世纪50年代末西班牙的严重货币财政危机是促成佛朗哥政权毅然实施转型的直接原因。由于"脱离战略"在20世纪40年代和50年代初的"出色"成绩，到了50年代中期佛朗哥政权对它还是一

佛朗哥时期西班牙国产的SEAT 600轿车

时难以割舍，尽管这时该战略的弊端已经开始显现。为了使效益低下的企业保持较快的生产增长，佛朗哥政权不断加大财政投资。投资的增加导致了单纯的生产规模的扩张，而不是技术和产品质量的提高和经济效益的提升，经济总量虽在短期内处于增长之中，但隐藏的危机也在不断积累之中。因为国家财力短期内不可能急骤增长，大量投资只能用财政赤字的办法来解决，所以西班牙的财政赤字年年激增。这在50年代末最终诱发了货币财政危机："国家预算的赤字超过了20%，1955—1958年外贸入超达15亿美元之巨。通货膨胀加剧，外汇短缺，使工业面临动力不足的威胁。"为了克服严重的货币财政危机，西班牙政府急需大量外援，而能够提供41 800万美元紧急贷款的"经济合作与发展组织"和"国际货币基金组织"，则提出了西班牙实施经济转型的贷款条件。这样抛弃"脱离战略"并立即实现经济发展转型，就成了西班牙佛朗哥政权获得外援以解决危机的迫切需要和现实的选择。

二战结束后法国经济发展的成功经验，为西班牙实施转型提供了目标模式。与危机中的西班牙相比，邻国法国的经济发展则取得了引人瞩目的成就。二战结束后，法国从1947年的"莫内计划"开始，经济在连续几个"四年计划"的指导下迅速恢复和稳定发展。法国奉行市场经济

原则，积极对外开放，参与世界市场竞争，经济充满蓬勃发展的活力。这一切对佛朗哥政权产生了强烈的示范效应，为急于寻找出路的西班牙提供了可以替代"脱离战略"的经济现代化新模式。

1959年6月，西班牙佛朗哥政权接受了"经济合作与发展组织"和"国际货币基金组织"共同制订的"稳定计划"，标志着西班牙正式抛弃"脱离战略"，开始了经济现代化道路的转型。"稳定计划"实际上是法国经济发展"四年计划"的翻版，目的在于通过取消统制经济和自给自足，恢复市场经济原则和全面对外开放，实现经济的全面振兴。需要说明的是，西班牙接受"稳定计划"的原则既有被迫因素（争取外援以解燃眉之急），又是历史的必然（由"脱离战略"自身的局限性决定），同时也是佛朗哥政权自愿的选择：在"稳定计划"期满后，西班牙仍遵循"稳定计划"所确立的市场经济和对外开放原则，继续编制和实施"四年计划"。到佛朗哥去世时为止，除"稳定计划"外，西班牙政府一共实施了三个"四年计划"（1964—1967；1968—1971；1972—1975），充分证明了这一点。这样，在"四年计划"指导下，按市场经济原则运作，推行对外开放，成为西班牙新的经济现代化战略——"重新融入战略"。

从具体经济政策来看，"重新融入战略"包括四个相互支持的方面：发展旅游、劳务输出、开放市场和引进外资。

西班牙具有欧洲少有的优越地理位置、适宜的气候和丰富的历史文化遗迹，广泛多样的自然和文化资源，如优美的地中海海滩、从罗马帝国到阿拉伯科尔多瓦帝国再到"复国运动"等等历史遗迹、从闻名世界的唐·吉诃德到惊险刺激的斗牛表演……无不使世界各地的游客向往，这使西班牙发展旅游具有得天独厚的条件。所以当50年代末西班牙经济出现危机时，佛朗哥政府自然而然就想到了通过发展旅游来迅速筹集经济发展亟需的资金。当时国内外形势也有利于西班牙旅游业的发展：从国内方面来看，这时佛朗哥政府的威权统治已经巩固，政府能够有效保障市民安全，社会秩序稳定，游客可以放心地安全出行；西班牙物价便宜，在世界范围内也很有竞争力；再加上西班牙热情好客的人民和丰富的旅游资源，这一切足以让西班牙成为具有吸引力的旅游目的地。从国外方面看，二战后经过一段时期的重建，世界经济尤其是欧洲经济快速增长，收入的增加使人们有了旅游度假的条件和愿望；大量过时的军用飞机闲置，为大众旅游提供了便捷的交通工具；带薪假期开始逐渐普及，特别是西班牙近邻国家的假期延长，使来西班牙的游客有了充裕的休闲时间；30年代末以来的封闭发展形成的神秘感和西班牙独特的历史文化，对国外游客有极强的吸引力。这样在国内外因素的综合作用下，西班牙旅游业开始快速发展。1950—1975年这25年里，西班牙旅游市场各构成要素均呈增长态势。游客数量年均累计增长率为15.9%，比世界平均增长率高出6.8%。旅游业创汇收入1950年约为0.2亿美元，而到1975年增长至约34.04亿美元。西班牙外汇收入在25年中翻了165倍，年累计增长率为22.7%，高于入境游客人数15.9%的增长率。旅游业发展不仅带来了丰厚资金，也极大地促进了就业。以饭店业为例，1964年西班牙饭店就业人数为41.8万，而到1973年达到79.6万人。饭店业就业人数年均增长7.4%，占西班牙就业总人数的比例由1964年的3.5%增长到1973年的6.2%。总体而言这一时期旅游业的长足发展，为西班牙带来了巨大的经济利益，以至于旅游创汇成为西班牙平衡贸易逆差的重要手段：1960—1973年西班牙进口支出从7.21亿增加到96亿美元，而同期出口收入只从7.25亿增加到52亿美元。也就是说1973年贸易逆差为44亿美元。由于旅游业的繁荣，西班牙外汇收入从1960年的2.97亿增加到1973年的31亿美元，有效地削减了外贸逆差。由此可见旅游业对西班牙经济发展的重要性。

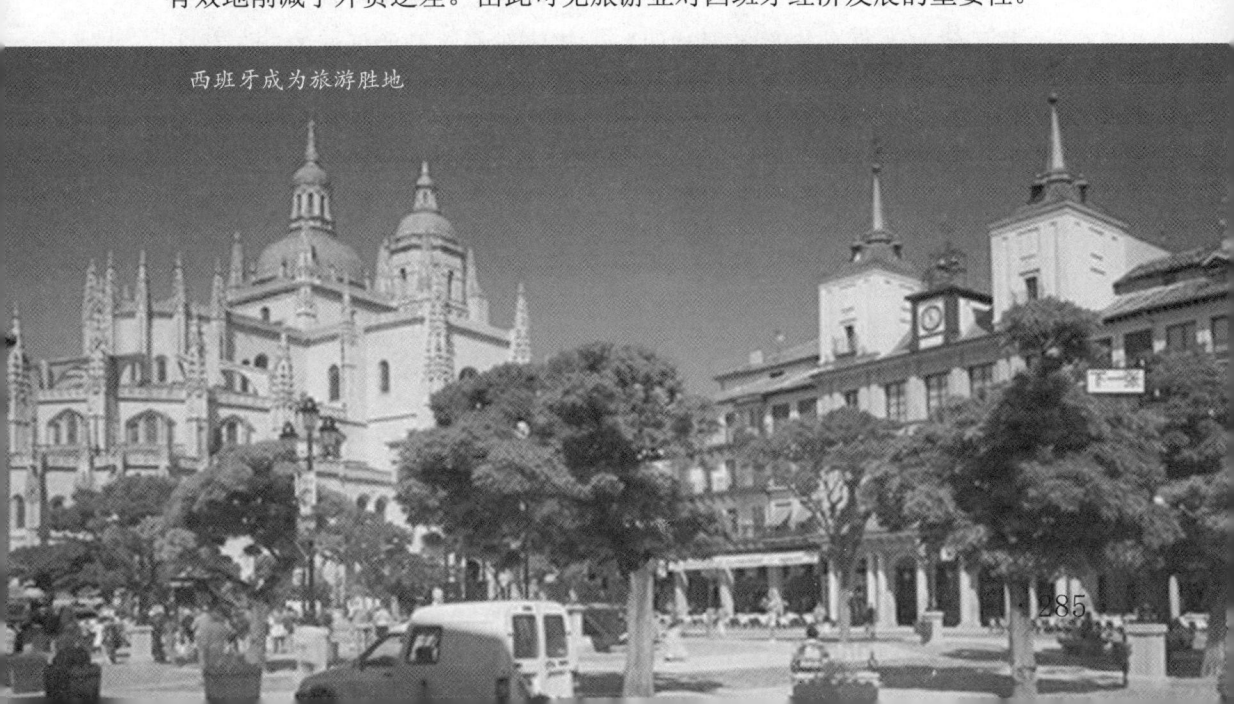

西班牙成为旅游胜地

等待出国打工的西班牙劳工

　　劳务输出是一项收益良多的政策。一方面它和旅游业一样，投资少，见效快，可以迅速帮助国家筹集发展经济的资金；另一方面它还能缓解国内就业紧张的形势，使社会秩序保持稳定。从长远看，输出的劳工在国外还能掌握和学习一定的新技术，回国后更能促进本国经济发展。就移民个人而言，与其在国内生计维艰，不如出去闯一闯，说不定还能改善境况。于是，劳务输出成了移民和政府双赢的局面，政府筹资，移民致富，真是一举多得！西班牙政府在经济开始低迷的50年代中期就开始了劳务输出，开始是民间自发移居国外的行为，1959年后作为一项经济发展战略，政府开始组织输出劳务。据统计，1959—1963年五年内，从西班牙移民出国的人员达447 136人，其中251 123人是依据国家间的协议进行的劳务输出，其余属自由移民或偷渡者。劳务输出和移民给西班牙带来丰厚的资金，仅1974年法国的西班牙移民就向国内寄回了7亿美元外汇。到1975年底，大约有250多万西班牙劳工生活在西欧各国，西籍工人的侨汇成为西班牙经济发展资金的重要来源。这样劳务输出和旅游业一起成为推动西班牙经济起飞的"双引擎"，为西班牙经济发展提供了稳定的资金保障。

　　开放市场就是让西班牙经济摆脱40—50年代的封闭发展状态，重新融入西方资本主义世界市场。由于前一阶段"脱离战略"的实施，完全消除了西班牙经济对西方发达国家的依附，并使西班牙工业具备了一定的竞争实力，所以西班牙政府在1959年可以大胆的开放市场，而不必担心本国经济体系破产和受制于人。同时，开放市场可以让西班牙本国企业在外国企业竞争的刺激下增加活力和创新动力，也更方便西班牙引进外国先进技术和设备，从整体上提升本国经济的发展水平。市场的开放从来都是双向的，西班牙国内市场对外国的开放，也使西班牙产品进入西方世界市场更加容易，世界市场的扩大对西班牙企业的发展也是一个促进。西班牙开放市场还有一个重要目标，即通过与欧洲国家的经济融合，最终打开加入欧洲经济共同体的大门。因为西班牙国内市场终究有限，只有把本国市场与不断扩张的欧洲市场融为一体，才能保证本国经济持续稳定发展的动力。意识到这一点，西班牙打开国门开放之初就确立了加入欧洲的目标，并于1962年2月9日正式请求就加入欧洲经济共同体进行谈判。此后，西班牙的努力一直没有放松，直到1985年目标实现。开放市场使西班牙经济发展成效卓著，有效地缩小了西班牙与欧洲发达国家的经济发展差距，为西班牙最终融入欧洲并成为世界发达国家一员奠定了基础。

引进外资既是西班牙发展经济的一项战略，又是其对外开放的一项积极成果。在1959年颁布《外国投资法》以后，外国投资大量涌入。据西班牙商业部统计，1959—1973年间外国对西班牙投资总额2 180亿美元。外国公司的投资活动给西班牙带来的净收益1959年是8 800万美元，1965年是29 200万美元，1975年则达到68 200万美元，比1959年增加了7倍多。除了看得见的金钱收入，外国企业带来的先进技术和管理方式，更使西班牙经济受益匪浅。此外，外资引入改善了西班牙国内市场的竞争环境，竞争压力激活了西班牙本国企业的活力，从而使西班牙经济运行体系在质量上有了进一步提升，真正做到了与世界现代市场经济机制接轨。良性经济运行机制的形成，成为西班牙经济腾飞和持续发展的有效保证。

总之，"重新融入战略"的实施，使西班牙经济摆脱了20世纪50年代末产生的危机，重新进入高速发展时期。1963—1972年西班牙工业生产总值年均增长10.7%,这使西班牙的工业产量超过比利时、荷兰、澳大利亚和瑞典,居欧洲第五位,资本主义世界第八位;1962—1972年间西班牙农业进一步发展,农业生产总值年均增长2%;1962—1972年间西班牙对外贸易额增长了2.4倍,其中出口增长了2.8倍,这显示西班牙经济已与外部世界建立了广泛密切的联系;1961—1971年间西班牙国内生产总值年均增长7.6%,国内生产总值的构成中农业、工业和第三产业的比重分别为16.1%、37.0%和46.9%,显示西班牙已经从农业国发展为工业国。随着经济的发展,西班牙的平均国民收入也从1959年的人均269美元增加到1975年的2750美元,增长9倍多。1975年西班牙已经步入世界富裕国家行列,居世界第24位,居民平均购买力和英法等国不相上下。这些数据表明,到佛朗哥执政晚期以工业化为核心内容的经济现代化在西班牙已基本上实现了,西班牙也因而步入欧洲发达国家行列。

三、集权政府在经济腾飞中的关键作用

在30多年的探索中,佛朗哥政权摸索出了一条独具特色的经济现代化道路,即:在极具权威的中央政府的积极主导下,首先通过实施"脱离战略",采用"替代进口"的办法,建立自主的可持续发展的完整的国民经济体系,这样就具备了平等参与世界市场竞争的条件;然后,在平等参与的基础上对外开放,以市场经济原则为指导,重新融入世界市场体系,在更广阔的市场竞争中锻炼和增强自己的实力,最终实现经济现代化。在这一现代化实践过程中,"脱离战略"和"重新融入战略"同样重要,缺一不可,而且实施次序不可颠倒。在战略的抉择和实施过程中,威权主义中央政府的坚定决心和铁腕意志是决策选择和有效贯彻的保证。

首先,极具权威的集权中央政府保证了西班牙经济腾飞的基本前提——稳定的国内政治局面。经济要发展就离不开政局稳定,因为只有政局稳定资本才能安心投资工业,而无须担心战乱破坏;只有政局稳

定，人们才能安心消费，从而使工业产品有稳定增长的市场；只有政局稳定，才能保证社会财富积累的持续进行，从而保证扩大再生产良性运转。20世纪40—50年代佛朗哥政权的血腥镇压，用暴力结束了自30年代以来西班牙政局的动荡局面。高压统治尽管无法使人心悦诚服，但毕竟实现了政治稳定，为西班牙经济恢复和发展创造了前提。60年代以来经济建设的成就在一定程度上平息了人们内心的不满，使高压统治形成的政治稳定局面得以持续，并逐步有了某种合法性。稳定的政局为西班牙经济持续发展提供了必要的环境。

位于桑坦德市政厅广场的"佛朗哥将军"铜像

其次，极具权威的集权中央政府实现了西班牙经济发展决策的科学和高效。与民主政体相比，威权政体较少受社会力量影响，政府决策的自主性更强，很少顾及反对声音，决策时因掣肘因素少而相对民主政体更加高效。佛朗哥政权因其在国内的权威和认识事物的理性态度，充分发挥了威权政体的优势，实现了决策的科学和高效。其决策科学性突出体现在放手发挥"上帝事工派"专业技术官僚的决策管理作用，严格按照经济规律制定发展战略和政策，从而最大限度地避免外行领导经济发展的情况，保证了西班牙经济的顺利发展。其决策的高效性最突出地体现在适时调整经济发展战略和政策方面，特别是20世纪50年代后期迅速从"脱离战略"向"重新融入战略"的转型。决策的科学和高效为西班牙经济腾飞提供了强力推动。

再次，极具权威的集权中央政府使西班牙最大限度地避免了内耗，使国家能集中全力发展经济。在20世纪40—50年代，如果没有政府的强力镇压，国内各种意见争论就不会消失，若由此形成政局不稳就会使国家丧失二战期间通过中立谋求发展的良机；没有政府强力推行民族主义政策，毅然斩断外国势力对本国经济的控制，民族经济就不会独立成长而只能畸形发展，如果这样那二战后被迫开放就只能使国家经济如非洲国家那样依然保持对外国经济的依附，西班牙经济强国的地位就不可能实现。同样，50年代末对外开放后，如果没有政府强力保证社会秩序，就不会有旅游业的繁荣，开放市场后经济就会缺少财力有效支撑；没有政府的有效组织，劳务输出和技术资金的引进就不会有那么大规模，经济发展速度在一定程度上就会放缓，西班牙的"经济奇迹"也许就不会出现。

最后，极具权威的集权中央政府使西班牙能敏锐地把握并抓住外部世界变化带来的机遇，实现西班牙利益的最大化。这突出体现在二战时的"中立"抉择，以及二战后对冷战局势的充分利用上。二战时的中立使西班牙在轴心国集团和同盟国集团之间左右逢源，广泛开展经济贸易，促进了西班牙经济从废墟中迅速恢复，并进而形成独立完整的工业体系。对冷战局势的充分利用，使西班牙在二战后摆脱了孤立局面，并得到欧美的积极支持和援助，一举实现了经济腾飞。

事实证明，极具权威的集权中央政府在西班牙经济腾飞过程中扮演着不可或缺的关键作用。

第三节　佛朗哥政权统治体制的演化

一、等级制独裁时期（1939—1947）

1939年4月1日军事斗争刚一结束，佛朗哥就宣布一切权力归国家元首，开始了独裁的威权政权的构建。但因为其"国民运动"构成复杂，派系林立，短时间内难以达成协议，所以政府的正式建立推迟到了四个月后的8月。1939年8月8日新政权通过法令，确认佛朗哥在确定法律规范和指导政府活动方面拥有无限的权力，再次重申一切立法、行政和司法大权统归佛朗哥：内阁政府由佛朗哥亲自领导，并由他任命各部部长，批准法律法规。所有高级官员、将军和教会主教的任命，必须得到佛朗哥的同意。8月10日佛朗哥第一届新内阁正式组成，新政府构成的突出特点就是"平衡"，在文职人员和武职人员之间、长枪党和非长枪党之间、保皇派和非保皇派之间、亲英派和亲德派之间均巧妙地保持了平衡，充分体现了佛朗哥的"国民运动"的构成的大杂烩特征。从此，平衡各派力量就成了佛朗哥历届政府组建的一项基本原则。地方政权的构成也体现了平衡原则，特别是长枪党和保皇派的平衡。除了任命不同派系力量出任不同地方政府官员、保持地区平衡外，地方各级议会构成也显示了本地各种力量的均衡。地方议会代表不是由选民直接选举产生，而是由地方不同行业的"职团"来推举。议会为各级政府决策提供咨询意见，本身不具有立法权。佛朗哥政权的这一独特构成方式，在1942年7月18日以宪法形式确立下来。从佛朗哥政权的组成可以看出，佛朗哥的独裁实际上是与其"国民运动"共享权力的有限独裁，政权具有一定民主的形式但不具有民主的实质，与完全由个人绝对控制一切的极权主义独裁还是有明显区别的。按佛朗哥自己的说法，他建立的制度既不是独裁，也不是西方式的腐朽僵化民主，而是一种"等级制度"。所以这一政权是属于威权主义性质的。

严酷镇压异己、职团网络监控、派系平衡分权和教会宣传说教紧密结合，就是在所谓"等级制度"下佛朗哥和他的国民运动实现统治的具体手段。1939年佛朗哥政权刚建立的时候，由于世界范围内法西斯势头正盛，加上佛朗哥对墨索里尼的思想学说很钦佩，所以其政权建设方面有意模仿了意大利，军事独裁特征很强，但强化天主教信仰和发挥教会

佛朗哥阅兵

在社会生活中作用的意识形态又明显与法西斯国家有区别。1942年轴心国在战场上形势开始恶化，佛朗哥政权又开始有意强调自己与德意的不同，强调西班牙的独特性，在政体做法上开始悄悄接受了一些西方民主形式，通过了宪法并设立了议会。1945年二战以法西斯国家完败而告终，佛朗哥政权随即增加了其政权的民主色彩：7月14日，西班牙议会批准了《西班牙人宪章》，明确规定了人民的权利和义务。10月27日，又颁布了后来有重要影响的全民公决法，明确规定在国家利益需要时必须举行全民公决。这些使西班牙至少在法律上明确了主权在民原则，实际上对独裁制度是一个根本否定，成为佛朗哥政权向民主方向演进的重要开端。10月30日，佛朗哥命令报刊不得再称自己为"领袖"，而改称"国家首脑"，这样从称谓上佛朗哥政权也和德意法西斯国家划清了界限。1947年7月6日西班牙全民公决决定西班牙是君主制国家，佛朗哥政权承认了这一结果，并于20天后颁布了《国家元首职位继承法》，宣布西班牙是天主教的、社会的、代议制的立宪王国。至此，"等级制度"时期结束，西班牙政治演化开始进入一个新时期。

二、没有君主的"君主立宪"

1947年颁布的《国家元首职位继承法》虽然规定了西班牙是王国，但这是在现任国家首脑去世后才能通过继承来实现的。只要佛朗哥还在世，西班牙就只能是没有国王的王国。这一时期佛朗哥政权的政治演化总体上看是在朝民主的方向缓慢演变。这一演变首先是从适应二战后国内外形势变化、稳定国内秩序开始的。随着《国家元首职位继承法》的颁布，具有王位继承资格的卡洛斯系和阿方索系王室人员开始积极活动，国内保皇派也对佛朗哥继续把持国家元首职位日益不满。与此同时，随着意大利的民主化，梵蒂冈教廷对佛朗哥控制西班牙天主教也日益不满，这反过来又影响到国内天主教对佛朗哥政权的忠诚。这些都使国内动乱的潜在因素在滋长。面对这一形势，佛朗哥在1948年与西

第六章 佛朗哥统治下的西班牙

班牙波旁王朝末代国王阿方索十三世的儿子唐·胡安达成了一项政治协议:唐·胡安的儿子胡安·卡洛斯返回西班牙居住,并在西班牙接受教育。协议虽然没有明确胡安·卡洛斯就是王储,但至少给了人这样的印象,回国接受教育的胡安·卡洛斯继承王位的机会比其他任何王室成员都要高。这一政治安排一方面给了保皇派以明确的真实期望,一方面又防止了将来可能出现的卡洛斯系和阿方索系王室争权的斗争。对保皇派来说,虽不满意,但可以接受,保皇派发动动乱的可能性就此消失于无形。在安抚了保皇派之后,1951年开始派人与梵蒂冈教廷谈判,寻求和解。1953年西班牙与梵蒂冈签订了实现和解的宗教条约。依据条约佛朗哥政权不再谋求对教会的绝对控制,西班牙不再拥有对教会的特别司法权,凡对教会主教采取的任何司法行动必须得到教廷的许可。主教的任命办法改为:先由西班牙政府向梵蒂冈提出6名候选人,再由教皇从中选出3人,最后由佛朗哥从这3人中确定最终人选。至此,佛朗哥政权与教会实现了和解,国内动乱的又一可能因素被消除。王位继承问题和宗教权利争议问题的和平解决,对西班牙向民主方向演进具有不容低估的重要意义,因为这是内战以来佛朗哥政权第一次运用民主妥协的办法而非暴力手段解决国内政治分歧的实践。它的成功为以后用类似的民主手段

1947年佛朗哥宣布西班牙是王国,自己卸去西班牙国家元首职务,同时就任西班牙终身摄政者。

解决政治冲突开创了积极的先例，有利于增强佛朗哥政权运用合法民主手段解决政治问题的信心和愿望。

继20世纪40年代中期谨慎的民主化开端之后，佛朗哥政权第二次向民主方向迈进的步骤发生在20世纪50年代后期。这次变革的核心是对支撑其统治的政党"国民运动"的理论原则进行民主化的改造。1958年5月17日西班牙通过了《国民运动原则法》，并以该法替代了原有的由安东尼奥·普里莫·德·里维拉制定的26条，从而取消了墨索里尼思想对国民运动的影响。同时对一些不合时宜的独裁法律进行了民主化修订，最主要的是1957年制定的《国家行政机关法律制度法》，它虽然仍强调各种权力集中于佛朗哥一身，但取消了"职团主义"等比较容易联想到法西斯的意识形态术语，使国家组织法不再有明显的意识形态色彩。此外，1957－1958年还对原来政治审判的程序制度作了一定修改，使它更接近普通的正常司法审判，允许被审判的"极端分子"聘请民事律师为自己辩护。通过这次改进，1945年通过的《西班牙人宪章》中规定的人民的基本权利基本上得到了实现，西班牙社会的民主化向前迈出了重要一步。

20世纪60年代中期，随着经济的飞速发展，人民的民主意识和要求也日益提高，对一些旧有的不自由束缚越来越感到难以忍受，于是工人和知识分子的抗议日益增多。在人民不懈斗争的争取下，佛朗哥政权适时做出了顺应时势的决定，颁布了一批扩大人民民主权利的法律法规，主要内容包括：允许大学生组织并参加非官方组建的学生会，允许天主教以外的各种宗教合法布道，承认工人进行经济罢工的权利（1965年），特赦部分政治犯，放松对报刊控制检查（1966年），等等。这使西班牙的民主化进程又向前迈出了一步。

三、指导胡安·卡洛斯实习

20世纪60年代末，西班牙在经济发展上已经与英法等西欧先进国家

第六章 佛朗哥统治下的西班牙

相差无几,经济与社会生活也日益与西欧各国融合接近,但西班牙自1962年就提出的加入欧洲经济共同体的愿望,经过近8年的努力在1969年仍然丝毫看不到进展,其原因不在经济而是政治,因为佛朗哥政权的体制与欧洲民主国家迥异。对此佛朗哥十分清楚,他知道西班牙的持续发展离不开欧洲,西班牙的民主化在未来是必然。但他却不想在生前就搞民主,因为那必然会导致对自己过去屠杀与独裁的清算,导致自己政治生命与荣誉的完结。生于1892年的他老了,他的身体告诉他时日不多了,他完全可以让后人去搞民主,自己只需为此做些铺垫就行了。

晚年佛朗哥

正是抱着这种心态,1969年佛朗哥开始为自己身后的政治过渡做准备。这年7月他正式指定见习了20年的胡安·卡洛斯为他的继承人,因为他清楚胡安·卡洛斯要坐稳王位,只有超越自己,实现民主,也只有这样才可能取信于民。

佛朗哥对胡安·卡洛斯的培养开始于1948年,那一年他把年仅

1969年佛朗哥宣布自己死后由胡安·卡洛斯登基为西班牙国王

10岁的胡安·卡洛斯接回西班牙接受教育。此后在佛朗哥的安排下,胡安·卡洛斯按部就班地完成了王子教育。1954年从马德里圣伊思卓学校毕业后,胡安·卡洛斯报名参军,并于1955—1957年在扎拉果扎军事学院深造。1957年他又在海军学校和空军学校学习。1961年他毕业于马德里康普顿斯大学。此后就生活在扎朱埃拉宫。在各军兵种的军校和军队服役的经历,使他因此在军队里有一批忠心耿耿的朋友,这在西班牙特别重要。和英美传统不一样,军人在他们认为的国家危难之际,要"挺身而出"出来干预政治,这种观念和做法,长期在西班牙被认为是一个"优良

传统"。胡安·卡洛斯一世认为，假如不是他在军队的根基，他是绝对不可能做到他后来做的事情的。

1962年胡安·卡洛斯一世成婚。他已经结束了学业，他去问佛朗哥，我应该做什么，佛朗哥说，让西班牙人民认识你。他先随几个副总理学习政务，然后走遍西班牙的城市和大小乡镇。多半西班牙人欢迎他，可是，也有人向他扔土豆和西红柿。

佛朗哥只给胡安·卡洛斯一世提供一流的教育机会，很少和他谈起政治，也几乎不给他处理政治问题的指点和劝告。面对佛朗哥时代的西班牙社会，年轻的王子会不由自主地主动问佛朗哥，在这样或那样的情况下，我该怎么办？胡安·卡洛斯一世回忆说，在这个时候，佛朗哥会说："我真的不知道。可是，在任何情况下，殿下，你都没有必要做那些我不得不做的事情。当你成为国王的时候，时代已经变化了，西班牙的人民也将不同。"在胡安·卡洛斯一世要求旁听政治上层的会议时，佛朗哥还是那句话："这对你是没有意义的，因为你不可能去做我要做的事情。"

对于胡安·卡洛斯一世，这是非常困顿的状态，国家冲突的历史，再加上他处在父亲和佛朗哥之间的复杂关系。可以说，他后来成长起来，他的民主政治理念的形成，是他所接受的西方传统教育的逻辑结果，包括欧洲的历史、法律、政治学，等等。这样的教育不但是佛朗哥一手安排的，而且佛朗哥显然知道这样教育的结果是什么。国王后来回忆说，他的政治法学老师，后来是改革初期最好的帮手和议长，曾经告诉他，你不必担心自己要向保守派发誓维护佛朗哥时代的原则，我们可以逐渐合法地改变它，我们一条条法律地逐步修改。最终，他们确实这样做了，而且做到了。

他回忆说，佛朗哥非常相信"瓜熟蒂落"这样的民间老话，相信时间的流逝会解决许多当时不可能解决的冲突。胡安·卡洛斯一世成长的时代，也是西班牙逐渐变化的时代。非常重要的一点是，内战之后有了新一代的西班牙人，胡安·卡洛斯一世是和他们一起成长起来的年轻人。他没有内战一代人相互之间的深仇大恨。

胡安·卡洛斯一世的状况很是复杂，一方面，他知道在很多年里，

第六章　佛朗哥统治下的西班牙

他的一举一动都可能被汇报给佛朗哥，另一方面，他在佛朗哥的安排下接受最好的教育。佛朗哥没有儿子，后来，胡安·卡洛斯一世感觉，在某种意义上佛朗哥把他当作自己的儿子。可是，佛朗哥天性是一个态度冷静、沉默寡言的人，从不对他流露感情。佛朗哥给了胡安·卡洛斯一世充分的和自己父亲交流的条件。胡安·卡洛斯一世认为，从政治理想来说，给他最大影响的就是自己的父亲。不可否认的是，佛朗哥给王子安排的教育，正是他接受父亲理想的坚实基础。

1971年7月16日佛朗哥生病时指定卡洛斯代行他的职权，这实际上是对继承人的实践考察。卡洛斯证明他的能力完全可以胜任国家元首。这样，在1973年原政府首脑海军上将卡雷罗·布兰科遇刺身亡后，佛朗哥任命只知奉命实干的阿里亚斯·纳瓦罗继任，这在当时完全出乎西班牙人的意料，人们都会提出这样一个疑问：这样一个只知听命不懂开拓的忠实"仆人"有能力领导亟须变革的时代吗？真的是佛朗哥老糊涂了吗？不，佛朗哥清醒地知道只有这样的政府首脑才不会在自己身后成为新国王顺利执政的障碍，他是在为继承人铺路！

1975年11月20日，佛朗哥因病辞世，佛朗哥时代结束了。虽然民主还没有实现，但希望已隐约可见，以后的路要看胡安·卡洛斯的了。

佛朗哥墓
根据胡安·卡洛斯一世的决定，佛朗哥被埋葬在"战死者之谷"（Valle de los Caídos）的纪念碑下。

第四节　佛朗哥时期西班牙社会的变迁

一、城乡的变迁

随着经济的发展，西班牙的工业化程度日益提高，大量农民流入城市成为工人，这极大地改变了西班牙的社会生活。1950年，国内人口的23.9%居住在10万人以上的城市里，到1970年这一比例达到了36.5%。伴随着城市化发展，西班牙国内外的流动人口快速增长。国内从加利西亚沿葡萄牙边界一直到中央高原南部地区，因为工业发展落后，人口大量移出，以致在埃斯特雷马杜拉和新卡斯蒂利亚出现了一个逐渐加剧的荒无人烟地带。国际间的人口流动量也十分惊人，20世纪60年代在西欧各国工作的西班牙人总数达250多万，他们一般都会在国外工作三四年才回国。另外，每年大约有15万季节工人去法国通过帮助收割庄稼赚钱。外国在西班牙境内的流动人口主要是旅游者，1931年来西班牙的游客总数是20万人，1951年为50万人，1964年剧增到1 500万人，1973年赴西班牙旅游人数达到佛朗哥统治时期的最高峰——总共3 455万多人。国内人口的流动，使职团对人口的监控无法严格执行，逐渐放松，到后来实际上趋于瓦解。国际人口大规模流动，使西方的自由民主思想和生活方式在西班牙的传播越来越没法遏制，使人们的民主意识越来越强，也迫使佛朗哥政权不得不一步步向民主改革要求让步，从而促进西班牙的民主化进程不断发展。

二、教育事业的发展变化

经济的发展增加了社会对人才的需求，这刺激着西班牙教育的发展。1959年15－65岁的西班牙人中有12%是文盲，而1969年西班牙人口的文盲率不到3%，这显示了西班牙教育的突出成绩。虽然如此，20世纪60年代末西班牙的教育仍不能适应快速发展的经济的需要，为解决这一问题，1970年，西班牙政府开始着手改革教育制度，规定对14岁以下的适龄儿童实行义务免费初等教育，国家更广泛地参与原先私立学校占优势的中等教育系统，并按时代要求改造职业教育，改组高等学校。改革取得了明显成效：1964－1965学年度西班牙有3 763 000名学生在幼儿园和小学学习，1970－1971学年度则上升到4 650 000名。初高中学生人数从1964－1965学年的1 027 000人增加到1970－1971学年的1 873 000人。在综合性大学及技术学院学习的学生从1964－1965学年的112 000人增加到1970－1971学年的214 000人。

西班牙最大的国立自治综合大学——马德里康普顿斯大学

随着时代的发展，在教育规模不断扩大的同时，教育的实质内容也悄悄地发生着变化。在佛朗哥政权建立之初，天主教教义等宗教课程是每个学校的必修课程，国民运动的政治说教充斥在教材之中。20世纪50年代末开始，随着经济的快速发展，对技术人才的需求日益迫切，教学内容中的宗教和意识形态色彩逐渐淡化，让位于实用职业技术。此后，随着与外国交流的日益密切，西方国家的自由民主思想在大学校园里传播，这使大学的学生运动蓬勃兴起，最终迫使佛朗哥政府放松对大学教育的绝对控制，允许学生成立自己的学生组织，高等教育中的学术自由气氛也日渐浓厚。

三、文学艺术的独特发展道路

研究西班牙佛朗哥统治时期的文学艺术发展，会发现一个十分有趣的现象：大量反映社会现实、批判独裁和社会丑恶现象，甚至讽刺佛朗哥本人的现实主义文艺作品，与迎合佛朗哥统治的歌功颂德的所谓帝国文艺并行发展。

一方面佛朗哥政权积极鼓励颂扬国民运动和西班牙民族精神的文艺作品，并以政权力量在国内积极推广，力求以意识形态宣传巩固自己的政权。为实现这一目的，佛朗哥亲自操刀写了小说《种族》（raza），并让自己的战友何塞·路易斯·赛恩

电影《种族》海报

斯·德·埃莱蒂亚于1942年拍成了同名电影。《种族》的故事内容是：1931年，西班牙共和国宣布成立，在美国与西班牙冲突中身亡的军人佩德罗·海梅遗孀伊

· 300 ·

莎贝尔·阿库纳独自抚养着自己的三个儿女,生活虽然艰辛,但觉幸福。好景不长,西班牙内战爆发,由于信仰不同,三个孩子思想产生严重分歧,全部离开家庭,分道扬镳,使家庭彻底解体。女儿伊莎贝尔嫁给了一名军人,居住在军人区域;大儿子佩德罗对权力和金钱充满欲望,他加入了共和党,成了政府官员;小儿子达米安,反对暴力,反对内战,成为一名牧师,为国家和平而奔波。只留下伊莎贝尔·阿库纳一人,独自伤心,流泪……类似抹黑第二共和国、歌颂国民运动的作品是佛朗哥执政时的主旋律作品,在西班牙国内大行其道。

另一方面,反映社会现实、批判独裁和社会丑恶现象,甚至讽刺佛朗哥本人的现实主义文艺作品并未遭到当局扼杀,甚至在一定程度上得到鼓励,并允许其代表西班牙国家去国外参加评奖,只不过不能在国内公开发行,是专门用来出口的,以此向国际社会表明佛朗哥政权的宽容与开明。总的说来,西班牙文化事业并未像其他国家独裁时期那样遭到摧残,相反在一定程度上还出现了繁荣发展的局面,这一时期西班牙国内甚至产生了一批在国际上也有一定影响的大师。这种现象的发生,并非由于佛朗哥政权的开明或对思想文化控制的无知(西班牙内战期间及战后初期,由于当局对进步文化的压制和对进步人士的镇压,迫使西班牙的文化精英大量移居国外,移居国外的文化大师中最著名的当数毕加索),而是由佛朗哥设计的独特文学艺术发展道路造就的。作为坚定的民族主义者,佛朗哥知道进步文化发展对其统治的危害,但也知道思想的严密控制会窒息民族文化的发展。怎样才能既保证统治秩序的稳定,又不影响文化的繁荣发展呢?佛朗哥给出的答案是"隔离"。具体地说,就是在各地设立专供艺术和科学工作者居住生活的特别居住区,与其他居民区隔离开来,在这个特定区域里有绝对的学术和言论自由,艺术和科学工作者可以完全依据自己的兴趣、思想自由地创作。他们当然可以去外部体验生活,但不得在特别居住区外散布与官方思想不一的言论。他们的作品当然可以发表,但具体的传播范围完全由政府控制,天主教会负责对文艺作品和书刊进行具体审查。20世纪50年代末,西班牙开始全面对外开放,随着与西方国家交往的日益密切,进步文艺作品的发行出版还有向国际社会展现西班牙开明、进步形象的积极作用,所以这一时期的进步文艺工作者甚至还能得到政府的财政资助和鼓励,当然其作品的传播范围仍由政府决定。

西班牙电影和文学艺术的发展情况,为佛朗哥政权独特的文艺政策提供了鲜活的例证。这一时期，一方面涌现了大量优秀作品和著名的文艺工作者，如电影界著名导演布尼乌埃尔（他执导了包含批评西班牙政权内容的获奖电影《维里迪亚娜》）、贝尔朗加（执导了著名讽刺电影《欢迎，元帅先生》和《刽子手》，与法国合拍的爱情片《大自然》等）、巴尔登（执导了《一个骑自行车人之死》《主要大街》等）、卡洛斯·绍拉（"新西班牙电影"代表人物，被誉为最有国际成就的导演，作品主要有《狩猎》《薄荷冷饮》《乐园》和《安格丽卡表妹》等）、巴西略·马丁·帕蒂诺（其作品《给贝尔塔的九封信》是佛朗哥时期争论最多的一部影片）、哈辛托·埃斯特瓦和华金·霍尔达（"巴塞罗那流派"代表人物，其最成功的作品《不只是严厉的但丁》，反映了"现代"欧洲生活方式）；美术界闻名世界的

电影《刽子手》海报

超现实主义画派"道—阿尔—塞特"和主张把政治行动与艺术活动结合起来的"埃尔帕索"小组；文学界著名的批判现实主义作家群体，他们是卡米洛·何塞·谢拉（著有《帕库亚尔·杜亚特斯家族》《蜂房》等）、卡尔门·拉福雷特（著有《虚无》）、安娜·玛丽亚·马图特（《最初的回忆》《士兵夜哭》）、拉斐尔·桑切斯-费洛西奥（著有《哈拉玛河畔》《阿尔凡威》）、路易斯·马丁-桑托斯（著有《沉默的时代》）、胡安·戈伊蒂索洛（著有《同一性的标志》）和爱德华多·门多萨（著有《萨沃尔塔案件真相》），等等。另一方面，这些优秀作品中，只要其思想与佛朗哥当局的意识形态相左，大多不能在西班牙境内传播或者要限制发行范围。好在西班牙以外，世界上还有拉丁美洲这个广大的西班牙语通行区域，它们倒不缺乏欣赏者。

有一件轶事为文艺工作者的处境作了生动的注脚：上文提到的著名电影导演巴西略·马丁·帕蒂诺，曾在同一天里收到两封政府公函。一封通知，他的电影《给贝尔塔的九封信》将荣幸地代表西班牙参加一个大狂欢节；另一封则要求他，在某一天待在自己家里，因为国家元首佛朗哥的汽车计划从他住宅窗外的大街上驶过，而他，尊敬的电影工作者帕蒂诺，由于持有批评政府的思想，对西班牙元首和三军大元帅的安全来说是个危险。

第七章
民主化以来的西班牙

第七章　民主化以来的西班牙

第一节　民主化起步

一、纳瓦罗政府的保守改革

1975年11月20日,佛朗哥在马德里去世,结束了他在西班牙长达36年的独裁统治。1975年11月22日,胡安·卡洛斯在议会宣誓登基为西班牙国王,王号为胡安·卡洛斯一世(1975－2014年在位),西班牙波旁王朝在王位空缺36年后再次成功复辟。

为了保证国内政局稳定,胡安·卡洛斯一世对佛朗哥去世时留下的政府构成未做调整,全体留用,稳定了人心。

内阁首相卡洛斯·阿里纳斯·纳瓦罗是1974年1月上任的,也是胡安·卡洛斯一世的老搭档。1974年7月9日佛朗哥因病住院时,胡安·卡洛斯担任临时国家元首处理国家事务,这样在佛朗哥人生的最后阶段两人就开始共同协作处理政务,彼此十分熟悉。

胡安·卡洛斯一世登基加冕

其实在佛朗哥执政晚期，西班牙需要进行政治变革，已是包括佛朗哥本人在内的所有西班牙人的共识。因此，佛朗哥在1973年开始分散权力，自己不再担任首相，只保留国家元首职位，首相交给海军上将路易斯·卡雷罗·布兰科担任。1973年底，布兰科被暗杀，随后纳瓦罗继任。纳瓦罗上台后明确表示西班牙需要改革，为此他首先把天主教民主派人士吸纳进政府班子，接着在1974年2月实施了新的集会结社法，号召各派政治力量参加国家政治生活。但改革的步子不大，对反对派的镇压仍在继续，言论自由也没有放开。

胡安·卡洛斯一世登基后，纳瓦罗政府一方面表示要积极推进改革，另一方面又因内阁成员都是佛朗哥时期的老人手，不愿大胆地全盘否定旧体制，只是对旧制度进行一些修补性改良。纳瓦罗政府改革的保守性从他确定的改革三原则就可以明确了解。三原则是：（1）坚决取缔共产主义，对任何带有进步色彩的政治和工会组织都不给予合法化；（2）强调国家统一，民族主义者的任何要求和地区自治的计划都不在政府的谈判之列；（3）承认国家体制为君主制。此后经过几个月的讨论，

卡洛斯·阿里纳斯·纳瓦罗

1976年5月政府向议会递交了继承法、议会组成法、国家组织法和刑法等法律草案。

1976年夏天，纳瓦罗政府迟缓的保守改革，在国内引发了普遍不满。左派力量认为他改革的力度和速度都不够，纷纷上街游行示威；军队和右派则认为他对反对势力太软弱，不能保证国家的稳定。面对国内各派政治势力的压力，胡安·卡洛斯一世决定改组内阁。

第七章 民主化以来的西班牙

二、苏亚雷斯政府的民主化改革

1976年7月5日,胡安·卡洛斯任命阿道夫·苏亚雷斯·冈萨雷斯担任首相,重组内阁。国王这样选择是因为苏亚雷斯是大家都能接受的最"合适"的人选。一般来说,一个打出来的政权,资历是按照战功排队。那么,一个年轻人怎么就上了这个名单?在体制内老人们眼里,苏亚雷斯经得起检验。他虽然没有经历过内战,但他的人生道路一开始就在佛朗哥体制内,和体制外的反对派没有丝毫瓜葛。他是从参加"国民运动"的青年组织开始,一步一步爬上政坛。30岁出头,

阿道夫·苏亚雷斯·冈萨雷

他就担任过塞哥维亚省长,积累了地方行政经验。后经佛朗哥亲信推荐,担任官方西班牙电视台台长。佛朗哥去世那年,他是"国民运动"副秘书长,掌管着最关键的意识形态方面的职位。苏亚雷斯能适应体制,也是个善于察言观色的年轻人,任电视台长期间,他尽量满足老前辈们塑造自己形象的愿望,也就皆大欢喜。所以,他不但在年轻一辈中脱颖而出,而且在当选时并没有引起体制内反弹,因为他毫无疑问地被看成是旧体制的可靠接班人。在当电视台长的时候,苏亚雷斯和未来的国王一个36岁,一个31岁,结下了年轻人之间的友谊。那时候,保守老一代还不把作为王子的胡安·卡洛斯放在眼里,而苏亚雷斯和王子却很有共同语言。作为专制体制内的新一代政治家,他们确信,制度改革是西班牙的唯一出路。西班牙停在老路上,就不能真正进入欧洲先进国家的行列。在佛朗哥去世的1975年,苏亚雷斯受命起草了一个报告,在这个报告里,苏亚雷斯的结论是,西班牙军队里的将军们、现有体制的老一代人,能够接受温和渐进的政治改革。这一判断为政治改革找到了一个出发点,给了未来国王以深刻印象。新国王需要一个首相,一方面,

他只能选择一个能够被旧体制接受的"自己人",另一方而,他需要一个有强烈改革愿望、坚信改革可行性的人。他要善于和体制内保守人士对话,引导他们参与改革,还要有能力和体制外反对派沟通,把他们整合到政治转型过程中来。在国王看来苏亚雷斯正好就是这样一个人。

1976年下半年,西班牙政治改革起步,开始废除已经维持很久的高压政策。此刻最容易引发左右翼极端肇事。国王和苏亚雷斯分别派密使去法国会见流亡中的共产党领导人,承诺让共产党合法参与西班牙民主政治,条件是共产党不利用改革形势发动暴力革命。他们达成的协议和默契是临时的,必须抓紧实现承诺,否则对方会认为"你不仁,我也可以不义"。1976年9

西班牙共产党党徽

月8日,苏亚雷斯拜见西班牙军内最有势力的保守派将领,通报政治改革计划,主要是政党合法化。他告诉将军们,计划是国王同意的。这些人对共产党的宿仇难消,最关心政党合法化是否包括共产党。苏亚雷斯回答将军们,以共产党在当时的状态,不可能让它合法化。这让将军们放下心来,他们承诺支持苏亚雷斯的政治改革。两天后,苏亚雷斯主持内阁讨论政治改革法案,军人阁员没有反对。1976年10月8日,佛朗哥留下的西班牙国会,对苏亚雷斯提交的政治改革法表决,425票赞成,15票反对,13票弃权。这也体现了议员们的勇气,他们知道,旧国会是在签下自己的死刑执行书。苏亚雷斯的判断得到证实,旧体制自身启动改革,而不是由外界政治反对派来推翻,是可能的。1976年12月16日,西班牙为政治改革法举行全民公投,78%的选民参加,其中高达94.2%的人投票赞同。按计划半年后,所有国会议员将由全民选举产生。佛朗哥留下的权力结构即将寿终正寝。体制内外的政治家都开始组党,投入选举前的竞选活动,权力来源将发生180度转变,以后是民众选票来决定权力分配了。这一转变意味着政治游戏规则的根本变化。可是,此刻的共产党还没有合法地位,还是地下非法组织。1977年2月27日,苏亚雷斯和共产党总书记卡利约举行了长达八小时的密谈,达成协议。苏亚雷斯要求共产党先从改变自身做起，要共产党公开宣布，承认君主制，采纳王室旗帜，放弃暴力革命，遵从法律和民主政治的游戏规则。在这个前提下，苏亚雷斯承诺尽快宣布共产党合法化，让共产党参与即将到来的大选。1977年4月的一个周末，西班牙政府宣布，西班牙共产党合法化，流亡国外38年的领袖们回到西班牙。

1977年6月15日，西班牙举行了佛朗哥独裁统治结束后的第一次民主选举。选民对这次选举表现出空前的热情，共有1800万选民参加了投票，投票率高达78.8%，显示了西班牙人民对民主化的赞同和支持。西班牙共产党也参加了这次大选，获得了9.2%的支持选票，在议会中得到20席。苏亚雷斯本人，率中间偏右的多党联盟，成为国会最大党，继任西班牙首相。独裁体制正式结束，但这只是民主转型的第一步。

第一次大选成功后，还有一系列制度建设步骤要走，其中包括制定一部新宪法，在法律上确立民主制度。新宪法必须回答一系列既涉及国体政体、又牵涉千家万户生活的问题，比如君主立宪制中的王室地位，国家权力的分布，经济体制，劳工关系，宗教，婚姻，家庭制度，区域自治和独立等等。正是这些问题在西班牙近代史上引出过交错纠缠的麻烦。40年前，就是这些问题的分歧，令左右两翼众多党派和工会组织都坚持自己的主张才是唯一正确的，各不相让，引致暴力冲突，滑向内战深渊。现在，西班牙左右各政党赞同的只是政治改革的必然，面对具

西班牙首相官邸蒙克罗亚宫

体问题仍然分歧多多。制定新宪法,就是要对这些具体分歧达成妥协共识。走出政治改革第一步后,整个国家突然减压,出现了一些社会问题。民主改革第一步后出现经济危机,几乎是20世纪后期民主转型的一种规律性现象。有大变革带来的新旧衔接问题,也有改革前已有经济隐患的滞后发作。当时西班牙通货膨胀,原材料价格上涨,失业率上升,福利保障制度不健全,人民生活水平下降。通货膨胀率在15%以上居高不下,失业率比1973年增加两倍半。民主改革并不能承诺立即改善经济,可是对政治改革抱着希望的民众,首先是对经济和生活抱着希望。如果随后的经济表现和期望相反,人们自然而然地就会认为,是政治改革搞坏了经济。如果困惑怀疑持久下去,政治改革仍然有可能中途夭折,仍然会有人出来,呼吁民众拥护旧的秩序,拥戴强权出来整治经济。

苏亚雷斯面对经济困难,仍然坚定推行政治改革计划。他非常清楚他手里的有利条件是什么。那就是:西班牙各政党经历了40年前的内战,痛定思痛,具备了共同的核心价值。这一点,和历史上的西班牙是完全不同的。苏亚雷斯只要说服为数不多的各反对党的领袖,就等于说服了各阶层的民众。而面对面的谈话,苏亚雷斯是一个天才。西班牙各政党领袖之间,经常进行极具个人色彩的谈话。这样的私下面谈,有段时间经常借马德里一家叫作"何塞·路易斯"的饭店进行。桌上没有笔记本,只有葡萄酒,周围没有秘书,只有饭店的侍者。这样的面谈经常通宵达旦。于是,这种政治沟通方式有个浪漫的名字,叫作"何塞·路易斯之夜"。1977年9月,是第一次大选后经济危机趋重的时刻。一天,首相苏亚雷斯邀请各大政党的九位领袖,住进首相官邸蒙克罗亚宫,讨论国家经济问题。最后他们就经济、政治政策达成一致意见。10月21日,他们发表了长达40页的文件,各党派的31个代表在文件上签字,被称为蒙克罗阿盟约。苏亚雷斯代表执政方,承诺国家更多干预经济,控制工资水平,提高退休金30%,将失业福利提高到最低工资水平,增加教育投入,改善城市住房,控制城市土地投机,实行农村土地改革,等等。而社会党和共产党等在野党承诺,说服民众承担经济困难的负担,不恶意利用经济困难来给政府制造麻烦,获取反对党的政治利益。

1977年12月15日,为了使全面彻底的政治改革获得更权威的合法性，西班牙就议会通过的政治改革法进行了全民公决。由于苏亚雷斯事前和各派政治力量进行了充分的沟通和协商，在推进改革这一点上西班牙国内左右政治势力达成了共识，所以公投在和谐祥和的气氛中顺利进行，公投过程没有对抗，没有示威，没有骚乱，只有公民对国家未来的责任意识。全民公决的投票率很高，在22 768 144名选民中有17 614 895人参加投票，只有22.3%的人弃权，其中赞成票16 593 460张，占94.2%；反对票453 617张，仅占2.6%。这次全民公决结果充分反映了西班牙人民对民主的渴求，和通过和平改革实现国家民主的共同心愿。投票结果和公决过程的顺利显示了人民对苏亚雷斯主持的改革进程的支持，是苏亚雷斯用协商方式推进改革的成功实践。

接下来改革的中心工作是制定新宪法。起草新宪法是更为艰难的过程，各派政治势力唇枪舌剑的争论，很多次似乎就要到达分裂边缘。渐渐地，中间观点占了上风，左右两翼的激进观点被边缘化。人们开始意识到，只有各让一步，走中间路线，才可能达成一致，坚持激进观点则永无出路。经

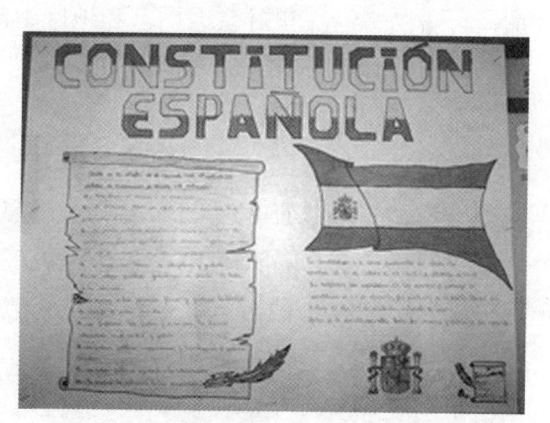

"西班牙宪法日"宣传画

过148小时的议会辩论，总计1342次演讲，议会宪政委员会终于在1978年6月20日签字，完成了宪法文本。10月31日，议会以压倒多数通过了宪法。12月6日，西班牙再次全民公投，通过新宪法。68%的选民参加投票，其中只有7.2%投了反对票。12月27日，国王胡安·卡洛斯一世签署宪法。后来西班牙把12月6日定为西班牙宪法日，以纪念1978年这一天西班牙全民公决通过了新宪法。西班牙君主立宪的民主体制，在佛朗哥死后两年，终于正式确立。

三、1978年西班牙宪法确定的国家体制

1978年10月31日,西班牙议会两院通过了制宪委员会起草的西班牙新宪法,从而确定了西班牙国家现行的基本制度。

1978年西班牙宪法由序言、基本原则、正文、附加条款、过渡性条款和最后条款组成,共169条。其中正文部分又分十章,即:基本权利和义务、国王权利、总议会、政府和行政管理机构、政府与总议会的关系、司法权、经济和财政、国家和地区组织、宪法法院、修改宪法。

依据1978年宪法,形成了西班牙运行至今的三项基本国家制度:君主立宪制、地区自治制和两党制。

君主立宪制是西班牙王国的基本政体。依据宪法规定,国王作为国家团结和统一的象征,是国家元首。国家权力依据三权分立原则划分,立法权归属议会,行政权由首相组织内阁行使,司法权属于法院。国王不得干预国家权力的运行。从法理上讲当代西班牙国王是没有实际权力的"虚位"君主,临朝而不执政。但由于历史原因,国王在西班牙政治生活中仍发挥着重要的实际影响,充当各种政治势力的协调人,在国家政治体制运行出现危机时是防止体制崩溃的重要缓冲机制。后来西班牙发生"二二三政变"时,西班牙国王在国家政治生活中的重要作用就凸显出来,表明虚位君主在国家政治体制中并非是可有可无的。

地区自治制度确立了西班牙类似联邦制的中央与地区侵权模式,以行政改革的模式解决了近代以来长期困扰西班牙的民族和地区问题。现代西班牙是在中世纪收复失地运动时各个独立的天主教国家基础上,通过君合国模式逐步联合,在19世纪以后才在波旁王朝时期整合中央集权的统一国家。历史上各个地区的相对独立性比较强,也保留了各自不同的地方文化和地方认同心理,在近代这些是形成西班牙民族问题,尤其是加泰罗尼亚和巴斯克问题的重要因素。为了解决民族和地方问题,1978年宪法创造性地提出了地区自治制度。把全国按照民族和地区文化

传统，依据历史传统划分成不同的自治地区，每个自治地区在本地按照民主原则，以公民个人行使公民权的民主方式选出本地自治政府，管理本地事务。这样的国家顶层设计，一方面回避了民族集体的自治要求，防止民族作为一个整体向国家提出政治要求，危害到国家统一；另一方面又使民族地区通过本地公民个人民主权利的行使而事实上拥有自治权，化解了中央与地方、地方与地方之间的矛盾，实现国家在多样性中的统一。西班牙也因此成为世界上用民主方式和平化解民族和地区矛盾的成功典范。1978年宪法通过后，西班牙依据宪法规定，在全国先后成立了17个自治地区，形成了今天西班牙的行政区划和中央与地方分权治理模式。地区自治发展的具体进程见表7-1。

西班牙的自治区

表7-1 西班牙地区自治发展进程

自治区成立日期	自治区名称
1979年12月18日	巴斯克；加泰罗尼亚
1981年4月6日	加利西亚
1981年12月30日	安达卢西亚；阿斯图里亚斯；坎塔布里亚
1982年6月9日	拉里奥哈；穆尔西亚
1982年7月1日	巴伦西亚

1982年8月10日	阿拉贡；卡斯蒂利亚—拉曼恰；加那利群岛
1983年2月25日	埃斯特雷马杜拉；巴利阿里群岛；马德里；卡斯蒂利亚—莱昂
1983年8月10日	纳瓦拉
1995年3月14日	休达；梅利利亚

两党制是当代西班牙政党制度的基本形态。自1982年大选开始，西班牙逐步形成了西班牙工人社会党和西班牙人民党两党轮流执政的政党政治。两党政治的形势，使西班牙民主制度趋于稳定。

西班牙工人社会党简称PSOE，于1879年5月2日成立，创始人伊格莱西亚斯·波塞，曾加入第二国际，现有党员约46万人。1918年召开的第十一次代表大会通过反对武装干涉苏俄的决

西班牙工人社会党标志

议。1920年6月，党内发生分裂，一部分党员参加西班牙共产党。1936年1月该党参加人民阵线。1936—1939年西班牙内战期间，工人社会党曾与共和党、共产党一起组织联合政府。佛朗哥实行独裁统治后，宣布西班牙工人社会党非法。该党被迫转入地下，主要领导人流亡国外。1974年10月在法国召开的代表大会上以冈萨雷斯·马克斯为首的"更新派"战胜了"历史派"，取得党的领导权。1976年4月获得合法地位。1977年6月参加大选，在众议院获124席，成为国内最大的反对党。1978年同人民社会党合并。1981年10月，工人社会党召开第二十九次代表大会，冈萨雷斯当选为总书记。在1982年10月的大选中，该党获众议院350席中的202席，成为执政党。1986年、1989年和1993年三次大选中蝉联执政。后因大选失败，在1996—2004年成为在野党。2004年4月，西班牙工人社会党在大选中获胜，再次上台执政到2011年11月。2011年11月，西班牙工人

社会党在大选中败给了人民党，丢失执政地位。该党主张实行多元制的社会主义。采取务实温和的改良路线，强调发挥市场经济的作用，主张联邦共和制，但接受现行君主制；对外主张和平、安全、合作，开展以欧洲为重点的全面外交。党报是《社会主义者》，党刊为《社会主义论坛》。

西班牙人民党的前身是1976年创立的人民同盟（AP），1989年1月20日改名为人民党。该党现在是欧洲人民党、国际民主联盟、基督教民主党和中间民主党国际成员党，约有80万党员。该党成立后不久便在国家的政治舞台上崭露头角，力量不断扩大。1996年3月，该党在大选中获胜，取代连续执政13年多的西班牙工人社会党成为执政党。执行"中间改良主义"路线。2004年在大选中失利，成为最大在野党。2011年11月20日，该党赢得众议院350个席位中的186席位居第一位，党主席马里亚诺·拉霍伊于2011年12月20日就任西班牙首相。

西班牙人民党标志

第二节　西班牙民主政治的巩固和发展

一、"二二三"政变

西班牙的民主化改革并非一帆风顺，1981年发生的"二二三政变"就是对改革的一次重大考验。

西班牙比较特殊的地方，就是从1820年立宪革命以来形成了军人干政的传统。军队会在所谓"政府不再有效管理"、社会陷入混乱局面的时候，站出来稳定局势，这被认为是西班牙军人荣誉的一部分。20世纪80年代初，改革造成的新旧政权过渡时期的社会动荡无序，使一部分西班牙军人感到自己有责任站出来用自己的行动来改变国家的政治走向,从而"挽救国家",他们把自己的行为称为"戴高乐式行动"。

1981年2月23日,在马德里,议会正在

"二二三"政变军人占领议会

开会,电视实况转播着议员们表决国王提名的临时首相。下午6点20分,表决刚刚开始唱票,电视上突然出现了一群民卫队武装士兵,在特赫罗上校的带领下,冲进议会大厅,朝着天花板开枪,命令所有人趴在地板上不许动。士兵们的冲锋枪对着议员们的胸口,惊骇之中,议员们一个个狼狈地趴倒在椅子前,谁也不知道这些士兵会做出什么事情来。只有两个人仍然坐在椅子上纹丝不动,一个是前首相苏亚雷斯,另一个是共产党总书记卡利约。议员中的梅拉多将军喝令这些人退出去,却被推倒在地。看到这种景象,已经辞职的前任首相、文质彬彬的苏亚雷斯,跳起来冲上前去护卫将军,结果也被打翻在地。苏亚雷斯这一瞬间的行动,给在场所有人留下深刻印象。从此没有人再说,他是因为害怕军人威胁才要求辞职的。几分钟后,电视转播中断。电视台只好一遍遍地重播这几分钟录像。人们能够判断的是,军人们把西班牙政府的所有高级官员一网打尽,全部劫持了。西班牙发生军事政变了。

特赫罗上校的士兵把前首相苏亚雷斯、社会党领袖冈萨雷斯、共产党总书记卡利约,还有梅拉多将军等,一个一个地单独押了出去。议会大厅里,所有的人都以为,押出去的那几个,肯定是一走出门就被处决了,不知道下一个会不会轮到自己。西班牙历史上一再上演的军人干政,似乎再次发生。民主面对枪杆子,竟然如此不堪一击。其实,特赫

罗上校根本没打算杀人，他只是把重要人物单独关押在楼上小房间。楼上有一个酒柜，士兵们一见就高兴坏了，轮流痛饮。顺便，也算看管重要人物。特赫罗上校电话通知瓦伦西亚军区司令米兰斯将军：议会已被控制，一切正在照计划进行之中。然后，特赫罗上校到议会大厅宣布，将有高阶军官来掌控下一步的发展。

在瓦伦西亚，军区司令米兰斯将军宣布进入紧急状态。每过15分钟，地方电台就宣读一遍米兰斯将军的声明，说根据首都事变产生的政治真空，在得到国王陛下的进一步指示以前，保证军区内的秩序是他的责任。然后宣布宵禁，禁止一切政治活动。坦克开上了街头，接管重要的公共建筑。工会组织和政党组织马上开始拼命销毁文件，以防军队接管后实施报复。在巴斯克地区，惊恐的民众开始放弃家园，越过边境进入法国避难。国家行政管理已经瘫痪。此刻，这个国家真正有实力的，是西班牙11个军区的司令，包括瓦伦西亚军区的米兰斯将军。如果他们都站在特赫罗上校一边，那么西班牙军人将又一次成功地干预国家政治，改变国家的方向。消息飞快到达西班牙大小城镇，很多城市的电台，突然开始没完没了地播放军队进行曲，什么也不明说，只有一曲接一曲雄壮的军乐。

特赫罗上校占领议会，国王一无所知。国王手下的人从广播里听到此新闻，连忙报告国王。国王能看到的，也就是电视重复播放的那几分钟镜头。国王也不知道是怎么回事，不知道有多少军人，都是些什么人。他下令给马德里的军队总参谋部打电话，询问怎么回事。电话那头，接电话的人听说是国王，连忙把话筒给了曾经是国王教官的阿尔马达将军。电话里是阿尔马达将军的熟悉口音。将军恭恭敬敬：陛下，我这就亲自去王宫，向陛下报告情况。就在国王即将挂断电话的一瞬间，突然，完全是一种直觉，他感觉不对。阿尔马达将军的语气，一丝不苟，无可挑剔。太自然，太恭敬，太镇定了，一点儿不像在突发事件下的反应。这时，国王身边受命去了解情况的人刚好赶到，轻轻对国王耳语：事情和阿尔马达将军有关。一瞬间，国王突然明白了。他对电话中的阿尔马达将军说，我现在有一些文件要签署，等我有空见你的时候，再请你来。放下电话，国王下令王宫卫队全力戒备，不让任何军人闯入，特别是不准阿尔马达将军进入。国王意识到，阿尔马达将军要的，就是让外界误以为他能够代表国王意愿。如果在事变之后他和国王在一起，或站在王宫里向外发布意见，给外界打电话，就可以得到这个效果。只要阿尔马达将军进了王宫，他"挟天子以令诸侯"的目的，就达到一半了。

国王在王宫里，立即开始向全国各军区司令、各兵种指挥官打电话，询问他们的立场。他所得到的回答完全一致：陛下，我将完全服从您的命令，不论您认为有必要做些什么。这次政变，多少是因为国王前管家阿尔马达将军对米兰斯将军的误导。

胡安·卡洛斯一世国王发表电视讲话反对政变

国王明白，当务之急，是让全国民众和军人了解国王的态度。不过三小时，国王开始下令。夜里九点多钟，他命令手下人通知电视台，派出一个转播小组前来王宫。电视台的人说，台里现在到处是军人，连他自己都没有行动自由，更别说派出转播小组了。于是，国王命令，让占领电视台的军官接电话。好不容易，那头找到了领头的军官。王宫这头把话筒递给国王。国王问，谁在接电话？那边不明底细，只好照实报告军衔和姓名。接着，他听到话筒里传来这样的声音：我是西班牙国王胡安·卡洛斯一世。电话里一片寂静，军官就像麻木了一样。接下来，他好不容易挣扎着，说出了一个西班牙军人的标准回答：国王陛下，听从您的命令！国王随后命令他，护送一队摄影小组，立即赶赴王宫。这队转播人员在著名电视主持人毕加托斯特带领下，好不容易通过森严岗哨，进入王宫。一番安排后，国王面对摄像机，发表了他著名的讲话。然后，录像一式两份，由两组人走不同的路径，送往电视台，因为他们完全不知道外面到底乱成什么样。午夜过后，一点多钟，国王的讲话录像突然出现在全国电视屏幕上，以一贯的尊严，要求全体国民保持冷静。国王明确表态，他不能容忍任何企图打断人民在宪法中达成的民主进程的行为。国王打电话给米兰斯将军说，他反对政变，他也绝不会离开西班牙去流亡，政变军人想要成功，除非先开枪打死国王。然后，他把这个电话再用书面电传，传给米兰斯将军。凌晨四点，米兰斯将军下令坦克开回兵营，解除戒严。第二天，特赫罗上校投降，米兰斯将军和阿尔马达将军随后被捕，议员们平安回家。共产党总书记卡利约后来面谢国王，说出了议会大楼里所有人想说的话："陛下，是您救了我们的命。"

头脑极为清楚的国王胡安·卡洛斯一世，并没有欢庆胜利。当天晚上，国王胡安·卡洛斯一世约见各大政党领袖，包括苏亚雷斯、社会党领袖冈萨雷斯、共产党总书记卡利约、右翼政党人民联盟领袖佛拉加，向他们指出，政变虽失败，却并没有解决西班牙民主政府的困难。国王本人被迫冒着自己声誉和人身安全的风险，来亲自化解军事政变，这一事实说明，西班牙各政党，没有充分了解军人在改革过程中的情绪。虽然参与军事政变的人错误地估算了他们能够得到的支持，但是军人们对西班牙未来的希望，对国家现状的失

社会党领袖冈萨雷斯

望，不应该再被忽视。他对这些政党领袖说，对这些企图搞颠覆的军人，你们各政党如果表现出公开的强硬的反弹，将是非常不明智的，如果把这一事件扩大到对整个军界的负面看法，更是非常有害的。他要求各政党回去检讨自己在这一事件中的问题，考虑怎样争取更高水平的全国团结。国王甚至警告政党领袖们说，他本不应干预政事，如果再发生这样的情况，国王不会再这样做了。军人政变最终在胡安·卡洛斯一世国王的干涉下无疾而终，史称"二二三政变"。国王胡安·卡洛斯后来为参与政变的军人辩护说，特赫罗上校等军人，从一开始就没有打算开杀戒，没有打算推翻西班牙的君主制。否则，他们不会想不到起事后第一要做的，是包围王宫、切断王宫的电话。如果他们这样做了，国王将

束手无策,事件的演变就可能完全不一样。

几天后,300万人在马德里和其他大城市举行"民主大游行",表达民众对这几年西班牙民主化进程的支持,表达保卫民主体制的决心。民众表达的信息是,不管转型过程中出现怎样的不尽人意之处,转型是在人民的意愿下展开的,具有不可置疑的合法性。各党派领袖,民主联合会的苏亚雷斯、社会党的冈萨雷斯、共产党的卡利约和人民联盟的佛拉加,手挽手地走在马德里游行队伍的最前列,表达了各党派在民主化大方向上的一致和团结。这一信息非常强烈,卡利约的话说出了普遍的感受:"上帝拯救了西班牙"。国王胡安·卡洛斯一世的话,直中要害。把军人排斥在民主化进程之外,是前几年各政党都犯下的疏忽。1981年的西班牙,转型在政治体制上已经达成,但西班牙军队的中立化却还没有完成。在政变流产两天之后,国会通过了国王提名的临时首相。临时首相向国王保证,以后将定期会见军队的主要将军,向他们通报国家的状况和政策。这种做法在美国这样军队国家化的国家听起来有点奇怪,在西班牙却很自然,这恰恰是政府和军队关系开始走上正常化的表现。西班牙民主制度的最后一个危险,终于过去了。

二、索特洛政府巩固民主的措施

"二二三政变"后,为了不过度刺激军方,各党派一致同意以"温和派"著称的天主教行动党人莱奥波尔多·卡尔沃·索特洛出任首相。

索特洛上台后在注重政策连续性的同时,着力解决前首相苏亚雷斯留下的棘手问题,其中主要有安抚军队、合理推动自治进程、振兴经济、制定明确的外交政策、加快西班牙加入北大西洋公约组织的步伐等。在

索特洛

安抚军队和推动地方自治方面取得了显著成果,推动了西班牙民主化的发展进程。

注重沟通协商是索特洛执政最突出的风格。他经常出席议会例会,加强与地区领导人、反对党领导人的对话和磋商。按照胡安·卡洛斯一世的建议,注重与军队主要将领联络与沟通,定期向他们通报国家政策和决策意向,并就军方提出的疑问做释疑解答。1982年6月3日,最高军事法庭对"二二三政变"策划者和参与者做出从轻判决,卷入政变的200多名军人,只有32人被起诉。政变主谋海梅·米兰斯·博什、阿方索·阿尔马达、安东尼奥·特赫罗被判处30年监禁,其他政变分子都从轻发落,被判2—3年监禁。这些措施缓和了政府与军队的矛盾,改善了政府形象,保证了民主化改革的顺利进行。

与反对党协商一致,共同推动宪法规定的地区自治是索特洛政府取得的一大政绩。在索特洛政府的推动下西班牙的地区自治在1981—1982年完成了一大半,1982年10月西班牙工人社会党执政后在1983年基本完成这项工作的扫尾工作,地区自治的具体发展进程参见表7—1—1。地区自治的实现,极大地缓解了民族矛盾,保证了西班牙国家的统一和民主化的发展。

1982年10月28日,西班牙按照宪法规定再次举行大选。这次大选被史家认为是西班牙民主转型最终完成的标志,因为这次大选,西班牙得票最多的第一大党从中间偏右的人民同盟,变成中间偏左的西班牙工人社会党,执政权力顺利地完成了向反对党的和平转移。大选后西班牙工人社会党的年轻领袖冈萨雷斯出任首相。

三、西班牙工人社会党长期执政(1982—1996年)

西班牙工人社会党执政之初,面临着棘手的经济和社会问题,当时因石油价格猛涨,加上佛朗哥时期大量国有企业效益低下,西班牙失业率急剧飙升,年通货膨胀率高达15%,国家经济陷入停滞。面对困难,冈萨雷斯的社会党政府迎难而上,制定了以控制通货膨胀、实施工业改造和更新基础设施为核心内容的国家现代化计划。社会党的现代化方案中,实施工业改造这一内容最有争议,因为国有企业的私有化尽管能提升企业活力和效益,但却会因改造过程中的大量裁员使大批工人失业,并在一定程度上造成社会的动荡。为应对可能出现的社会危机,社会党政府在进行工业改造的同时,积极推行配套的社会福利政策改革,将义务教育年限延长到16岁,以减少新增就业人口数量,缓解就业压力;实施全民免费享受的公共医疗服务,并显著提高失业救济金和养老金,通过增强社会保障力度减轻工业改造中大量裁员形成的失业潮造成的社会动荡。这样,社会党的配套经济社会改革帮助西班牙走出了80年代初的危机困境,尽管一度引发了社会基层群众的不满,但总体上看还是成果斐然:改革后西班牙的工业产量和效益大幅提升,外国投资者的对西班牙经济的信心大增,为西班牙顺利加入欧洲经济共同体铺平了道路。

国内危机克服之后,社会党的执政工作重心转向了外交,通过成功的外交使西班牙完全摆脱了佛朗哥时期的孤立状态,全面融入了国际社会。西班牙工人社会党在这一时期最突出的外交成就是加入欧共体和成为北约正式成员。

尽管佛朗哥时期就向欧共体提出了加入申请,但由于二战时西班牙和德意法西斯国家的特殊关系,西方国家在二战后长期孤立西班牙,独裁政体成为西班牙融入欧洲的"唯一障碍"。实现民主化后,西班牙与西方国家发展正常关系的障碍不复存在。西班牙民主政府随即展开新一轮外交努力,争取加入欧洲共同体。西班牙工人社会党政府经过艰难的谈判,最终使西班牙在1986年1月1日正式加入欧洲共同体,从而开启了西班牙全面加入欧洲一体化的进程。1991年12月,欧洲共同体马斯特里赫特首脑会议通过了《欧洲联盟

欧洲联盟旗帜

条约》，欧洲共同体改名为欧洲联盟，西班牙成为欧洲联盟的首批成员国。西班牙加入欧洲共同体后，在欧共体经济补贴的刺激下，经济发展迅速。1985年国内生产总值为1642.5亿美元，1989年增加到3793.6亿美元。通过大量吸收外资，西班牙加速了工业现代化发展进程，纺织、汽车制造、造船、钢铁等部门通过引进先进技术和资金，产量大大提高。据统计，1986—2006年，西班牙每年接受来自欧共体或欧盟基金数额约占国内生产总值的0.8%。1986年西班牙人均收入只占欧共体的68%，2006年提高到97.7%。欧共体或欧盟的投入每年为西班牙增加30万个就业机会。回归欧洲大家庭使西班牙实现了政治和经济的双赢。

西班牙地理上位于西方国家腹地，周边都是西方国家或西方的势力范围。为保障国家安全，二战后自佛朗哥政权开始，西班牙一直奉行亲西方的外交立场，并积极谋求加入北约组织。但由于二战中西班牙的亲法西斯历史和佛朗哥政权的独裁性质，以"民主自由"国家自居的西方国家一直无法全面接纳西班牙，所以尽管西班牙二战后一直坚持与美国为首的西方阵营维持友好合作的立场，但始终未能获准成为北约组织的正式成员。20世纪80年代初西班牙实现了民主化，这为西班牙加入北约扫清了政治障碍。西班牙工人社会党执政后，一方面积极展开外交谈判，消除加入北约的外交障碍；一方面在国家充分宣传加入北约对西班牙国家安全和未来发展的重大意义，消除国内群众对北约长期拒绝西班牙加入的怨气，最终在1986年举行了西班牙加入北约的全民公决并获得了广泛支持，随后北约批准西班牙成为自己的正式成员。加入北约使西班牙国家安全保障进一步增强，也标志着西班牙彻底摆脱了外交孤立，被接纳为西方阵营的正式成员。

1982—1992年，是西班牙在工人社会党的领导下经济社会持续繁荣发展的光辉十年，被誉为"繁荣的十年"。持续的繁荣给西班牙带来了强烈的自信，1992年西班牙政府相继承办了两大国际盛会——巴塞罗那奥运会和塞维利亚世界博览会。两项活动的圆满成功，向世界展示了一个现代化的西班牙国家形象，也成为西班牙工人社会党成功执政的重要象征。

1992年是西班牙"繁荣的十年"的顶点，此后由于市场经济的周期性规律，西班牙经济再次陷入危机，失业率和通货膨胀居高不下；同时长期执政累积的腐败问题逐步曝光，群众对西班牙工人社会党执政的不满日益加剧。最终"自由反恐大队（GAL）"丑闻曝光，成为压垮冈萨雷斯西班牙工人社会党政府的最后一根稻草。"自由反恐大队"是由社会党内政部组建的一支外国雇佣军组织，西班牙工人社会党组建这一军事队伍自称是为了打击争取巴斯克独立的"埃塔"恐怖组织，但该组织成立后却用恐怖行动来反"恐怖"。从1984年到1986年，"自由反恐大队"在法国南部绑架、拷打、枪决"埃塔"成员及其同情者，犯下至少23宗谋杀罪。这种用恐怖行动反恐怖的作法，与西班牙政府标榜的民主自由格格不入，政府本身成为恐怖的制造者，使西班牙普通民众难以容忍，"自由反恐大队"的反恐内幕曝光后成为轰动一时的丑闻。1996年大选中，西班牙民众用选票表达了对西班牙工人社会党的不满，西班牙人民党借助社会党丑闻造成的有利时机顺利赢得选举上台执政。

四、西班牙人民党第一次执政时期（1996－2004年）

1996年西班牙大选西班牙人民党获胜，人民党领袖何塞·玛丽亚·阿斯纳尔出任西班牙首相，开始了西班牙民主化后西班牙人民党的第一个执政时期。

在西班牙人民党的第一个任期里，首相阿斯纳尔为了解决国内经济的危机，也为了使西班牙能达到《马斯特里赫特条约》所规定的欧洲货币一体化趋同标准，果断实施了宏大的经济自由化方案。依据方案，西班牙人民党政府把大批国有企业私有化，同时采取有力措施缩减

何塞·玛丽亚·阿斯纳尔

公共债务,激发私有企业的创业和发展积极性,努力控制通货膨胀,降低失业率。这些经济举措取得了显著成效,西班牙经济开始恢复并持续稳定增长。1998年西班牙达到了《马斯特里赫特条约》规定的标准,成为首批使用欧元的国家。到2000年,西班牙经济更加繁荣和开放,国民人均收入接近欧洲强国水平。领导经济建设的成功使西班牙人民党赢得了人民的信任,在2000年的大选中,西班牙人民党以绝对多数票赢得胜利,蝉联执政。

第二个任期里,西班牙人民党的执政重心转向了反恐和外交。2001年"9·11事件"后,美国在全球范围内积极开展反恐行动,西班牙人民党政府觉得国际反恐环境对打击本国的巴斯克分离主义恐怖组织"埃塔"十分有利,于是全力追随美国反恐。为此阿斯纳尔政府推行了一条与美国结盟,疏远欧盟和北非邻国的外交路线。为了专心反恐,甚至不顾国内民众的抗议,一意孤行地在伊拉克战争问题上支持美国和英国,这一抉择在一定程度上加深了西班牙与德法两国的矛盾,也降低了政府在国内的民意支持率。内政方面,人民党政府强力反恐,拒绝扩大地方自治大区的自治要求,使中央和地方的关系紧张;改革劳动法,方便雇主解雇员工,增强了底层民众对政府的不满;以反恐为名,强化对国有媒体的掌控,使自由知识分子失望。这一切内政失误加剧了民众的失望情绪,民意调查中政府的支持率不断下滑。

2004年3月11日,西班牙大选前三天,首都马德里发生了伊斯兰极端主义恐怖组织制造的爆炸案,恐怖组织的目的是抗议西班牙在伊拉克战争问题上与美国密切合作,这就是震惊欧洲的"3·11事件"。事件刚一发

"3·11"事件发生后人们在现场救助受伤者

生,西班牙人民党政府就武断地宣布是巴斯克"埃塔"恐怖组织制造了这起恐怖袭击。几小时后,警方发现的一些资料表明爆炸案与"埃塔"组织无关,是伊斯兰极端主义恐怖分子制造的事端。但为了掩盖政府在伊拉克战争问题上的外交决策错误,直到大选前夕,阿斯纳尔政府仍坚持凶手是"埃塔"组织。西班牙民众对人民党政府操纵媒体舆论愚弄百姓十分不满。3月14日的大选中人民抛弃了西班牙人民党,改而支持西班牙工人社会党,使西班牙政权再一次发生轮替。

五、西班牙工人社会党再次执政(2004—2011年)

在野八年之后西班牙工人社会党于2004年重新夺回执政权,社会党领袖萨巴特罗成为西班牙新一任首相。就任后萨巴特罗吸取人民党败选的教训,立刻全面翻转了前任政府的外交政策,在确认联合国不会参与伊拉克战争后,迅速从伊拉克撤回了西班牙军队。撤军行动使阿斯纳尔政府发展起来的美西、英西关系陷入停滞,但稳定了国内民众的情

萨巴特罗

绪。此后西班牙工人社会党政府的外交重心重新转向传统盟友,全力发展与欧盟、拉美和北非等的友好合作关系。

在社会政策方面,社会党政府推行了一些十分开放的社会改革措施,批准了《反性别暴力法》,承认同性恋婚姻合法,放宽了人工流产限制,修改了《离婚法》。这些开放的自由社会政策遭到西班牙社会保守势力,特别是天主教会的激烈批评。但民意调查结果显示大多数西班牙人是支持这些政策的,这表明西班牙社会在21世纪变得更加开放和宽容。

经济领域,西班牙工人社会党政府实施了国家经济振兴计划,主要措施是提高最低工资标准,解决失业问题,鼓励企业创新和研究开发新

产品等等。这些经济政策使西班牙经济维持了人民党执政后期的发展势头，从1999年到2007年西班牙国民生产总值年平均增长3.7%，实现了连续多年稳定快速增长。在政府预算收支平衡方面也做得相当不错，远胜欧盟国家中的希腊、意大利和葡萄牙等国。

符合民众意愿的外交和社会政策，加上经济的持续增长，为西班牙工人社会党政府赢得了良好声誉，也使西班牙工人社会党在2008年大选中从容获胜，保持了自己的执政地位。

西班牙工人社会党大选获胜不久，席卷全球的2008年金融危机爆发了。这次危机影响到西班牙各个经济领域。危机爆发后西班牙经济全面衰退，失业率攀升至18%；2009年西班牙财政赤字水平超过10%，位居欧洲第三高，债务水平则达到危机前的两倍。经济低迷使得消费减少，消费减少反过来又进一步增加了经济困难。各种社会福利、教育和医疗等领域的开支被迫削减，使广大人民因生活更加困难而不满。作为欧盟第四大经济体的西班牙成为欧债危机爆发的主要国家之一，2011年西班牙公共债务达7350亿欧元，债务额与国民生产总值之比达到惊人的68.5%，更糟糕的是西班牙当年的财政赤字也居高不下，达到8.5%，远远超过了国际公认的安全"警戒线"3%，债务危机与财政高额赤字叠加，使西班牙经济很难从危机困境中摆脱出来。

国际金融危机造成西班牙经济萧条，失业人口剧增，执政的西班牙工人社会党因此饱受诟病。在2011年11月20日举行的西班牙大选中，西班牙人民党乘势而上，大败西班牙工人社会党，取得了执政地位。

六、西班牙人民党第二次执政（2011年12月20日以来）

2011年12月20日，大选获胜的西班牙人民党领袖马里亚诺·拉霍伊宣誓就任西班牙政府首相，这是西班牙人民党在西班牙民主化以来第二次上台执政。上任伊始，针对西班牙国民经济处于严重危机的状态，拉霍伊首相号召人民"以大局为重，为未来做适当牺牲"。随后开始推行以缩减财政赤字为目标的经济"新紧缩方案",方案的主要内容是进一步压缩公务员队伍,压缩国有企业规模,整顿银行业,实施企业减税等等,具体政策措施涉及到劳动制度、金融、医疗、教育、能源、公共管理以及旅游等方面。为配合"新紧缩方案"的实施,西班牙政府从自身做起,中央政府仅在2012年就强行缩减的财政支出金额280亿欧元。在严格的预算约束下,西班牙各个地方政府大规模裁员。在压缩国有企业规模方面,政府通过劳动法改革,颁布了《劳动力市场改革紧急法案》,允许企业签订"灵活用工合同",如员工在没有适当理由下被解雇,企业须给员工的补偿金从过去的42个月工资减少为24个月,从而降低了企业裁员成本,促使企业用加大裁员规模来应对自身的经济困境。

"新紧缩方案"的实施短期内扩大了西班牙国内失业规模,2012年西班牙全国4500万人口中,超过560万人口处于失业状态,劳动人口失业率也从2008年的不足10%剧增到24.4%,其中16—24岁人群的失业率已经逼近50%。大量失业人口的存在,造成基层民众生活困苦,导致了一定程度的社会动荡,西班牙工会组织多次组织全国规模的罢工和示威游行,抗议政府的改革举措。但随着时间的推移,"新紧缩方案"削减财政赤字,改善西班牙经济经济发展不良结构的作用逐步显现。到2013年为止政府通过政策调整,总计削减了500亿欧元的财政开支,使西班牙的财政赤字规模大幅度削减了三分之二,国家财政状况开始好转。2014年开始西班牙经济形势出现了转机,工业产品出口势头表现强劲,旅游业发展迅速,在工业和旅游业发展的拉动下,整个国民经济触底反弹,呈现出上升发展的复苏态势。统计数据显示,2014年第一季度西班牙消费信贷自经济危机以来首次出现增

2011年11月20日拉霍伊与妻子庆祝人民党大选获胜

长，其中用于购买汽车的贷款较上一年度同期增加11.68%，用于购买家电等消费品的贷款增长了5.82%，这些数据表明随着西班牙经济的复苏，西班牙国内就业形势好转，西班牙家庭可支配收入出现了明显增长，人们的消费信心在日益增强。2015年西班牙经济复苏势头强劲，全年经济增长率达到3.2%，远高于上一年度1.4%的增长率，也是2007年以来西班牙经济最高的增长率，这表明西班牙经济基本走出了危机。

第三节 波旁王朝再次复辟后的两位国王

一、胡安·卡洛斯一世

胡安·卡洛斯一世（Juan Carlos I），是西班牙前任国王，也是佛朗哥时代结束后的第一任国王，于1975年11月27日登基。他在位期间，导引西班牙民主化，推动君主立宪缩减自身权力，并粉碎1981年的未遂军事政变，深受西班牙人爱戴。由于受到王室丑闻及长期的健康问题困扰，他于2014年6月2日宣布退位，19日正式退位，王储菲利普登基继位，结束了39年的统治。

晚年的胡安·卡洛斯一世

胡安·卡洛斯一世1938年生于意大利罗马，当时西班牙王室因躲避1931年成立的西班牙第二共和国而迁居意大利。他在8岁时被送进了纪律严格的寄宿学校。校门一关，父母音讯全无，小王子感觉自己已经被父母抛弃了。他后来猜想，或许是父亲不让母亲给他打电话，流亡中的父亲深知西班牙是一个长期以来局势凶险的国家，本能促使他要把王子的性格训练得坚强起来，否则未来他将无法应付这个坚硬国家。最后，还是祖母前来探望，他才总算离开学校。祖母也是他的教母（巴腾堡-维多利亚·尤金妮郡主），是英国维多利亚女王最小的女儿碧翠丝公主的女儿，流亡中的西班牙皇后。在祖母的温暖陪伴下，他回到父母身边。可是，好景不长。1948年冬天，在里斯本一个清冷的车站，年方10岁的胡安·卡洛斯一世在父母的送别下，永远告别了和父母一起的家庭生活，独自前往西班牙。其原因是，他必须完成王子的教育，而根源又是他未来的君主责任。是当时西班牙执政的独裁者佛朗哥把年幼的胡安·卡洛斯一世接回西班牙的，他想让这位"西班牙王子"在自己的国土上接受传统王室应该接受的严格教育。

　　胡安·卡洛斯第一次见到佛朗哥的时候，他觉得佛朗哥比照片上感觉要矮小。佛朗哥称他为殿下，从一个孩子的眼睛看出去，他很和蔼。以后很多年里，佛朗哥给他安排的教育，是欧洲传统的王室教育，和今天英国威廉王子大概差不多，只是他更多地接受学者的私人授课。20世纪50年代初，佛朗哥和胡安·卡洛斯一世的父亲塔姆·胡安见了一面，讨论他的大学教育和军队训练。父亲希望他在国外名校上大学，然后回西班牙读军校。佛朗哥认为这样不妥，因为部队里都是十七八岁的年轻人，读完大学回来，胡安·卡洛斯一世的年龄就会比军中同伴大一截，很难再和同伴建立深厚的同袍之谊。佛朗哥还认为，胡安·卡洛斯一世应该先在西班牙完成军事训练取得军衔，再在西班牙国内完成大学教育。他们谈了两个小时，最后是父亲让步，原因是他不得不承认佛朗哥的看法是对的。佛朗哥逐渐使塔姆·胡安信服了他对儿子的教育安排。于是1954年从马德里圣伊思卓学校毕业后，胡安·卡洛斯报名参军，并于1955年至1957年在扎拉果扎军事学院深造。1957年他又在海军学校和空军学校学习。1961年他毕业于马德里康普顿斯大学。此后就生活在扎朱埃拉宫。在各军兵种的军校和军队服役使他在军队里有一批忠心耿耿的朋友，这在西班牙特别重要。和英美传统不一样，军人在他们认为的国家危难之际，要"挺身而出"出来干预政治，这种观念和做法，长期在西班牙被认为是一个"优良传统"。胡安·卡洛斯一世认为，假如不是他在军队的根基，他是绝对不可能做到他后来做成的事情的。

　　1962年胡安·卡洛斯一世成婚。他已经结束了学业，他去问佛朗哥，我应该做什么，佛朗哥说，让西班牙人民认识你。他先随几个副总理学习政务，然后走遍西班牙的城市和大小乡镇。多半西班牙人欢迎他，可是，也有人向他扔土豆和西红柿。

1969年7月，佛朗哥宣布，胡安·卡洛斯一世将成为他未来的权力继承人，在他去世之后，胡安·卡洛斯一世将登基成为西班牙国王，于是作为王储的胡安·卡洛斯有了"西班牙王子"的称号。这是佛朗哥一个人的决定，这个决定并不顺理成章。先是王位的继承有争议。胡安·卡洛斯一世的父亲塔姆·胡安，是阿方索十三世的第三个儿子。前面两个王子一个有病，另一个是聋哑人，也都没有表现出未来国王的素质。因此，阿方索十三世自己最终是要把王位传给塔姆·胡安（胡安亲王）。但是，前面两个王子并不愿意放弃王位，直至他们去世，争议也没有消除。他们的儿子们，也就是阿方索十三世的其他孙子们，也在不断声明自己对王位的权利。排除其他支系以后，另一个争议自然是在父子之间。塔姆·胡安还在，佛朗哥对儿子的任命等于是剥夺了父亲的王位继承权。在胡安·卡洛斯一世成长过程中，他在放假时还曾回到父母身边，平时也一直在电话中交流。最终，父亲是一半无奈、一半出于父爱和对儿子的信任，接受了这个现实。他在经历痛苦之后，对儿子说，很抱歉，是我当年自己的决定，把你置于如此为难的状况中。外界认为最可能生变的，是在1972年，阿方索十三世有一个孙子娶了佛朗哥最钟爱的外孙女。当时胡安·卡洛斯一世还没有登基，许多人转而支持作为佛朗哥外孙女婿的那个王孙当国王，可是佛朗哥并没有因此改变他认定的主意。

1975年佛朗哥逝世，胡安亲王在左派反对下，为了国家的稳定，宣布放弃法定继承人的地位，胡安·卡洛斯顺利登基成为国王，胡安·卡洛斯没有选择胡安三世或者卡洛斯五世的尊号，而选择胡安·卡洛斯一世为尊号。由于巴塞罗那伯爵是西班牙国王的其中一个附属头衔，胡安

亲王在之前的流亡生涯中为了表示享有西班牙王位的继承权便自称巴塞罗那伯爵。胡安·卡洛斯一世登基后正式封父亲为巴塞罗那伯爵，并在1993年父亲逝世后追封他为胡安三世，以弥补对他生前的亏欠。胡安·卡洛斯一世在位期间实行了民主改革，1976年，他任命阿道弗·苏亚雷斯为首相，并于1977年举行了西班牙战后全国41年第一次真正普选。他注重外交，曾于1978年访问中华人民共和国，成为西班牙1973年与中国建交后，第一位访问中国的西班牙元首。虽然他一直关心国内局势，但依然放手由首相全权管理。

1981年，部分右翼军方人士发动政变，试图恢复专制统治，国王在政变领导人来访时借故溜走，通过电视台宣布自己不能容忍民主的倒退，政变想成功除非把他杀了。由于国王在军队中有很多好朋友，在他们的支持下，政变被迅速平息，参与政变的军方人员也大多得到特赦。自西班牙内战后最有可能导致国家分裂和流血的此次事件，就这样成功瓦解。结束后，西班牙各政党的领袖手挽手走在马德里游行队伍的首列，当时西班牙共产党领袖卡利约还喊出了这样的口号："上帝拯救了西班牙！"由于国王的成功应对，使他的支持率一直保持着非常高的水准。次年，左派的西班牙工人社会党终于取得执政权，40岁的费利佩·冈萨雷斯成为新首相，建立46年首个左翼政府。西班牙其后加入北大西洋公约组织。

90年代末期，巴斯克恐怖分子策划一次死伤很严重的爆炸案，胡安·卡洛斯一世国王罕有地在电视上发表宣言，指出此类流血事件"应该够了"。他这一次亮相再次得到了国民的尊重和爱戴，也逼使国内各个分离组织重回谈判桌上。

2007年第十七届智利圣地亚哥伊比利—美洲领袖高峰会议中，委内瑞拉总统乌戈·查韦斯在争论中，多番打断西班牙首相萨帕特罗发言。胡安·卡洛斯一世为制止乌戈·查韦斯，当场斥责"为什么你不闭嘴？"形成新闻焦点。

2011年，由于王室成员恩纳基·乌丹加林被指控挪用公款作为私人用途，西班牙国民对于西班牙王室铺张浪费的质疑声浪高涨，西班牙国内出现废除君主制室的呼声，胡安·卡洛斯一世首次公开西班牙王室每年8.3亿欧元预算的支出明细，以平息民怨。

2014年6月19日，胡安·卡洛斯一世正式退位，并传位给费利佩王子，结束了39年的统治。

二、菲利普六世

菲利普六世（Felipe VI）是现任西班牙国王，2014年6月19日正式登基。

菲利普1968年1月30日出生于马德里，是胡安·卡洛斯一世与索菲娅三个孩子中最小的，他毕业于马德里自治大学法学系，随后获得美国乔治城大学国际关系硕士。除了西班牙语，他还会讲加泰罗尼亚语、英语、法语和一些希腊语。

2014年6月2日，胡安·卡洛斯一世宣布他将退位，传位于阿斯图里亚斯亲王菲利普（即菲利普六世），西班牙政府启动了王位继承程序。然而由于西班牙宪法并未明确规定特定的退位与继承机制，所以西班牙政府于2014年6月3日通过了一部组织法，以确保菲利普王子顺利即位。6月18日午夜胡安·卡洛斯一世签署了退位文书。6月19日早上，菲利普在父王为其披戴王家腰封与绶带后参加了在议会举行的小规模仪式，并宣誓自己将维护西班牙宪法后，西班牙议长波萨达宣布菲利普六世成为西班牙国王。同时菲利普也取代荷兰的威廉-亚历山大成为欧洲最年轻的君主。

菲利普于2004年与西班牙国营电视台的记者莱蒂齐亚·奥尔蒂斯·罗卡索拉诺结婚，婚后育有二女——莱昂诺尔和苏菲亚。莱蒂齐亚在嫁给菲利普之前曾离过婚，她父亲是一名普通的出租车司机。胡安·卡洛斯国王夫妇曾以"门第不称"为由拒绝了菲利普王储的两个前

现任西班牙国王菲利普六世

女友，但在和莱蒂齐亚结婚一事上他坚持了自己的意见。菲利普六世登基后，莱蒂齐亚成为西班牙历史上首位平民出身的王后。

胡安·卡洛斯国王狩猎大象，以及克里斯蒂娜公主的丈夫恩纳基·乌丹加林的腐败丑闻等事件，影响了西班牙王室名声，致使王室的支持率在最近10年一路下跌，但在2011年前仍是及格分。迄今为止，46岁的菲利普王储和妻子莱蒂齐亚远离了王室大大小小的诸多丑闻，也逃过了八卦媒体的跟踪。因此，66%的西班牙人

莱蒂齐亚·奥尔蒂斯·罗卡索拉诺王后

对菲利普持正面看法，他们欣赏他的谦虚和他与妻子及两个女儿所过的"正常"生活。

参考书目

A．中文部分

1．许昌财编著：《西班牙通史》，北京：世界知识出版社，2009年11月版。

2．[英]雷蒙德·卡尔著，潘成译：《西班牙史》，上海：东方出版中心，2009年11月版。

3．[法]德科拉著，管震湖译：《西班牙史》，北京：商务印书馆，2003年版。

4．王忠和编著：《西班牙葡萄牙史话》，天津：百花文艺出版社，2003年版。

5．徐善伟著：《东学西渐与西方文化的复兴》，上海：上海人民出版社，2002年版。

6．[英]布林克霍恩：《西班牙的民主和内战》，上海：上海译文出版社，2003年版。

7．[西德]瓦尔特·豪布里希、卡斯滕·莫泽尔著，林荣远、张鲁迪译：《佛朗哥的遗产——当代西班牙》。北京：商务印书馆，1980年版。

B．西班牙文部分

8．Eslava Galán, J. Historia de España contada para escépticos. Barcelona：Planeta. 2004.

9．García de Cortázar, F., González, J. M. Breve historia de España. Madrid：Alianza Editorial. 1999.

10．López Moreno, C. España contemporánea. Madrid：Sociedad General Española de Librería. 2007.

后　记

到本书结尾的时候了。搁笔回首，西班牙历史发展给人类社会未来的诸多启示与镜鉴，仍让人回味无穷。下面重点谈谈个人感触最深的三个方面。

日不落大帝国的兴衰

西班牙历史上最引人注目的发展高峰，是人类历史上第一个"日不落"帝国。它肇源于发现新大陆、首次环球航行等大航海活动，以殖民美洲为核心行动，在菲利普二世时代达到帝国扩张的顶峰，随后因错失工业革命机遇而逐渐衰落。这期间留下了太多引人回味的史事，不断地启迪着人们思考，成为指引未来行动的镜鉴。

首先，勇于开拓创新、勇于试错实践、敢于承担风险的"担当"精神对一个国家的崛起意义非凡。近代之前，西班牙长期处于欧洲和世界历史的边缘，影响无足轻重。近代以来，随着"天主教双王"完成西班牙的统一，支持开辟新航路的海外探险，最终通过征服美洲等海外殖民地使西班牙成为世界历史上第一个"日不落"帝国，毫无争议地成为当时欧洲和世界历史上的核心国家。西班牙的崛起过程中，支持哥伦布向西开辟通往东方的新航路是最关键的抉择，也是今天人们都承认的西班牙收益最大的一笔"风险投资"，奠定了西班牙"日不落"帝国的基础。"天主教双王"作出支持哥伦布探险的抉择并不容易，因为葡萄牙

后　记

早就根据掌握的地理知识计算得出结论：沿非洲海岸绕过好望角向东航行才是通往东方的最短路线，而且由于东方航线基本沿海岸航行，可以随时上岸获得必要的补给，大大地降低了远洋航海的风险，加上还可在沿途各地不断获得贸易物资，通过多次交易不断获利，所以东方航线也是风险低效益高的最佳航线。向西航行去东方，航路距离长，而且是欧洲人的未知海域，远离陆地海岸，无法有效补给，航海风险巨大，成功的可行性太低，而且风险巨大，利益未知，实在不合算。所以，哥伦布在葡萄牙、法国和英国多年奔波都无法获得支持。哥伦布向西班牙国王伊莎贝拉一世提出航海探险资助时，伊莎贝拉一世没有马上答应，只是把哥伦布作为人才储备纳入皇家供奉人员范围，同时任命一个委员会研究他的航海计划。经过六年的反复考量，最终在1492年拿出个人的大笔资金支持哥伦布探索新航路。六年的反复调研考量，伊莎贝拉一世肯定思索过葡萄牙等国拒绝哥伦布的原因和向西航行的巨大风险，但开拓创新的大无畏魄力和敢于承担风险的"担当"精神，还是让她作出了支持航海探险的抉择，并义无反顾地押上了自己个人的大笔资产，这才有了其后西班牙殖民美洲的巨大利益，一举奠定了"日不落"帝国的根基。若是伊莎贝拉一世没有探索未知的开拓创新魄力和承担失败风险，很难想象能有后来"日不落"帝国的辉煌！国家崛起如此，个人成功也如此，创新精神和担当精神是成功者共有的品质。不断品析西班牙"日不落"帝国崛起的经验，才更能领会"创新"与"担当"的重要意义。

其次，实体经济和生产力是发展和巩固综合国力的关键。征服美洲殖民地在铸就西班牙"日不落"帝国辉煌的同时也为西班牙帝国的衰落埋下了伏笔。西班牙人通过掠夺美洲殖民地轻易就能获得大量财富，国内的手工业和农业生产相对殖民掠夺变得无利可图，手工业者和农民因大量黄金输入造成的通货膨胀纷纷破产；与此同时，西班牙贵族因手中的横财，生活更加奢华，用黄金大量从邻近的西欧国家如英国、法国、荷兰等购买各种生活用品，为西欧手工业和农业发展提供了巨大的市场需求，进而促成了西欧工业革命的发生。这样征服美洲殖民地在西欧造成了两种不同的后果，一方面西班牙因短期内大量黄金涌入造成惊人的通货膨胀，物价翻着番飞涨，出现了所谓"价格革命"。在价格革命影

· 337 ·

响下由于生活成本急骤上升，西班牙手工业者和农民纷纷破产，西班牙工农业生产日益萧条。更值得注意的是，西班牙本土工农业生产的衰落并不影响西班牙贵族的生活，因为可以从美洲殖民地源源不断地持续掠夺，西班牙贵族可以用从美洲掠夺来的黄金财富轻松地过着"剁手党"的生活，不管缺少什么生活用品和奢侈品，都可以拿黄金向西欧各国买买买。无需发展实体生产就能过上幸福生活的事实，让西班牙国家不再重视以工农业生产为核心的实体经济，专注于对殖民地矿产资源的掠夺和转口贸易，逐步成为富裕的"弱国"，手里有钱但什么都不会造；另一方面，西班牙人（特别是殖民贵族）掠夺的财富，为西欧各国工农业生产提供了充足的资金和巨大的市场，诱发了西欧的工业革命。通过工业革命，西欧各国逐渐把原来富裕的"土豪"西班牙抛到了身后，成功走到了世界历史舞台的中央，成为世界的核心国家。随着工业社会的到来，西班牙被西欧各国远远抛在后面，沦为欧洲二流弱国，"日不落"帝国风光不再。西班牙"日不落"帝国衰落的教训表明，"富"不等于"强"，也不必然导致"强"，只有富裕后把财富用到工农业等实体经济发展上，才能使自己国家的综合国力不断稳步提升，成为体格强健的真正强国，保证富强的持续。否则，只是有钱，只重视来钱快的掠夺或贸易，到头来只会是一个"财富漏斗"，钱财左手来右手出，为他人做嫁衣裳，变成资助他人强大的"财富搬运工"。在自己军力不强的时候，甚至还可能成为他人眼中待宰的肥猪。无独有偶，历史总是不经意的重复，现代海湾国家的"富而不强"情形，近年美国大力发展虚拟经济造成实体生产企业外流的经济"空心化"，都和西班牙价格革命后果类似，都是不重视实体经济发展产生的不良后果，其中道理值得人们反复体味和沉思。

第三，文化推广对延续国家的影响力十分重要。19世纪初期，西属拉丁美洲各殖民地爆发独立革命，纷纷赢得独立，西班牙殖民帝国瓦解。尽管西班牙的政治控制不再，但独立各殖民地仍然继承和沿袭了西班牙的语言文化，成为现代世界上的西班牙语国家群体。由于语言文化上的一致性，西班牙在这些国家仍然能保持一定的文化影响力，西班牙文化产品在拉丁美洲的影响力不容轻视。可见文化在国家政治经济力量衰落后仍能维持国家的影响,是不可忽视的软实力!这种情形的出现,和西班牙坚持推广自己的语言文化政策相关,最初是天主教传教士发挥积极作用,后来有了政府主导的文化推广机制——塞万提斯学院。他山之石,可以攻玉,今天我们致力于在全球扩大中华文化的影响力,政府推广采用了"孔子学院"的形式,就是对西班牙塞万提斯学院模式在一定程度上的借鉴。

收复失地运动

收复失地运动在一定意义上就是西班牙中世纪史的代称,在西欧中世纪的一片黑暗中显得十分璀璨夺目,是西班牙古代史发展征程上的一个小高峰,从佩拉约718年在阿斯图里亚斯举起反抗阿拉伯人统治的大旗开始,到1492年初"天主教"双王攻陷阿拉伯人在伊比利亚半岛上最后的据点格拉纳达,收复失地运动前后持续近800年,涵盖了西班牙中世纪史的绝大部分时间,期间历史发展的曲折迂回令人扼腕惊叹,深思绵绵。首先,收复失地运动向世人完美诠释了信仰的韧性与力量。阿拉伯人对伊比利亚半岛的征服和半岛北方天主教诸小王国的顽强抵抗,是世界两大宗教(伊斯兰教和天主教)的信仰对决。收复失地运动前期,在阿拉伯人的强势进攻下,天主教小王国曾多次面临灭亡的危险,但最终靠着信仰的顽强支撑坚持了下来;无独有偶,收复失地运动后期阿拉伯人的各个小王国在北方天主教各王国的进攻面前,虽然屡屡处于防守的下风态势,却依然靠着信仰的支持顽强抵抗,最后的抵抗据点格拉纳达更是顽强坚持到了西班牙近代开端的1492年!伊斯兰教和天主教在对决的过程中都显示了强大的信仰力量,信仰在长期对抗中产生的不屈意志和顽强意志,为双方不懈地战斗提供了永不枯竭的动力,同时也是团结凝聚内部力量的不可替代的强力粘合剂。收复失地运动向世界各民族显示了统一和坚定信仰的重大意义,影响深远。收复失地运动也向世人表明了统一对国家民族的重要性。若不考虑敌方这个外部因素的变化,北方天主教诸王国力量的多次衰落都和自己内部的分裂密切相关，受中世纪分封传统的影响，天主教王国多次在英明君主领导下刚刚壮大之际，因分封而内部分裂为几个小王国，强大的力量优势因分裂而迅速丧失，阿斯图里亚斯王国、莱昂王国、纳瓦拉王国由盛而衰的变化都肇因于分封。卡斯蒂利亚王国最终取得收复失地运动的胜利，诸多原因之中，通过联姻与阿拉贡实现统一无疑是最重要的一个。国家统一才能有效整合内部力量，为着一个共同目标劲往一处使，从而在斗争中形成力量优势。相反，国家一旦出现内部分裂，对外斗争的优势局面就会迅速丧失。阿拉伯人在收复失地运动前期内部统一，在面对北方分裂的天主教诸王国时优势明显；1031年后倭马亚王朝灭亡后，阿拉伯人内部形成诸泰法王国割据争雄的局面，整体力量急骤衰落，于是半岛上对决的局面攻守易势，北方天主教诸王国因而转入反攻。近800年的对决反复向人们展示一个真理：统一是强大的基础，分裂是衰落的起因。

  收复失地运动的历史发展也证明了文化交流与学习借鉴对文明进步的巨大作用。西罗马帝国灭亡后，整个西欧进入"黑暗"的中世纪，上古时期希腊罗马文明创造的科技和文化知识大多被遗忘，整个社会被基督教所控制，呈现出万马齐喑的局面。与此相反，阿拉伯人则通过百年翻译运动，在继承希腊罗马文明的基础上阔步前进，科技文化全面领先，于是才有了对伊比利亚半岛的征服。收复失地运动后期，西班牙人以托莱多城为中心，开始了引进阿拉伯人文化成就的"再翻译"运动。1269年被称为"智者"的国王阿方索十世，在塞维利亚城建立了专门研究阿拉伯典籍的东方学院，使"再翻译"运动进入兴盛阶段。通过对阿拉伯文化成就的引进学习，西班牙成为引领西欧"文艺复兴"的重镇，科技文化迅速发展，实现了对南方阿拉伯人的超越，推动了西班牙人综合实力的提升，为最终取得收复失地运动胜利奠定了坚实的基础。伊比利亚半岛上阿拉伯人和西班牙人的对决态势表明：谁积极学习他人的长处，谁都进步迅速，从而就能在综合实力的竞争中占据优势。文化交流和学习借鉴是推动本民族文明进步的的重要动力，开放和学习交流对民族的兴盛发展意义重大。

后　记

现代化道路探索

现代化道路探索是西班牙历史发展中又一个引人注目的焦点。19世纪以来西班牙人一直在积极探索国家和民族复兴的道路，不断模仿现代化道路上领跑的先进模式：先学习法国，于是有了19世纪上半期的不断革命和战争；再学习英国，于是有了19世纪后半期的两党轮流执政局面；一战后，苏联社会主义制度和意大利法西斯主义制度十分耀眼，在西班牙也各有拥趸，于是有了左右惨烈厮杀的西班牙内战。但各种模式的引进，并未使西班牙如愿走上国家和民族的复兴。二战后，佛朗哥适时放弃了法西斯主义，根据西班牙自身国情开始了自己的威权主义现代化道路探索，胡安·卡洛斯一世国王执政后西班牙步入西方发达国家行列。西班牙现代化道路的探索历程表明：没有最好的现代化发展模式，只有最适合自己的现代化发展模式。规律之所以是规律，关键在于它的可重复性，我们中国人对现代化发展规律应该深有体会，因为我们也是在走上符合自己国情的"最合适"的道路（中国特色社会主义）后才迅速发展的。一味模仿他人难以成功，只有立足实际国情，找准自己在历史和世界上的准确位置，进行针对性的探索，才会走上正确的适合自己的现代化道路。

西班牙现代化道路的探索历程，也启发我们思索民主政治实现的历史条件，特别是民主政治与经济发展的关系。19世纪到20世纪70年代末，西班牙经济发展落后，社会阶级分化与对立明显，民主政治难以落实，各方政治博弈的结果是威权主义独裁成为政治主流。佛朗哥几十年的经济建设，到70年代末西班牙顺利步入西方发达国家行列，社会上中产阶级成为国民的主体，胡安·卡洛斯一世顺势推行民主化改革，成功在西班牙建立民主制度。可见经济发展是社会转型的前提和基础，民主政治的实现必须要有中产阶级主导的发达经济为基础。回味西班牙的民主政治实现过程，或许能对马克思的"经济基础决定上层建筑"论断有更深刻的理解。

西班牙文化在世界上也颇具特色，尤其是其绘画和文学。16—17世纪是西班牙的文艺复兴时期，文化巨匠辈出，被誉为西班牙文化发展的"黄金世纪"。塞万提斯、洛佩、委拉斯贵支等是西班牙这一时期文化巨匠中的杰出代表。18世纪到20世纪30年代，西班牙的文化成就虽不及上一时期，但发展仍然引人瞩目，尤其是戈雅和毕加索的绘画，高迪的建筑艺术等，都有世界性影响，被称作西班牙文化发展的"白银世纪"。考虑到文化人物及其代表作品的介绍很难兼顾故事性和知识性，文化又相对于政治、社会发展具有相对独立性，本书对西班牙文化的介绍着墨不多，这无疑是个缺憾。拘于作者水平的限制，只有留待以后找机会弥补了。

在本书完稿之际，我要特别感谢中国书籍出版社安玉霞老师给我提供宝贵的机会，使拙著能与读者见面。也衷心感谢我的导师苏瑞林先生对本书写作的关注和建议，老师的鼓励是我完成本书的重要动力。现在书稿虽已完成，但说实话离生动活泼的史话体还有不少距离，但由于作者水平的局限，目前也只能拿出这样的文本，些许遗憾只好留待将来修订了。由于作者研究的程度有限，书中对西班牙历史发展的看法和观点可能存在问题，欢迎广大读者提出批评和探讨。

赵卓煜
2016年于陕西师范大学

图书在版编目（CIP）数据

西班牙史话/赵卓煜著. -- 北京：中国书籍出版社，2015.12
ISBN 978-7-5068-5216-6

Ⅰ.①西… Ⅱ.①赵… Ⅲ.①西班牙—历史 Ⅳ.①K551

中国版本图书馆CIP数据核字(2015)第242635号

西班牙史话

赵卓煜　著

策划编辑	安玉霞
责任编辑	安玉霞
责任印制	孙马飞　马　芝
版式设计	添翼图文
出版发行	中国书籍出版社
地　　址	北京市丰台区三路居路97号（邮编：100073）
电　　话	（010）52257143（总编室）（010）52257140（发行部）
电子邮箱	chinabp@vip.sina.com
经　　销	全国新华书店
印　　刷	三河市顺兴印务有限公司
开　　本	710毫米×1000毫米　1/16
字　　数	420千字
印　　张	22.25
版　　次	2017年4月第1版　2019年5月第2次印刷
书　　号	ISBN 978-7-5068-5216-6
定　　价	58.00元

版权所有　翻印必究